해상보험법

[제2판]

김인현 · 권오정 공저

法 文 社

제2판 서 문

2020년 8월 초판을 낸지 1년 만에 다시 제2판을 내게 되었다. 해상보험법은 해운산업에서 중요한 것임에도 불구하고 저서가 몇권 없었다. 심재두 변호사의 영국해상보험법과 이재복교수의 선박보험과 적하보험에 대한 단행법이 있었다. 그렇지만, 해상보험으로 분류되는 선박보험, 적하보험, 선주책임상호보험 그리고 선박건조보험을 하나로 통합하여 우리나라 해상보험법을 다루는 책은 본서가 첫 시도였던 것으로 판단된다. 본서는 우리나라 해상보험법을 설명하고 난 다음 현재 통용되는 해상보험약관을 설명하는 순서로 편제된 점이 특징이다.

초판이 출간되고 난 다음 업계에서 환영의 목소리가 높았다. 그리고 산재된 약관을 따로 프린트하여 강의하던 로스쿨에서의 수업도 단행본을 교재로 사용하니 강의효율이 높았다. 본서에 대한 수요가 많아 초판이 금방 매진되었다.

이에 개정판을 준비하던 차에 낭보가 날아들었다. 2021년 대한민국학술원 우수도서에 본서가 선정되었다는 소식이었다. 전혀 예상하지 않았던 것이기에 필자들에게는 큰 기쁨이었다. 해상법과 관련하여 수요가 워낙 적기 때문에 그러한 엄두를 내지 못하는 것이 저자들의 마음이다. 필자들 중 김인현 교수는 2003년 해상법연구에 이어서 두 번째 학술원 우수도서에 선정되는 기록을 남기게 되었다. 이 프로그램은 학술원에서 우수도서로 선정된 저서를 수백권 사주는 것이기 때문에 서둘러서 제2판을 내게 되었다.

개정내용은 초판에서 정치하게 다루지 못한 부분과 누락되거나 새로운 대법원 판례 등을 추가했다. 국취부선체용선(BBCHP)에 대한 피보험이익을 과연 용선자가 가지는가에 대한 대법원 2019.12.27.선고 2017나208232판결을 추가했다. 그리고 2021.3.24.발생한 수에즈 운하에서의 Ever Given호 사고와 관련 공동해손을 살펴보았다.

제2판도 초판과 같이 업계나 학생들에게 널리 사랑받기를 바란다. 제2판을 허락해주신 법문사 사장님과 예상현 과장님께 감사를 드린다.

2021. 8. 10.

김인현 권오정

서 문

해상법과 해상보험법은 밀접한 관련을 맺고 있다. 해운업을 영위하는 선주들은 자신들이 부담하는 책임을 회피하기 위하여 다양한 법리를 개발해왔다. 선박소유자책임제한제도, 운송인의 포장당 책임제도, 항해과실면책 등과 같은 것이다. 운송인이 면책이 되지 못하거나 책임제한을 하는 경우에도 배상해야만 하는 손해가 남게 된다. 이를 제3자로부터 보상받기만 하면 해상기업으로서는 전혀 손해를 보지 않게 된다. 그리하여 이들은 해상보험이라는 제도를 만들었다. 이 법제는 영국의 해상판례를 통하여 확립되었고 1906년 MIA로 집대성되었다. 해상보험은 해상기업으로 하여금 위험을 회피하게 하여 안심하고 해운업에 종사하도록 하는 기능을 하여 왔다.

선박보험이 그 축을 이루었다. 선박소유자는 자신이 소유하는 선박 자체에 손해가 발생한 경우 손해를 보험자로부터 보상 받기로 했다. 이것이 선박보험이다. 선박보험에서 담보되지 않는 위험을 담보하기 위하여 선주책임상호보험(P&I보험)이 생겨났다.

한편, 적하의 소유자는 운송인에게 손해배상청구권을 가지기는 하지만, 언제나 쉽게 손해배상을 받을 수 없고, 또 운송인이 책임제한을 하므로 회수하지 못하는 손해가 있기 때문에 이를 담보하기 위하여 적하보험에 가입하게 되었다.

또한 대형선박의 건조가 활성화되면서 건조중에 건조자의 위험을 담보하기 위하여 선박건조보험이 생겨났다. 일반 해상보험은 선박이 건조후 인도된 다음의 손해를 담보하지만, 본 건조보험은 건조 중인 선박의 위험을 담보하는 점에서 차이가 난다.

이 4가지 보험을 합쳐서 해상보험이라고 부르기로 한다. 필자는 학부와 로스쿨 그리고 대학원에서 해상법과 해상보험법을 강의하였지만, 해상보험법에 대한 적당한 강의용 교재가 없어서 늘 아쉬워하였다. 이에 2018년부터 제자인 삼성화재 권오정 부장의 도움을 받아 해상보험법의 교재를 작성하기로 하여 준비를 했다. 우리나라 상법의 해상보험규정은 우리나라의 경우 거의 사문화되다시피하여 활용도가 낮고 실무에서 영국준거법을 압도적으로 사용하고 있다. 그렇지만, 해운조합은 선박보험계약에서 한국법을 준거법으로 하고 있고, Korea P&I 클럽도 한국법을 준거법으로 하고 있으므로 활용빈도가 앞으로 높아질 것으로 기대한다. 실무에서는 약관이 크게 활용되고 있다. 그래서, 본서는 우리나라 보험법을 기술하고 각종 보험약관을 소개하고 설명하는 형식을 취하는 것이 합당할 것으로 보았다.

이에 제1절은 해상보험법 일반론을 적고, 제2절 선박보험, 제3절 적하보험, 제4절 선주책임상호보험, 제5절 선박건조보험 순으로 기술하였다.

아무쪼록 본서가 법과대학, 무역학과, 물류관련학과, 로스쿨 등 학교에서는 물론 선박회사, 보험회사 등에서도 널리 사용되고 활용되길 기대한다. 부족한 부분은 전적으로 필자들의 부족함에 기인하는 것이고 증보판을 통하여 완성도를 높여갈 것을 다짐한다. 약관의 번역과 관련하여 선박/적하보험은 이재복 교수, P&I보험은 Korea P&I 클럽 그리고 선박건조보험은 김지선 부장의 번역본을 기초로 하였음을 밝히며 선행연구자들에게 감사드린다. 아울러 본서의 편찬에 도움을 준 김&장 법률사무소의 강동화 전문위원, 한국선주상호보험조합의 지승현 부장, 고려대 대학원 박사과정의 김명화 조교, 장효은 조교에게도 감사의 인사를 전한다.

2020. 8. 12.

필자 김인현, 권오정

차 례

제1장 일반론

제2장 선박보험

제3장 적하보험

제5장 선박건조보험

부 록

제1장 일반론

Ⅰ. 법　　원(source of law)

1. 의　　의

해상보험과 관련하여 법적 분쟁이 생긴 경우에 적용되어야 할 법률은 어떤 것이 있는지에 대한 논의가 바로 법원에 대한 논의이다. 해상보험에 대한 법원으로는 상법, 민법이 있다. 그리고 이와 같은 준거법을 정하는 국제사법도 법원의 하나라고 볼 수 있다. 절차적인 것으로는 민사소송법이 있다.

2. 실체법

(1) 상법

해상보험은 상법 보험편의 일부를 이루고 있다. 해상보험규정이 대표적인 법원이다. 해상보험규정 이외에도 상법 보험편의 일반규정들 및 상법총칙 상행위편의 규정들도 중요한 법원으로서 기능한다.

보험금 청구권의 소멸시효가 몇 년인지? 피보험자가 중과실로 인하여 보험사고를 야기한 경우 보험자는 면책이 되는지? 화물의 소유자는 책임보험자인 P&I 클럽에 대하여 운송인이 도산된 경우에 직접청구권을 가지는지? 이런 쟁점들은 모두 상법 보험편의 규정에 따라 처리된다.

보험편에는 강행규정이 있다. 제663조에 의하면 보험자는 약정을 통하여 보험편에서 정한 내용보다 보험계약자, 혹은 피보험자를 불리하게 하지 못한다. 그러한 약정은 무효가 된다. 다만, 이 내용은 가계보험에만 적용되고 기업보험에는 적용되지 않는다. 해상보험에도 적용되지 않는다.[1)]

(2) 민 법

민법은 일반법이고 상법은 민법에 대한 특별법이다. 그러므로 상법에 규정이 없으면 민법의 규정이 적용된다. 해상보험의 체결시 보험설계사에게 대금을 지급하였는데, 이것을 보험자에게 보험료로 납부했다고 볼 수 있는지? 피보험자가 보험금 청구권을 양도하였는데 양수인이 그 권리를 제대로 양수받아서 보험자에게 청구가 가능한지는 민법의 채권양도의 효력과 관련되는 문제이다.

민법과 상법이 충돌되는 경우에는 상법의 규정이 먼저 적용된다. 예를 들면 보험금청구권의 소멸시효는 상법에서 명문의 규정(상법 제662조)이 있어서 3년으로 정하고 있기 때문에 민법의 채권의 일반시효인 10년(민법 제162조)이나 상법 총칙상행위의 5년(상법 제64조)은 적용되지 아니한다.

(3) 약 관

약관은 당사자의 약정의 결과물이다. 당사자는 명시적으로 혹은 묵시적으로 보험계약에 적용할 내용을 정하게 된다. 당사자가 정한 내용을 서면으로 담은 것이 약관으로 나타난다. 당사자가 약정한 내용이 반드시 서면으로 나타나는 것은 아니다. 경우에 따라서는 구두로만 존재하기도 한다, 그렇지만 모두 당사자의 약정으로서 기능한다.

당사자의 약정은 계약자유의 원칙에 따라서 그 효력이 인정된다(민법 제105조). 그런데, 계약에는 어느 나라 법을 적용할지를 정하게 되는데, 그렇게 하여 지정된 법률(실질법)에는 임의규정과 강행규정이 있다. 당사자의 약정은 강행규정에 반할 수는 없다. 그렇지만 임의규정보다 우선 적용된다.[2)]

우리 민법에서도 "당사자의 약정은 선량한 풍속기타 사회질서와 관련없는 규정에 우선하여 적용된다."고 정하고 있다(제105조).

예를 들어, 한정운전특약을 둔 경우에 이는 유효하다. 보험자가 중과실인 경우

---

1) 박세민, 보험법, 박영사, 2019, 48면.

2) 대표적인 임의규정으로는 민법 제394조 및 상법 제656조가 있다.
민법 제394조 "다른 의사표시가 없으면 손해는 금전으로 배상한다".
상법 제656조 "보험자의 책임은 당사자간에 다른 약정이 없으면 최초의 보험료의 지급을 받은 때로부터 개시한다". 이기수 · 최병규 · 김인현, 보험 · 해상법, 박영사, 2015, 19면.

에도 보험금을 지급하겠다는 약정을 체결하여 이를 약관에 둔 경우 이는 비록 상법 제659조(보험자의 면책사유)와 다르지만, 유효하게 인정받는다.

약관의 효력이 문제된다. 의사설(계약설)에 의하면 당사자가 분쟁에서 약관에 따르기로 약속하였기 때문에 당사자를 구속하게 된다는 것이다. 청약과 승낙이 없었다면 약관은 효력이 없게 된다. 규범설은 약관은 하나의 규범이라는 것이다. 자치법규 및 정관과 같이 구속력을 가진다고 한다. 규범설에 의하면 당사자의 의사에 관계없이 동 내용이 무조건 사안에 적용되게 된다. 우리 대법원은 의사추정설의 입장을 취한다. 이는 보험계약을 체결시 보험약관을 보험계약에 포함시키기로하는 당사자의 약정이 있었던 것으로 추정한다는 것이다.[3]

판례소개 > 1 대법원 1990.4.27. 선고 89다카24070 판결

원고 甲은 전기공사도급업체(산업재해보상보험가입업체임)로서 피고 乙보험회사와 대인배상책임을 담보하는 자동차 종합보험계약을 체결하였다. 약관 제10조 제2항 제4호는 “배상책임의무가 있는 피보험자의 피용자로서 근로기준법에 의한 재해보상을 받을 수 있는 사람이 죽거나 다친 경우에는 보상하지 아니한다.”는 면책약관을 두고 있었다. 甲회사 소속 운전사 A는 전주건립공사를 위한 근로자들인 피용자 14명을 운전석 옆자리와 적재함에 태우고 업무상 그 차량을 운전중 교통사고로, 소외 C, D가 사망하고 나머지 사람들이 상해를 입었다. 원고 甲은 피해자들 및 상속인들이 입은 손해를 배상할 책임을 지게 되므로, 피고 乙에게 그 손해 배상액을 보험금으로 지급하여 줄 것을 청구하였다. 피고 乙은 위 면책약관을 들어 그 피해자들이 원고 甲의 피용자들로서 산재법에 따른 재해보상을 받을 수 있는 자들이므로 보험금지급의무가 없다고 주장하였다.[4]

대법원은 아래와 같이 판시하였다.

(1) 보통보험약관이 계약당사자에 대하여 구속력을 가지는 것은 ① 그 자체가 법규범/법규범적 성질을 가진 약관이기 때문이 아니라 보험계약 당사자 사이에서 계약내용에 포함시키기로 합의하였기 때문이다. ② 일반적으로 당사자 사이에서 보통보험약관을 계약내용에 포함시킨 보험계약서가 작성된 경우에는 계약자가 그 보험약관의 내용을 알지 못하는 경우에는 그 약관의 구속력을 배제할 수 없는 것이 원칙이나 다만 당사자 사이에서 명시적으로 약관에 관하여 달리 약정한 경우에는 위 약관의 구속력은 배제된다 할 것이고(당원 1985.11.26. 선고 84다카2543

3) 자세한 내용은 박세민, 62면 이하를 참고 바람.

4) 부산지방법원과 부산고등법원은 위 면책약관조항은 상법 제663조 규정이나 신의성실에 반하여 무효라 할 것이다고 하여 보험회사의 보험금지급책임을 인정하였다.

> 판결; 1986.10.14. 선고 84다카122 판결; 1989.11.14. 선고 88다카29177 판결 각 참조), ③ 약관의 내용이 일반적으로 예상되는 방법으로 명시되어 있지 않다든가 또는 중요한 내용이어서 특히 보험업자의 설명을 요하는 경우에는 위 약관의 구속력은 배제된다고 보아야 할 것이다(당원 1989.11.24. 선고 88다카29177 판결 참조).
>
> (2) 원심이 적법하게 확정한 사실에 의하면, 이 사건 보험계약의 당사자인 원・피고는 피고 회사의 자동차종합보험보통약관을 계약내용에 포함시킨 보험계약서를 스스로 작성하고 원고가 피고에게 보험료까지 지급하였음이 분명한 바, 위 약관 제10조 제2항 제4호의 면책규정의 내용이 일반적으로 예상되는 방법으로 명시되어 있지 않다든가 (예컨대, 아주 작은 활자로 인쇄되어 있거나 눈에 잘 띄지 않는 곳에 기재되어 있는 경우) 또는 보험업자의 설명을 요할 정도의 중요한 것이라고 보기 어려운 이 사건에 있어서(위 면책조항은 자동차종합보험보통약관에 있어서 일반적이고 공통되는 규정이다), 보험계약자인 원고가 위 약관내용을 자세히 살펴보지 아니하거나 보험업자의 설명을 듣지 아니하여 알지 못한다는 이유로 위 약관의 구속력에서 벗어날 수 없다고 할 것이다.

3. 절차법

(1) 의 의

당사자들의 권리를 실현하기 위한 법적 절차를 다루는 법을 절차법이라고 한다. 당사자의 권리와 의무는 상법이나 민법과 같은 실체법에서 정하여지고 이를 실현시키는 방법은 민사소송법이나 민사집행법을 통하여 이루어진다. 절차법은 법정지법에 의한다는 원칙이 정립되어있다.

(2) 민사소송법

재판관할, 재판제도, 원고와 피고, 헌법에서 정한 심급제도 등에 대하여 정하고 있다.

(3) 민사집행법

가압류와 같은 보전처분, 집행권원(채무명의)을 가지는 채권자가 채권을 실현하는 방법인 강제집행 등에 대하여 정하고 있다.

4. 외국적 요소가 있는 경우

(1) 외국적 요소

국내 보험자와 국내 피보험자와의 법률관계는 순수한 국내적 요소만 있다. 그러나, 보험자나 피보험자 중의 한 사람이 외국인인 경우, 선박이 외국선적인 경우, 사고가 외국에서 발생한 경우 등에는 외국적 요소가 있게 된다.[5] 이러한 경우 우리나라 법원에서 문제가 된 경우 국제사법에서 정한 법률의 규정에 따라서 준거법이 정해진다.

순 국내적 요소만 있는 경우에는 국제사법 제25조 제4항에 따라 우리나라 강행규정인 약관규제에 관한 법률이 적용될 수 있다.[6]

판례소개 > 2 서울고법 2012.11.12. 선고 2012나7207 판결

원고(해상보험회사)와 피고(선주)는 선박보험을 체결하였다. 영국법을 준거법으로 하면서 남위 50이내의 인도양의 일정해역 안에서만 항해하여야 한다는 항해구역 담보특약이 보험약관에 포함되어있었다. 위 허용된 항해구역을 벗어난 지점에서 냉동화물 운반선이 침몰하고 어획물도 멸실되었다. 보험자는 담보특약위반이기 때문에 선박이 항해구역을 벗어난 시점으로부터 보험자는 보험금지급책임을 면한다고 주장하면서 보험금 지급을 거절하였다. 피고는 담보특약은 약관의 규제에 관한 법률의 설명의무의 대상이 되는 중요한 사실임에도 보험자가 이를 이행하지 않았기 때문에 보험자는 담보특약의 효력을 주장할 수 없다고 항변하였다.

서울고등법원은 아래와 같이 판시하였다.

외국적인 요소가 있는지 여부는 거래당사자의 국적뿐만 아니라 주소, 물건소재지, 행위지, 사실발생지 등이 외국과 밀접하게 관련되어 있는지 등을 종합적으로 고려하여야 한다. 보험의 당사자는 모두 대한민국 법인이기는 하나 (중략) 선박은 조업을 위하여 인도양 등을 항해하는 선박이고, 이 사건 사고는 역시 남빙양에서 발생하였으므로 물건의 소재지나 보험사고의 발생지가 대한민국의 영해가 아니라는 점, 이 사건 각 보험증권, 그 약관 등도 모두 영어로 작성된 점, 보험금

---

5) 서울고등법원판결에서 외국적 요소가 있는 경우와 없는 경우가 나누어져서 설명되고 있다. 외국적 요소가 있는 경우에 외국법의 적용여지가 있다. 동 판결에 대한 평석으로는 김인현, "영국 준거법하의 담보특약에 대한 약관규제법 적용여부", 한국해법학회지 제35권 제2호 (2013.11.), 373면이 있다.

6) 국제사법 제25조 제4항 모든 요소가 오로지 한 국가와 관련이 있음에도 불구하고 당사자가 그 외의 다른 국가의 법을 선택한 경우에 관련된 국가의 강행규정은 그 적용이 배제되지 아니한다.

도 미화로 정해진 점, 준거법도 영국법으로 정해진 점을 종합하여보면 이 사건은 외국적 요소가 있다고 보이고, 따라서 국제사법을 적용하여 준거법을 정하는 것이 더 합리적이다.

특별한 사정이 없는 한 영국법 준거약관은 오랜 기간 동안에 걸쳐 해상보험업계의 중심이 되어 온 영국의 법률과 관습에 따라 당사자간의 거래관계를 명확하게 하려는 것으로서 우리나라의 공익규정 또는 공서양속에 반하는 것이라거나 보험계약자의 이익을 부당하게 침해하는 것이라고 볼 수 없어 유효하므로(대법원 1996.3.8. 선고 95다28779 판결), 이 사건 선박보험의 성립과 효력, 그로 인한 원고의 보험금 지급의무의 발생 여부 등 모든 법률관계에는 원칙적으로 당사자가 정한 바에 따라 영국의 법률과 관습이 적용된다(피고는 이 사건 선박보험이 내국인 사이에 체결되는 등 모든 요소가 오로지 대한민국과 관련되므로 위 준거법 합의에도 불구하고 국제사법 제25조 제4항(모든 요소가 오로지 한 국가와 관련이 있음에도 불구하고 당사자가 그 외의 다른 국가의 법을 선택한 경우에 관련된 국가의 강행규정은 그 적용이 배제되지 아니한다)에 따라 이 사건 선박보험에는 대한민국의 강행법규가 적용되어야 한다고 하나, 이 사건 선박보험에 외국적 요소가 있다).(상고심 판결인 대법원 2015.3.20. 선고 2012다118846 판결 참조할 것)

(2) 국제사법

해상보험이 외국적인 요소를 가지는 경우가 있다. 피보험자는 한국인인데 보험자는 외국인인 경우, 선박보험에서 선박이 외국선적인 경우 등은 외국적 요소를 가지는 것이다. 이러한 경우 우리나라는 국제사법에 따라 어느 나라 법을 준거법으로 할지 정하게 된다. 이렇게 하여 정해진 법률을 실질법이라고 한다.

당사자가 어느 나라 법을 적용하겠다고 미리 약정한 경우는 국제사법 제25조 제1항에 따라서 당사자가 약정으로 정한 법이 적용된다. 해상보험에서는 대게 영국법이 준거법으로 지정되는 경우가 많다.[7] 책임보험에서 피해자인 제3자가 보험자에게 청구권을 가지는데 준거법은 어느 나라 법을 따르는지가 문제된다.[8]

판례소개 〉 3 대법원 1991.5.14. 선고 90다카25314 판결

원고(적하의 소유자)는 피고(보험자)와 적하보험계약을 체결하였는데 보험증권

7) 자세한 내용은 박세민, 96면 이하를 참고 바람.
8) 최근 하급심에서 판결이 잇따라 나오면서 보험계약의 준거법을 적용하였다. 대법원도 책임보험계약의 준거법을 직접청구권의 준거법으로 보아 영국법이 적용되었다(대법원 2017.10.26. 선고 2015다42599 판결). 김인현, "2017년 중요 해상판례소개", 한국해상법학회지 40권 1호(2018.5), 258면.

에는 "이 보험증권상 발생하는 모든 책임문제는 영국의 법률과 관습에 의하여 규율되어야 한다"고 정하고 있었다. 운송중이던 선박이 행방불명이 되어 피고에게 전손보험금을 신청하였지만, 피고는 영국법하의 최대선의의무를 위반하였다는 점을 근거로 보험금지급을 거절하였다.

대법원은 아래와 같이 판단하였다.

(1) 보험증권 아래에서 야기되는 일체의 책임문제는 외국의 법률과 관습에 의하여 한다는 외국법 준거약관은 동 약관에 의하여 외국법이 적용되는 결과 우리 상법 보험편의 통칙의 규정보다 보험계약자에게 불리하게 된다고하여 상법 제663조에 따라 곧 무효가 되는 것이 아니고 동 약관이 보험자의 면책을 기도하여 본래 적용되어야할 공서법의 적용을 면하는 것을 목적으로 하거나 합리적인 범위를 초과하여 보험계약자에게 불리하게 된다는 것에 한하여 무효로 된다고 할 것인데, 해상보험증권아래에서 야기되는 일체의 책임문제는 영국의 법률과 관습에 의하여야 한다는 영국법 준거약관은 오랜 기간동안에 걸쳐 해상보험업계의 중심이 되어온 영국의 법률과 관습에 따라 당사자 간의 거래관계를 명확하게 하려는 것으로서 우리나라의 공익규정 또는 공서양속에 반하는 것이라거나 보험계약자의 이익을 부당하게 침해하는 것이라고 볼 수 없으므로 유효하다.

(2) 영국법 준거약관의 적하보험계약을 체결함에 있어 화물을 적재하고 출항한 선박으로부터 사고의 발생이 예상되는 전문을 수령한 사실을 감춘 경우, 위 전문수령사실은 영국 해상보험법 제18조 제2항의 소정의 고지의무의 대상에 해당하므로 보험자가 같은 법 제17조, 제18조에 의해 고지의무위반을 이유로 위 보험계약을 해지한 것은 적법하고, 거기에 우리 상법 제651조 소정의 제척기간이나 상법 제655조의 인과관계에 관한 규정은 적용될 여지가 없다.

Ⅱ. 해상보험 개관

1. 담보 목적에 따른 분류

담보의 목적이 무엇인가에 따라 선박보험, 적하보험, 건조보험, 그리고 책임보험으로 나누어진다.

(1) 선박보험

선박보험은, 선박소유자가 소유하는 선박이 전손되거나 분손된 경우 소유자가 입은 피해를 보상할 것을 목적으로 한다. 보험의 목적은 선박이다. 따라서 선박에 발생한 손해에 대하여만 보상하는 것이 원칙이다. 선박에 실린 화물이 같이 침몰된 경우에 선박보험자로부터 보험금을 수령한다면 피보험자인 선박소유자는 선박에 대한 손해만 전보받을 수 있을 뿐이다. 만약 화물의 소유자가 손해배상을 선박소유자에게 청구한 경우 선박소유자가 배상을 한 다음 입은 손해를 보험자에게 청구하게 되는데 이는 선박보험의 부보사항이 아니다. 이는 책임보험에서 부보되는 것이다.

(2) 적하보험

적하보험이란 화주가 운송중인 화물(적하)의 손해에 대하여 보상을 받기 위하여 가입하는 보험이다. 선박과 적하가 한꺼번에 침몰한 경우 선박의 손해는 적하보험자가 부담하는 손해는 아니다. 이는 선박보험에서 부보되고 적하의 손해만 적하보험에서 부보된다. 적하의 소유자에게 보험금을 지급한 보험자는 적하소유자가 운송인에 대하여 가지던 손해배상청구권을 대신 행사하여 운송인에게 청구하게 된다. 이를 보험자대위 중에서도 청구권대위(subrogation)라고 한다.

(3) 선박건조보험

건조중인 선박이 화재나 시운전 중 침몰하는 경우가 있다. 아직 정식선박이 아닌 건조중인 선박을 보험의 목적으로 하는 보험이 선박건조보험이다. 이미 완성되어 선박소유자에게 인도된 후 항해를 시작한 선박이 침몰한 경우 이는 선박보험의 문제이지 선박건조보험의 문제가 아니다.

(4) 책임보험

보험의 목적은 피보험자가 부담하는 손해배상책임이다. 선박소유자는 선박을 운항하던중 불법행위 혹은 채무불이행책임을 부담하게 된다. 이 때 자신이 부담하게된 책임으로 인하여 입은 손해를 전보받을 목적으로 가입하는 보험이 바로 책임보험이다. 그러므로 책임보험에서 보험의 목적은 손해배상금이 된다. 해상보험에서는 주로 P&I 클럽(선주상호보험조합)이 책임보험자가 된다.

2. 보험자의 성격에 따른 분류

보험자가 영리를 목적으로 하는지 아니면 비영리를 목적으로 하는지에 따른 분류이다.

(1) 영리보험

보험자는 상인으로서 영리추구를 목적으로 한다. 삼성화재, 현대해상화재, 한화손해보험 등 대부분의 손해보험회사는 영리보험회사이다. 보험자는 일정한 이윤을 추가하여 보험료를 정하게 된다.

(2) 상호보험[9]

보험자가 곧 피보험자가 되는 보험을 상호보험이라 한다. P&I 클럽이 대표적이다. 선박소유자들이 선박보험에서 부보되지 않는 다양한 위험들을 보험에 부보시키기 위하여 자신들이 피보험자이면서 동시에 보험자가 되도록 하였다. 영리를 목적으로 하지 않기 때문에 회계년도 개시시에 선급보험료(advance call)을 받고, 연도말에 추가보험료(supplementary call)를 갹출받게 된다.[10]

3. 보험자와 보험계약자의 관계에 따른 분류

(1) 자기를 위한 보험

보험계약자가 곧 피보험자가 되는 보험을 말한다. 선박소유자가 직접 계약의 당사자로서 선박보험회사와 선박보험계약을 체결하면서 보험사고의 발생시 자신이 직접 전손보험금을 수령하도록 하는 보험계약이다.

책임보험도 피해자가 보험금청구권을 갖기는 하지만 이는 법률의 규정(상법 제724조 제2항)에 의하여 그렇게 될 뿐이지, 보험계약자가 스스로 피보험자가 되는 자기를 위한 보험이다.

(2) 타인을 위한 보험

보험계약자와 피보험자가 서로 다른 보험이다(상법 제639조). 선체용선자가 선박보험회사와 선박보험계약을 체결하면서 보험사고시 보험금의 수령권자는 선박소유자로 정하는 경우이다. 이러한 경우에도 보험계약의 당사자는 선체용선자이기 때문에 보험계약의 취소권을 가지는 자도 선체용선자이지 선박소유자는 아니다. 보험료를 납부할 의무를 부담하는 자도 원칙적으로 보험계약자인 선체용선자이지 선박소유자가 아니다.

---

9) 보험업법 제2조(정의) 제7항 '상호회사'란 보험업을 경영할 목적으로 이 법에 따라 설립한 회사로서 보험계약자를 사원으로 하는 회사를 말한다.

10) 자세한 내용은 박세민, 23면을 참고 바람.

우리 보험법은 보험계약자가 도산 등 보험료를 지급할 상태가 아닌 경우에는 피보험자도 보험료를 지급할 의무를 부과시키고 있다(상법 제639조 제3항).

타인을 위한 보험에서 손해가 제3자의 행위로 인하여 생긴 경우에 보험금액을 지급한 보험자는 그 지급한 금액의 한도에서 그 제3자에 대한 보험계약자 또는 피보험자이 권리를 취득한다. 이때 타인을 위한 손해보험계약자가 보험대위의 대상인 '제3자'에 포함되는지가 문제가 된다.

판례소개 4 대법원 1989.4.25. 선고 87다카1669 판결

대한통운은 한국전력과 변압기 3대의 운송계약을 체결하였고, 운송 중인 화물의 손해를 전보받는 운송보험에 가입하면서 대한통운이 보험계약자 그리고 피보험자를 한국전력으로 하였다. 운송 중 보험사고가 발생하여 한국전력은 보험자로부터 보험금을 지급받았다. 보험금을 지급한 보험자가 상법상 보험자대위(청구권대위)규정을 근거로 대한통운에게 구상권을 행사하려 하였다. 대한통운은 자신은 보험계약자로서 보험료를 납부한 자인데 상법 제682조의 제3자에 해당되지 않는다고 주장하였다.[11][12]

대법원은 아래와 같이 판시하였다.

(1) 손해보험계약에 있어 그 손해가 제3자의 행위로 인하여 생긴 경우에 보험금액을 지급한 보험자는 상법 제682조에 의하여 그 지급한 금액의 한도에서 피보험자(또는 보험계약자)의 제3자에 대한 권리를 취득한 것인바 법이 이와 같은 제3자에 대한 보험자대위 규정을 둔 이유는 피보험자가 보험자로부터 보험금액을 지급받은 후에도 제3자에 대한 청구권을 보유, 행사하게 하는 것은 피보험자에게 손해의 전보를 넘어서 오히려 이득을 주게 되는 결과가 되어 손해보험제도의 원칙에 반하게 되고 또 배상을 하여야 할 의무자인 제3자가 피보험자의 보험금수령으로 인하여 그 책임을 면하게 하는 것도 불합리하므로 이를 제거하여 보험자에게 그 이익을 귀속시키려는 데 있다고 보아야 할 것이며 이와 같은 보험자대위의 규정은 타인을 위한 손해보험계약에도 그

---

11) 상법 제682조(제3자에 대한 보험대위)
손해가 제3자의 행위로 인하여 생긴 경우에 보험금액을 지급한 보험자는 그 지급한 금액의 한도에서 그 제3자에 대한 보험계약자 또는 피보험자이 권리를 취득한다. 그러나 보험자가 보상할 보험금액의 일부를 지급한 때에는 피보험자의 권리를 해하지 아니하는 범위내에서 그 권리를 행사할 수 있다.

12) 제1심(서울민지법 1986.12.17. 선고 86가합2180 판결)과 제2심(서울고법 1987.6.4. 선고 87나347 판결)은 타인을 위한 손해보험계약에서 보험계약자는 상법 제682조의 제3자에 포함되지 않는다는 이유(보험계약자는 보험료를 지급함)로 원고인 보험자의 청구를 기각하였고(즉, 피고 통운에게 구상청구하지 못함) 이에 따라 보험자인 H가 상고하였다.

> 적용이 있는 것임은 당연하다.
>
> (2) 그리고 나아가 보건대 타인을 위한 손해보험계약은 타인의 이익을 위한 계약으로서 그 타인(피보험자)의 이익이 보험의 목적이 되는 것이지 여기에 당연히(특약 없이) 보험계약자의 보험이익이 포함되거나 예정되어 있는 것은 아니라 할 것이므로 피보험이익의 주체는 그 타인이 되는 것이고 보험계약자가 되는 것은 아닌 것이다.
>
> (3) 그러므로 이러한 보험계약자는 비록 보험자와의 사이에서는 계약당사자이고 약정된 보험료를 지급할 의무자이지만 위와 같은 보험자대위 규정의 취지와 그가 피보험이익의 주체가 아니라는 그 지위의 성격에 비추어 보면 보험자대위에 있어서 보험계약자와 보험계약자 아닌 제3자를 구별하여 취급하여야 할 법률상의 이유는 없는 것이라고 보아야 할 것이며 따라서 타인을 위한 손해보험계약자가 당연히 제3자의 범주에서 제외되는 것은 아니라고 보아야 할 것이다.

4. 유사개념

(1) 공　제[13]

각 단체에 소속된 사람들이 자신들의 위험을 회피하기 위하여 단체로 공제를 만들어 공제사고가 발생하면 공제보험금을 지급하는 것이다. 단체를 구성하고 우연한 사고에 대해 공제금을 지급하는 점에서 보험과 유사하다. 그러나, 가입대상시가 일정 직장 또는 단체에 한정된다는 면에서 보험과 다르다.[14] 공제에는 보험제도가 준용된다. 한국 해운조합에서는 공제사업을 실시하고 있다. 한국예선업협동조합이 운영하는 공제도 있다. 수산업협동조합에서 제공하는 보험도 공제이다.

(2) 기　금

공통의 목적을 가진 사람들이 일정한 사고의 경우에 도움을 주기 위하여 자금을 모아두고 사고가 발생하는 경우에 이를 지급하는 것이다. 보험과 유사한 목적을 가지지만 보험은 아니기 때문에 보험료를 납부할 필요가 없다. 경우에 따라서는 기금도 사후적으로 처리하기 때문에 기금사고가 아예 발생하지 않는 경우에는 보험에 비하여 많은 절약이 된다. 선원임금채권지급보장 기금, 유류오염손해배상보장기금(IOPC FUND) 등이 있다.

---

13) 상법 제664조 (상호보험, 공제 등에의 준용) 이 편(보험편)의 규정은 그 성질에 반하지 아니하는 범위에서 상호보험, 공제 그 밖에 준하는 계약에 준용한다.

14) 동지, 박세민, 28면.

Ⅲ. 보험법 일반론

1. 보험계약의 당사자 등

(1) 보험자

보험계약을 인수하는 당사자이다. 보험의 인수를 영업으로 하므로 상법상 당연 상인이 된다(상법 제4조, 제46조 제17호). 보험자는 보험금을 지급할 의무를 부담하고 보험료를 수령할 권리를 가진다. 보험법에서는 보험자는 우월한 지위에 있는 자로 간주된다.

(2) 보험계약자 (policy holder)

보험자와 보험계약을 체결하는 그 상대방이다. 보험계약자는 보험계약의 당사자로서 보험계약을 취소하거나 해지 혹은 해제의 의사표시를 할 수 있는 자격이 있다. 또한 보험료를 납부할 의무가 있다. 보험계약자가 보험료를 납부한다고 하여 반드시 자신이 보험금까지 수령할 권한을 가지는 것은 아니다.

(3) 피보험자 (insured)

손해보험에서는 보험계약상 보험금을 수령할 자격이 있는 자이다. 인보험에서는 보험의 목적이 되는 자이다. 통상 보험계약자가 피보험자가 되지만, 이것이 분리되는 경우도 있다. 예컨대, 선체용선계약에서 선체용선자가 보험계약자가 되고 피보험자는 선박소유자가 되는 경우이다. 이 경우 선체용선자는 보험계약자로서 보험료를 납부할 의무를 부담하고, 선박소유자는 보험금청구권을 가진다. 상법은 피보험자는 보험계약자가 보험료를 납부할 수 없는 특별한 경우에 보험료 지급의무를 부담한다고 한다(상법 제639조 제3항).

인보험계약에서 보험금지급청구권을 가지는 자를 보험수익자(beneficiary)라고 부른다.

(4) 피해자

피해자는 보험계약의 당사자는 아니다. 그렇지만 보험계약의 당사자들과 일정한 관련을 맺게 된다. 책임보험은 피보험자의 불법행위 등으로 피해자가 손해를 입은 경우에 피보험자가 부담하는 손해를 배상하고 그 손해를 전보해주는 것이다.[15] 피해자는 우리 상법상 직접청구권을 가지는데 보험자에게 직접청구를 할 수 있다(상법 제724조 제2항). 즉, 피보험자가 아니면서 또한 보험금청구권을 양도받지 않았으면서도 보험금청구권을 가진다. 이러한 한도에서 보험계약의 당사자와 관련성을 맺게 된다.

(5) 기타 제3자

저당권자는 피보험자가 아니므로 직접 보험금을 수령할 자격을 가지는 자는 아니다. 그러나, 피보험목적에 대한 저당권자의 지위에 있기 때문에 선박보험에서 선박이 전손이 된 경우 보험금에 대하여 물상대위를 할 수 있으므로 자신이 먼저 보험금을 수령할 수 있다.[16]

2. 보험계약의 성립

(1) 청약과 승낙

보험계약도 계약일반론과 유사하다. 보험계약도 청약과 승낙이라는 의사표시의 일치로 이루어진다. 통상 보험회사 측의 보험대리점 등이 청약의 유인을 하면, 보험계약자들이 청약의 의사표시를 한 다음, 이를 보험자들이 수락하는 승낙이 있게 된다.[17]

(2) 보험법의 임의승낙

보험계약자의 청약이 있고 상당한 기간 내에 승낙이 없으면 계약은 성립되지 않는 것이 원칙이다. 그렇지만, 청약에 대하여 무한정 기다릴 수 없기 때문에 우리 상법은 의제승낙제도를 두어 보험계약자를 보호하게 하고 있다. 청약이 발송된 후 1개월이 지나도 보험자로부터 반응을 받지 못한 경우 승낙한 것으로 간주하도록 하고 있다(상법 제638조의2).

(3) 보험료의 납부

보험자의 책임은 당사자간에 다른 약정이 없으면 최초의 보험료를 보험자가 수령한 때로부터 개시된다(상법 제656조). 따라서 보험계약은 체결되어서 보험계약은 개시되었어도, 보험자가 책임을 부담하는 보험기간은 아직 개시되지 않은

15) 동지, 박세민, 136면.
16) 실무에서는 Loss Payable 조항을 두어서 피보험자가 아니라 저당권자가 보험금을 수령하게 된다. 이러한 약정이 보험계약자와 보험자 사이에 체결되어 있다. 이를 Loss Payable 조항이라고 한다.
17) 자세한 내용은 박세민, 157면.

것이 된다. 따라서 제1회의 보험료를 납부하지 않고 있는 상태에서 보험사고가 발생한 경우 보험자는 책임을 부담하지 않는다. 이 규정은 임의규정이다.

3. 보험계약체결 전의 의무

(1) 고지의무

보험계약은 사행계약이고 신의성실에 바탕을 두고 있으므로, 보험계약자는 보험계약의 청약시에 보험계약과 관련된 중요한 사항에 대하여 보험자에게 고지하여야 한다. 이러한 고지를 제대로 하여야 보험자는 보험료산정을 정확히 할 수 있다.[18] 보험계약은 단체성을 가지는데 사고확률이 높음에도 불구하고 고지를 하지 않고 낮은 보험료를 받은 경우, 보험사고가 많아져서 보험금이 많이 지급되는 사태가 발생하면 결국 그 보험자는 파산하고 말 것이다.

고지의무란 보험계약자 또는 피보험자가 보험계약체결 당시에 보험자에게 중요한 사항을 고지하거나 이러한 사항에 대하여 부실고지를 하지 아니할 의무이다(상법 제651조).

모든 사항을 고지하여야 할 의무를 보험계약자가 부담하는 것이 아니라 중요한 사항에 대해서만 부담한다. 중요한 사항이란 보험자가 알았다면 보험계약의 승낙이나 보험료의 산정에 영향을 주었을 사항을 말한다.[19] 가옥에 대한 화재보험에 가입하면서 집 주위에 주유소가 바로 인접해 있다는 사실은 중요한 사항이라고 할 수 있다. 그렇지만 법률로 이미 정하여진 사항 등은 이에 해당하지 않는다. 또한 보험자가 이미 알고 있는 사실도 마찬가지이다. 실무에서는 질문표를 활용하는데 질문표에서 질문한 사항은 중요한 사항으로 추정된다(상법 제651조의2).[20]

중요한 사항에 대하여 보험계약자나 피보험자가 고지의무를 위반한 경우 보험자는 보험계약을 해지할 수 있고(상법 제651조) 해지의 효력은 소급하므로 보험자는 보험금을 지급할 책임이 없어진다(상법 제655조). 고지의무위반과 보험사고 사이에 인과관계가 있는 경우에만 이 규정이 적용된다.[21] 입증책임은 보험계약자 혹은 피보험자에게 있다(대법원 1992.10.23. 선고 92다28259 판결).

대부분의 보험소송은 고지의무와 관련된다. 보험사고 후에 보험금 지급을 피

18) 박세민, 224면.
19) 박세민, 212면.
20) 질문표와 고지의무의 수동화에 대하여는 박세민, 223면을 참고 바람.
21) 박세민, 242면.

보험자가 보험자에게 청구하면 보험자는 피보험자 혹은 보험계약자의 고지의무위반을 주장하면서 보험계약을 해지하고 보험금 지급을 거절하게 된다. 보험자는 법원에 보험금지급의무 부존재 확인의 소를 제기하게 된다.

(2) 설명의무

보험계약자가 고지의무를 부담하는 반면, 그 상대방인 보험자는 설명의무를 부담한다(상법 제638조의 3). 상법에서는 이를 교부명시의무라고 말하지만, 약관규제 등에 관한 법률(약관 규제법)에서는 설명의무라고 한다. 보험자가 일방적으로 작성한 보통보험 약관상의 중요한 내용이 보험계약자 측이 알지 못한 상태에서 보험계약에 편입되어 보험계약자가 불이익을 당하는 것을 막기 위해서 보험자에게 이를 부과하고 있다. 보험자는 보험계약시에 중요한 사항에 대하여 보험계약자에게 설명해주지 않았다면 그 내용의 효력을 주장할 수 없다고 약관규제법(제3조 제4항)에서 정하고 있다.

많은 경우에 보험사고가 발생하여 피보험자가 보험금을 청구하면 보험자는 고지의무위반이나 담보특약위반을 이유로 보험금지급을 거부한다. 이때 보험계약자나 피보험자는 그러한 내용을 보험자가 자신에게 설명하지 않았기 때문에 약관규제법에 의하여 고지의무위반이나 담보특약위반의 효과를 보험자는 원용할 수 없다고 주장하게 되어 분쟁이 발생하게 된다.

보험자가 약관의 교부·명시·설명 의무를 위반한 때에는 보험계약자는 보험계약이 성립한 날로부터 제척기간 3개월 이내에 그 계약을 취소할 수 있다.

우리 대법원은 상법 제638조의3 교부명시의무와 약관규제법 제3조 제4항과의 관계에 대하여 피보험자는 중복하여 주장이 가능하다고 본다.[22] 전자의 경우는 보험계약체결 후 3개월 이내만 취소권의 행사가 가능하기 때문에 한계가 있다(상법 제638조 제2항).

판례소개 > 5 대법원 1996.4.12. 선고 96다4893 판결

원고는 피고(피보험자)의 승용차에 대하여 1993.11.4.에 보험기간 1년, 아내를 주운전자(53세)로 하는 개인용자동차종합보험계약을 체결하였는데, 피고의 아들(26세)이 그 차를 운전하다가 사고로 경부고속도로에서 사망하였다. 원고(보험자)는 피고가 실제로는 아들이 그 차량의 주운전자임에도 부인이 주운전자라고 허위

22) 대법원 1989.11.27. 선고 98다32564 판결; 박세민, 195면.

고지한 사실을 밝혔고, 보험계약자의 고지의무위반을 이유로 보험계약을 해지하였다(아내가 주운전자인 경우 보험료는 302,920원, 아들의 경우 420,710원). 한편, 피고(보험계약자)는, 주운전자가 누구이냐를 보험자가 서면으로 질문하지 아니하였고, 또한 약관에 대한 명시설명의무(부실고지의 경우에 입게되는 내용)를 다하지 아니하여 이를 제대로 고지하지 아니했다는 이유로 보험계약의 해지가 부당하다고 항변하였다. 이에 원고인 보험자가 채무부존재확인의 소를 제기하였다.[23]

대법원은 아래와 같이 판시하였다.

(1) 보험자 및 보험계약의 체결 또는 모집에 종사하는 자는 보험계약의 체결에 있어서 보험계약자 또는 피보험자에게 보험약관에 기재되어 있는 보험상품의 내용, 보험료율의 체계 및 보험청약서상 기재사항의 변동사항 등 보험계약의 중요한 내용에 대하여 구체적이고 상세한 명시·설명의무를 지고 있다고 할 것이어서 보험자가 이러한 보험약관의 명시·설명의무에 위반하여 보험계약을 체결한 때에는 그 약관의 내용을 보험계약의 내용으로 주장할 수 없다 할 것이므로, 보험계약자나 그 대리인이 그 약관에 규정된 고지의무를 위반하였다 하더라도 이를 이유로 보험계약을 해지할 수는 없다고 보아야 할 것이다

(2) 원심은 그 판시 사실을 인정한 다음, 이 사건 보험계약자인 피고가 이 사건 보험계약을 체결할 당시 실제로는 자신의 아들이 이 사건 차량의 주운전자인데도 자신의 처를 주운전자로 허위 고지함으로써 보험계약의 중요 사항에 대하여 고지의무를 위반하였으므로 특별한 사정이 없는 한 원고는 약관에 따라 이 사건 보험계약을 해지할 수 있다고 하면서도, 한편 원고가 이 사건 보험계약을 체결함에 있어 피고에게 주운전자제도와 관련된 보험약관의 내용, 특히 그 부실고지의 경우에 입게 되는 계약해지의 불이익 등에 관하여 구체적이고도 상세한 설명을 하여 주었다는 점에 부합하는 그 판시증거를 믿지 아니하고 달리 이를 인정할 만한 증거가 없어 원고가 주운전자에 관한 보험약관의 명시·설명의무를 이행하였음을 인정할 수 없는 이상, 피고의 주운전자에 관한 고지의무 위반을 이유로 한 원고의 이 사건 보험계약 해지는 부적법한 것으로서 그 해지의 효력이 없다고 판단하였는바, (중략) 위법이 있다고 할 수 없다.

(3) 상법 제638조의3 제2항에 의하여 보험자가 약관의 교부 및 설명의무를 위반한 때에 보험계약자가 보험계약 성립일로부터 1월 내에 행사할 수 있는 취소권은 보험계약자에게 주어진 권리일 뿐, 의무가 아님이 그 법문상 명백하므

23) 제1심과 제2심은 피고의 주운전자에 대한 고지의무위반의 사실을 인정하면서도 보험자가 약관의 명시·설명의무를 위반한 때에는 고지의무위반을 이유로 보험계약을 해지할 수 없다고 판시하여 원고의 청구를 기각하였다.

> 로 보험계약자가 보험계약을 취소하지 않았다고 하더라도 보험자의 설명의무 위반의 법률효과가 소멸되어 이로써 보험계약자가 보험자의 설명의무 위반의 법률효과를 주장할 수 없다거나 보험자의 설명의무 위반의 하자가 치유되는 것은 아니라고 할 것인바, 원심이 이와 같은 취지에서 "원고의 설명의무 위반에도 불구하고 피고가 이 사건 보험계약이 성립한 날로부터 1월 내에 취소권을 행사한 바가 없으므로 피고는 원고의 설명의무 위반의 점을 가지고 원고에게 대항할 수 없다."라는 원고의 주장을 배척하였음은 옳고, 거기에 소론과 같은 상법 제638조의3 제2항에 관한 법리오해의 위법이 있다고 할 수 없다.(상고를 기각함)(동지 1998.11.27., 98다32564 판결)

4. 기타 중요한 보험법이론

(1) 피보험이익

보험사고와 관련하여 피보험자가 보험의 목적에 대하여 가지는 경제적 관련성을 피보험이익(insurable interest)라고 한다.[24] 피보험이익이 없는 자가 피보험자가 되었다가 보험사고가 발생하여 보험금을 수령하게 되면 사기적인 보험이 된다. 보험제도는 피보험자가 실제로 입은 손해를 전보하려는 것이지 누구에게 이익을 주려는 것이 아니다(실손보상의 원칙).[25]

상법에서는 "보험계약의 목적"으로 표시되어 있다(상법 제668조). 보험의 목적과 보험계약의 목적은 구별되어야 한다. 선박보험에서 부보대상인 선박은 보험의 목적이고, 선박에 대한 소유권을 가지는 선박소유자는 선박에 피보험이익을 가지므로 피보험자가 될 수 있다.

선박보험에서 선박소유자는 선박의 멸실에 대하여 커다란 이해관계를 갖는다. 자신이 소유하는 물건이 없어지기 때문에 손해를 입게 되므로 이에 대한 전보가 필요한 것이다. 그러므로 그는 선박에 대하여 피보험이익을 갖는다.

정기용선자는 선박의 멸실에 대하여 피보험이익이 없다. 그러므로 선박보험계약에서 피보험자가 될 수 없다. 그러나, 국취부선체용선자는 선박의 멸실에 대하여 비록 현재 소유자는 아니지만, 장차 소유자가 될 기대권을 가지고, 선박대금을 선박소유자에게 지급하고 있는 중이므로, 피보험이익이 있다. 단순 선체용선자도 선박보험에서 피보험자가 될 수 있다. 선체용선자는 수리의무를 부담하므로

24) 이기수 외 2인, 182면.
25) 동지, 박세민, 408면.

분손의 경우 수리비 비용에 대하여 피보험 이익을 갖는다. 또한 선원을 고용하므로 선원의 사망 등에 대하여 손해배상책임을 부담하기 때문에, 선박보험 및 선주배상책임보험에서 피보험자는 될 수 있다.

(2) 보험자대위(청구권대위)

보험자는 보험사고가 발생한 경우 피보험자에게 그 손해에 대해 보험금을 지급하게 되는데, 보험의 목적 또는 사고를 야기한 제3자에 대하여 피보험자가 가지는 권리를 보험자가 법률상 당연히 취득하는 제도를 보험자대위라고 부른다. 보험의 목적에 대한 권리(물권적권리)를 대위하는 것을 잔존물대위(제68조), 제3자에 대한 권리(청구권)를 취득하는 것을 청구권대위라고 한다.[26]

제3자의 과실로 인하여 피보험자가 손해를 입으면 피보험자는 보험자에게 보험금을 청구할 권리를 가진다. 이 경우 피보험자는 제3자에 대하여도 손해배상청구권을 가진다. 보험자가 피보험자에게 보험금을 지급하면 보험계약관계는 종료가 되지만, 제3자에 대한 불법행위에 대한 청구권을 어떻게 처리할 것인지 문제된다. 그대로 3자 간의 관계를 종료하면 불법행위자를 처벌하지 않고 두는 격이 되어 사회적으로 바람직하지 못하다. 그렇다고 하여 피보험자에게 다시 그 청구를 하도록 하는 것은 피보험자가 보험계약을 통하여 이익을 얻기 때문에 손해보험의 기본인 실손보상원칙에 어긋나게 된다. 이에 우리나라 상법은 보험자에게 피보험자가 제3자에 대하여 가지는 청구권을 가지도록 한다(상법 제682조). 이를 보험자대위(subrogation) 중 청구권대위라고 한다.[27]

예를 들면 적하보험계약을 체결한 경우 송하인이 운송중에 운송인의 과실로 손해를 입게 되면 보험자가 보험금을 송하인에게 지급하게 된다. 그런 다음 보험자는 과실있는 운송인에게 구상을 구하게 된다. 이 때 그가 가지는 권리는 상법에서 인정하는 보험자대위권이다.

보험자대위가 일어나기 위하여는 아래 세 가지 요건이 충족되어야 한다.

① 제3자의 행위로 인한 보험사고의 발생이어야 한다. 제3자는 보험계약자·피보험자 이외의 자이고, 보험자로부터 구상당한다.[28]

---

26) 박세민, 485면.

27) 박세민, 492면.

28) 개정 상법 제682조 제2항으로 명문화됨.
보험계약자나 피보험자의 제1항에 따른 권리가 그와 생계를 같이 하는 가족에 대한 것인 경우 보험자는 그 권리를 취득하지 못한다. 다만, 손해가 그 가족의 고의로 인하여 발생한 경우에는 그러하지 아니하다.

② 보험계약자 또는 피보험자의 제3자에 대한 권리가 존재해야 한다.

③ 보험자가 정당하게 보험금을 피보험자에게 지급하여야 한다. 보험자가 면책사유가 있음에도 지급한 경우는 아니된다.

판례소개 〉 **6 대법원 2007.10.12. 선고 2006다80667 판결**
서울고등법원 2008.7.3. 선고 2007나108809 판결

원고(적하보험자)와 적하소유자는 적하보험계약을 체결하였다. 운송도중 적하가 손상을 입게 되자, 원고는 적하소유자에게 보험금을 지급하고, 적하를 운송하였던 운송인에게 상법 제682조에 근거하여 보험구상청구를 하게 되었다.

대법원은 아래와 같이 판시하였다.

다른 한편으로 원심이 인정한 바와 같이 제2화물에 관한 보험계약에 갑판적 특약이 있었고 그 특약의 내용이 투하와 갑판유실의 위험을 포함한 분손 부담보 조건(FPA including JWOB)이었다면 이 사건 제2화물 중 갑판에 적재되어 있었던 판시 16번 나무상자에 발생한 수침손에 관한 한 보험자인 원고로서는 위 갑판적 특약에 따라 보험금지급의무가 없음에도 보험자인 원고가 피보험자인 甲에게 보험금을 지급한 경우라면 원고가 보험자대위의 법리에 따라 甲의 피고에 대한 손해배상청구권을 대위 행사할 수는 없다고 할 것이다. 그럼에도 불구하고, 이와 다른 전제하에 판시 16번 수침손으로 인한 손해부분을 포함하여 이 사건 제2화물에 대한 보험금지급액 전액에 대한 원고의 청구를 인용한 원심판결에는 보험자대위에 관한 법리를 오해한 위법이 있다고 할 것이다.

(3) 일부보험, 중복보험, 초과보험

손해보험은 피보험자가 입은 손해를 보상하는 것이지 어떤 이익을 피보험자에게 주려는 것이 아니다.

1) 보험금액과 보험가액

보험금액과 보험가액을 구별하여야 한다. 보험금액(The sum insured)은 피보험자가 보험사고시 수령할 수 있는 최고금액을 말한다.[29] 보험가액(The insurable value)이란 보험의 목적의 시장평가액이다. 보험가액과 보험금액이 동일한 경우에는 문제가 없지만, 보험금액이 보험가액보다 큰 경우에는 보험금액을 지급하게 되면 피보험자는 보험을 통하여 이득을 얻는 것이 되어 문제가 된다. 이 경우는 초과보험이 된다.

29) 박세민, 152면.

보험목적물의 가액을 평가하는 것은 항상 쉬운 것만은 아니므로 보험계약을 체결시 협정가액(agreed value)을 정하면 이를 보험가액으로 본다(기평가보험)(상법 제670조).

2) 일부보험

보험가액의 일부를 보험에 붙인 일부보험의 경우 보험자는 보험금액의 보험가액에 대한 비율에 따라 보상할 책임을 부담한다(상법 제674조).

보험금액을 1억원으로 정한 경우, 처음부터 보험가액이 2억이라면 1/2만보험에 가입한 소위 일부보험이 된다. 이 경우 선박이 침몰한 경우 전손이라면 2억을 받지 못하고 1억원을 수령한다. 분손인 경우 비례보상주의에 따라 손해액의 1/2만 지급받는다(상법 제674조).[30] 5천만원 분손인 경우 2천 5백만원만 지급받는다.[31]

3) 중복보험

동일한 보험계약의 목적(피보험이익)과 동일한 사고에 관하여 여러개의 보험계약이 동시 또는 순차로 체결된 경우를 중복보험이라고 한다. 이 때 보험금액의 총액이 보험가액을 초과할 때 보험자는 각자의 보험금액의 한도에서 연대책임을 부담하게 된다. 각 보험자의 보상책임은 각자의 보험금액의 비율에 따라 보상한다(상법 제672조).

보험가액이 1억원인 경우 1억원을 보험금액으로 하는 보험이 3개가 체결된 경우, 중복보험이 된다. 3개의 보험자는 1억원을 한도로 1억×1/3=3,300만원을 보상하면 된다.[32]

4) 초과보험

보험금액이 보험계약의 목적의 가액을 현저하게 초과하는 보험을 초과보험이라고 한다. 단순한 초과 보험의 경우 보험자 또는 보험계약자는 보험료와 보험금액의 감액을 청구할 수 있다. 이 보험이 사기적으로 체결된 경우에는 그 계약은 무효로 한다(상법 제669조).

보험금액을 1억원으로 하였는데, 보험가액이 5천만원인 경우 초과보험이 된다. 이러한 초과보험은 의도적으로 나타날 수도 있지만, 보험의 목적의 가액이 하락한 경우에도 나타난다. 이러한 문제점을 피하기 위하여는 협정가액을 보험금

---

30) 이기수 외 2인, 190면.
31) 일부 보험에 대한 자세한 내용은 박세민, 455면 이하가 있다.
32) 중복보험에 대한 자세한 내용은 박세민, 439면 이하가 있다.

액과 같은 1억원으로 정하면 선가가 떨어져도 계약체결시의 1억원으로 보험가액이 확정된다.[33)]

(4) 직접청구권

책임보험은 피보험자가 가해자가 된 경우 자신이 피해자에게 손해를 배상한 다음 자신이 입은 손해를 보험자에게 청구하여 보상받는 보험이다. 그런데, 피보험자가 도산이 된 경우에는 피보험자에게 피해자가 손해배상청구를 하여도 소용이 없고, 피보험자도 손해를 입은 바가 없으므로 보험자게에 보험금 청구를 할 수도 없다. 우리 상법은 이러한 경우를 대비하여 피해자로 하여금 보험자에게 직접 손해배상금을 청구할 수 있도록 하는 규정을 가지고 있다. 이를 피해자의 직접청구권(direct action)이라고 한다(상법 제724조 제2항). 우리나라는 영국과 달리 어떠한 경우(즉, 피보험자가 도산된 경우가 아니라도)에도 직접 청구가 가능하다.[34)]

(5) 보험금 청구권의 소멸시효

피보험자는 보험사고시 보험자에 대하여 보험금을 청구할 권리를 가진다. 그런데, 그러한 권리행사를 무한정으로 버려둘 수 없다. 이에 우리 법은 보험금청구권은 3년간 행사하지 않으면 더 이상 행사할 수 없도록 정하였다.[35)] 한편, 보험자도 보험계약자에 대하여 보험료청구권을 가지는데 이의 소멸시효는 2년으로 하였다. 그 기산점은 보험청구권이라는 권리를 행사할 수 있는 때로부터 진행한다(민법 제166조 제1항).

통상 당사자들은 합의로 그 기간을 연장한다. 민법이 적용되는 경우 오히려 단축은 가능하지만 연장은 못하도록 하고 있다(민법 제184조 제2항). 상법의 경우 경제적인 약자인 피보험자를 보호하는 것이 상법 제663조의 입법취지이므로, 보험금청구권의 기간을 연장하는 것은 가능하고 오히려 단축하는 것은 불가한 것으로 보아야 할 것이다.[36)]

(6) 보험자의 면책사유

우리 상법은 보험의 특성에 비추어 몇 가지 사유에 의하여 보험사고가 발생하

---

33) 초과 보험에 대한 자세한 내용은 박세민, 435면 이하가 있다.
34) 박세민, 664면.
35) 2014년 상법개정으로 2년에서 3년으로 연장되었다. (상법 제662조 (소멸시효) 보험금청구권은 3년간, 보험료 또는 적립금의 반환 청구권은 3년간, 보험료청구권은 2년간 행사하지 아니하면 시효의 완성으로 소멸한다.
36) 동지, 박세민, 271면.

더라도 보험자는 오히려 면책이 되어 보험금을 지급할 의무가 없도록 하는 제도를 두고 있다.

대표적인 면책사유는 "고의 혹은 중과실"이다. 보험사고가 보험계약자 혹은 피보험자의 고의 혹은 중과실로 발생한 경우 보험자는 면책이 된다. 선박의 침몰은 보험금을 지급할 사유의 하나이지만, 그 사고가 피보험자 자신의 고의 혹은 중과실로 발생하였다면, 이는 상법상 면책사유에 해당하여 보험자는 면책이 된다(상법 제659조).

이러한 면책사유는 보험약관에 별도로 두기도 한다. 보험사고가 발생하면 상법상의 면책사유뿐만 아니라 약관상의 면책사유도 같이 적용되므로 주의를 요한다. 이러한 약관상의 면책사유(exemption)는 보상범위에서 제외되는 사항(exclusion)과 구별되어야 한다. 후자는 아예 처음부터 보험의 부보대상이 아닌 사항이다. 전자에는 상법 제663조 강행규정이나 약관규제법이 적용되어 무효가 될 여지가 있지만 후자는 그렇지 않다.[37]

(7) 보험목적의 양도

보험기간중 보험의 목적의 소유자가 변경된 경우 피보험자는 더 이상 피보험이익을 가지지 못하므로 보험계약은 무효가 되고, 양수인은 보험자와 새로운 보험계약을 체결하여야한다. 이렇게 되면, 낭비가 되기도 하고, 자칫 무보험상태가 될 우려도 있다. 그리하여 우리 보험법은 보험목적의 소유자가 변경되어도 원래의 보험계약이 지속적으로 유효한 것으로 추정하여 편리를 도모하고 있다.[38]

상법 제679조는 제1항에서 "피보험자가 보험의 목적을 양도한 때에는 양수인은 보험계약상의 권리와 의무를 승계한 것으로 추정한다."고 정하고 있다. 추정되는 것에 그치므로 당사자들이 원하지 않으면 새로운 보험계약을 체결하면 족하다.[39]

(8) 보험계약자 불이익변경 금지의 원칙

상법은 보험계약자와 피보험자를 보호하기 위하여 상법 보험편에서 정한 것보다 이들을 불리하게 하는 약정을 체결한 경우 그 약정을 무효로 하고 있다(상법

37) 동지, 박세민, 283면.
38) 박세민, 526면.
39) 보험목적의 양도시 상법은 양도인/양수인의 보험자 통지의무를 부과한다. (제2항. 제1항의 경우에 보험의 목적의 양도인 또는 양수인은 보험자에 대하여 지체없이 그 사실을 통지하여야 한다.)

제663조 본문). 그런데 이 규정은 가계보험의 경우에만 적용되고, 해상보험이나 재보험과 같은 기업보험의 경우에는 적용되지 않는다(제663조 단서). 그러므로 상법의 해상보험은 모두 임의규정과 같은 기능을 하게 된다.[40] 그러나, 대법원은 수협공제와 관련하여 그와 같은 보험은 피보험자가 경제적으로 약자이고 보험의 내용을 잘 모르기 때문에 오히려 상법 제663조 본문을 적용한다.[41]

판례소개 7 대법원 1996.12.20. 선고 96다23818 판결

원고는 수협과 어선보통공제계약을 체결하였는데 1회 공제료는 납입하였지만 2회 이후는 납입하지 않고 있었다. 그 사이에 폭풍으로 선박이 침몰하였다. 수협공제약관에는 실효약관이 들어있었다. 계속보험료의 경우 2회 이후의 경우 보험료가 미납되면 상당한 기간을 정하여 보험계약자에게 최고하고 보험자는 해지할 수 있다(제650조 제2항). 실효(失效)약관은 위 제650조 제2항의 절차를 피하기 위하여 2회 이후의 보험료의 납입은 일정한 유예기간을 두고 그 기간 내에 납입이 없으면 보험계약은 자동적으로 실효된다고 정하고 있다. 보험사고가 발생하자 2회 이후의 보험료가 미납이므로 보험계약이 실효되었다고 하면서 수협은 보험금 지급을 거절하였다. 대법원은 1995.11.16., 선고 94다56852 판결에서 판례변경을 하여 상법 제663조 위반으로 무효가 된다고 하였다. 그런데, 수협의 선박보험공제는 상법 제663조 단서가 적용되므로 불이익변경금지원칙이 적용되지 않는다고 하면 약정은 유효한 것이 되어 보험자는 승소하게 된다.

원심에서는 이 사건 공제약관은 해상보험계약으로서 상법 제663조 단서가 적용되어 본문의 보험계약자 불이익변경금지의 원칙이 적용되지 않으므로 실효약관은 유효하다고 보았다.

대법원은 아래와 같이 판시하였다.

(1) 상법 제663조 단서가 해상보험에 같은 법조 본문 소정의 보험계약자 등의 불이익 변경금지원칙이 적용되지 않도록 규정하고 있는 취지는 해상보험이 보험계약자와 보험자가 서로 대등한 경제적 지위에서 계약조건을 정하는 이른 바 기업보험의 일종으로 보험계약의 체결에 있어서 보험계약자의 이익보

---

40) 대법원 1995.9.29. 선고 93다53078 판결에서 상법 제663조 단서가 적용되었다. 어선보통공제약관에서 "공제목적인 어선이 발항 당시 통상의 해상위험을 사실상 감내할 수 있을 정도로 적합한 상태에 있을 것을 조건으로 하여 공제계약의 청약을 승낙하여 보상책임을 부담합니다"로 약정한 경우, 감항능력 결여를 상법 제706조처럼 손해발생과의 인과관계를 요하는 면책사유로 규정한 것이 아니라, 보험자는 발항 당시의 불감항 사실만을 입증하면 손해발생 사이의 인과관계를 입증할 필요없이 보험금 지급책임을 부담하지 않게 된다.

41) 박세민, 50면.

호를 위한 법의 후견적배려는 필요하지 않고 오히려 어느 정도 당사자 사이의 사적 자치에 맡겨 특약에 의하여 개별적인 이익조정을 꾀할 수 있도록 할 필요가 있고, 또한 해상보험에 있어서는 그 보험의 성격상 국제적인 유대가 강하고 보험실무상으로도 영국법 준거조항을 둔 영문보험약관이 이용되고 있는 실정이므로 불이익변경금지원칙을 일률적으로 적용하여 규제하는 것이 반드시 옳다고 할 수도 없다는 고려에서 나온 것이라 할 것이다.

(2) 그런데, 이 사건 어선공제는 항해에 수반되는 해상위험으로 인하여 피공제자의 어선에 생긴 손해를 담보하는 것인 점에서 해상보험에 유사한 것이라고 할 수 있으나, 기록에 의하면 위 어선공제는 피고 수협이 실시하는 비영리공제사업의 하나로 소형어선을 소유하며 연안어업 또는 근해어업에 종사하는 다수의 영세어민들을 주된 가입대상자로 하고 있는 사실을 알 수 있는 바, 사정이 이와 같다면 이 사건 어선공제는 공제계약 당사자들의 계약교섭력이 대등한 기업보험적인 성격을 지니고 있다고 보기는 어렵고 오히려 공제가입자들의 경제력이 미약하여 공제계약체결에 있어서 공제가입자들의 이익보호를 위한 법적 배려가 여전히 요구된다 할 것이므로, 위에서 본 상법 제663조 단서의 입법취지에 비추어 이 사건 어선 공제에는 불이익 변경금지의 원칙의 적용을 배제하지 아니함이 상당하다고 할 것이다.

(3) 그렇다면 분납공제료가 소정의 시기에 납입되지 아니하였음을 이유로 상법 제650조 제2항 소정의 절차를 거치지 아니하고 곧 바로 공제계약이 실효됨을 규정한 이 사건 실효약관은 보험계약자에게 불리하므로 상법 제663조의 규정에 위배되어 무효라고 보아야 할 것이다.

Ⅳ. 한국 해상보험법

1. 해상보험편상의 보험자 면책사유

(1) 감항능력주의의무

보험편의 보험자 면책사유인 피보험자의 고의·중과실 이외에 해상보험규정에서는 감항능력주의의무를 갖추지 못하고(불감항) 출항한 경우 보험자가 면책되는 규정을 가지고 있다(상법 706조).[42]

이는 상법 해상편의 주의의무와 동일하지 않다(상법 제749조). 감항능력주의의무는 선체능력, 운항능력 그리고 감하능력이 있는데,[43] 여기서는 감하능력은 포함

42) 박세민, 597면.

되지 않는다. 인과관계를 요구하는 점에서 영국법과 다르다. 영국법에서 감항능력주의의무는 항해보험에서 묵시적 담보로 해석되기 때문에(제39조 제1항) 인과관계가 없이도 보험자는 면책이 되지만, 우리 상법은 불감항 자체가 사고와 인과관계가 있는 경우에만 보험자는 면책이 된다.[44]

우리 상법은 불감항을 보험기간과 구별없이 일괄적으로 적용하고있지만, 영국 해상보험법은 불감항을 항해보험과 기간보험으로 나누어서 보고 있다. 항해보험에서는 불감항은 묵시적 담보이지만, 기간보험에서는 묵시적 담보는 아니고 "불감항을 알고서도 출항시켰고 이로 인하여 보험사고가 발생한 경우에만" 보험자가 면책이 된다(영국 해상보험법 MIA39조 5항).[45]

(2) 이 로

약정된 혹은 통상의 항로를 벗어나서 항해하는 것을 이로(deviation)이라고 한다. 이로를 하게 되면 처음 보험계약체결시보다 위험이 증대되기 때문에 엄격하게 해석하여 보험자는 이로의 순간부터 면책이 되도록 되었다. 제자리에 다시 복귀하여 항해하여도 동일하게 보험자는 면책이다(상법 제701조의2).[46] 그렇지만, 보험계약자가 그러한 사실을 통보하고 보험자의 승낙을 얻은 후 항해를 계속하면 보험은 계속 될 수 있다.

이러한 이로제도는 통신수단이 발달되지 않아 선박의 위치를 알기가 어려웠던 옛 범선항해시대의 유산으로 생각된다.

인과관계도 필요하지 않고 이로 즉시 보험자는 면책된다는 점에서 피보험자에게 과도하게 불리한 규정이라고 생각된다.

2. 해상보험자의 보험금지급사유

(1) 해난구조료

상법은 해난구조료를 해상보험자의 보험금 지급사유로 법정하고 있다(상법 제694조의2). 보험지급사유는 당사자의 약정으로 정하게 된다. 선박보험은 원칙적으

43) 김인현, 229면.
44) 동지, 박세민, 598면.
45) 박세민, 600면.
46) 영국 해상보험법 제46조(이로) 제1항. 선박이 적법한 이유없이 보험증권에 정하여진 항해에서 이탈하는 경우, 보험자는 이로시부터 책임이 해제되고, 선박이 손해발생 전에 본래의 항로에 복귀하였다는 사실은 중요하지 아니하다.

로 보험의 목적인 선박에 대하여 보험사고가 발생한 경우에 손해를 입은 피보험자를 전보하기 위한 것이다. 해난구조료는 보험목적인 선박이 직접 입은 손해는 아니다. 그러므로 선박보험의 고유한 보험부보사항이 아니다.

그렇지만, 해난구조를 당하면 신속히 구조행위가 이루어져야 하는데, 구조료의 지급이 문제되면 아니되므로, 구조행위를 장려하기 위하여 선박보험자의 보험금 지급사유로 법정하고 있다. 보험약관에 구조료가 보험금지급사유로 되어 있지 않은 경우에 임의규정으로써 상법의 본 규정이 적용된다는 점에 존재의 가치를 찾을 수 있다.[47]

(2) 공동해손분담금

공동해손은 선박의 위험공동체를 구성하는 선박소유자, 화주들이 선장의 의도적인 공동위험회피 행위로 위험공동체의 일원이 입은 손해를 서로 분담하는 제도를 말한다(상법 제865조). 공동해손 피해자는 자신의 희생으로 위험을 피한 다른 공동체구성원들에게 공동해손분담금을 청구할 수 있다(상법 제866조).

화주가 공동해손의 대상이 된 경우에는 선박소유자가 공동해손분담금 지급채무자가 되고, 선박소유자가 그 대상이 된 경우에는 화주가 공동해손분담금 지급채무자가 될 것이다.

이러한 경우 원래의 의미의 선박보험에서는 이것은 보험목적인 선박의 손해와는 무관하므로 부보사항이 아님에도 불구하고 공익적인 목적에서 선박보험자에게 보험금 지급의무를 부과하고 있는 것이다(상법 제694조).

3. 특유의 사항

(1) 추정전손과 위부

전손사고가 발생한 경우 보험자는 보험금 전액을 지급하게 된다. 그러나, 일부사고가 발생한 경우 보험금 전액을 지급하지 않고 일부수리비가 지급되는 약정이 체결된다. 그러나, 현실적으로 전손은 아니고 일부사고이지만 전손으로 처리하는 것이 더 나은 결과를 가져오는 경우도 있다. 가령 수리를 다 하고 난 다음 선박의 가격이 수리비보다 낮은 경우에는 수리를 하는 것보다 전손처리를 하여 보험금을 지급하는 것이 오히려 나을 수 있다.[48]

---

47) 영국협회약관－선박기간(1983)에는 보험금 지급사유로 명기되어 있다. (제11조 제1항 이 보험은 구조료, 구조비 및 공동해손의 선박분담분을 보상하며 (하략))

이와 같이 현실전손은 아니지만 현실전손으로 간주하여 전손보험금을 지급하게 되는 제도를 추정전손(constructive total loss)제도라고 부른다.[49] 이러한 추정전손이 되기 위하여는 여러 요건이 필요한데 그 중의 하나가 위부(abandonment)라는 것이다.

위부의 요건을 갖춘 경우 위부의 통지를 피보험자가 보험자에 대하여 행하면 위부의 효과가 발생한다.[50] 보험자는 위부로 인하여 그 보험의 목적에 관한 피보험자의 모든 권리를 취득하게 된다. 보험자는 전손보험금을 피보험자에게 지급하여야 한다(상법 제710조). 위부는 우리 법상으로는 단독행위로서 일방적으로 의사를 표시하면 그것으로 효과가 발생한다.[51] 보험자가 위부를 승인하였는지와 무관하다. 우리 법상 위부를 승인하면 보험자는 위부에 대하여 이의를 제기하지 못하지만, 승인하지 아니하면 피보험자가 위부의 원인을 입증할 책임을 부담한다.[52]

보험위부의 원인은 아래와 같다(상법 제710조).

(i) 피보험자가 보험사고로 인하여 자기의 선박 또는 적하의 점유를 상실하여 이를 회복할 가능성이 없거나 회복하기 위한 비용이 회복하였을 때의 가액을 초과하리라고 예상될 경우

(ii) 선박이 보험사고로 인하여 심하게 훼손되어 이를 수선하기 위한 비용이 수선하였을 때의 가액을 초과하리라고 예상될 경우[53]

(iii) 적하가 보험사고로 인하여 심하게 훼손되어서 이를 수선하기 위한 비용과 그 적하를 목적지까지 운송하기 위한 비용과의 합계액이 도착하는 때의 적하의 가액을 초과하리라고 예상될 경우

선박의 존부가 2개월간 분명하지 아니한 때에는 그 선박의 행방이 불명한 것으로 하고, 이 경우에도 전손으로 추정한다(상법 제711조).

보험위부가 유효하게 이행되면 피보험자는 보험금청구권을 가지게 되고 보험자는 보험목적에 대하여 피보험자가 가지는 모든 권리를 취득한다(상법 제718조 제1항).

---

48) 박세민, 609면.
49) 영국 해상보험법 제60조 (추정전손의 정의), 우리 상법에도 도입되어있다.
50) 박세민, 609면.
51) 박세민, 609면.
52) 박세민, 615면; 그러나 영국법에서는 위부에 대하여 보험자가 승낙하여야 위부의 효력이 인정된다. 심재두, 327면.
53) 수리비의 개념이 판단된 사례로는 대법원 2002.6.28. 선고 2000다21062 판결이 있다.

(2) 피보험자의 변경

상법 보험편에서는 보험의 목적의 소유자가 변경되어도 보험계약은 계속되는 것으로 추정한다는 규정을 두고 있다(상법 제679조). 그런데, 선박의 경우는 소유자가 누구인가에 따라 사고위험이 달라지기 때문에 추정하는 제도를 두지 않고, 원칙적으로 보험계약은 종료되는 것으로 하고, 보험자의 승낙이 있는 경우에만 유효하도록 정하고 있다(상법 제703조의2).

Ⅴ. 영국법

1. 1906년 MIA

(1) 연 혁

수백년간 영국의 법원이 내린 판결을 하나로 집대성하여 1906년 영국 해상보험법이 탄생되게 되었다. 호주, 캐나다 등이 이 법을 모법으로 하여 자국의 해상보험법을 만들었고, 전 세계적으로 준거법약정을 통하여 이 법이 활용되고 있다.[54)]

(2) 최대선의의 원칙과 고지의무

영국 보험법에는 보험자와 피보험자는 모두 최대선의의 원칙(utmost good faith)을 지켜야 한다고 규정하고 있다(제17조). 우리나라의 고지의무와 관련성이 문제된다. 최대선의원칙은 영국에서는 보험계약의 체결시는 물론이고 보험계약중, 보험사고 발생다음에도 적용된다는 점에서 우리나라 고지의무와 다르다.[55)] 그 적용대상자도 보험자는 물론이고 피보험자도 그 적용 대상이다.

판례소개 〉 8 대법원 2005.3.25. 선고 2004다22711 판결

선주는 97톤의 선박에 대하여 한국 보험사와 영국협회선박보험약관에 따라 보험계약을 체결하였다. 실제 매수가격을 부풀려 보험계약을 체결하였다. 적절한 검사증서를 발급받지 못한 상태에서 선박이 침몰하였는데도 검사증서를 위조하여

54) 미국은 주법을 적용한다.

55) 제17조 "해상보험계약은 최대선의에 기초한 계약이며, 만일 일방당사자가 최대 선의를 준수하지 않았을 경우 상대방은 그 계약을 취소할 수 있다". 제18조 "계약이 체결되기 전 피보험자는 보험자에게 자신이 알고있는 모든 중요한 사항을 알려야 한다. 피보험자가 그러한 고지를 하지 않은 경우에는 보험자는 계약을 취소할 수 있다". 합리적인 보험자가 보험료를 결정함에 혹은 위험을 인수할지를 결정함에 영향을 미치는 모든 상황은 중요한 것이다.

보험자에게 제출하였다. 조사과정에서도 선박매수가격을 허위로 법정에서도 진술하였다. 보험자는 선박의 진정한 매수가격을 알게 되자, 준거법인 영국 해상보험법 제17조의 최대선의의 원칙 위반을 근거로 계약을 취소하고 채무부존재확인의 소를 제기하였다. 피고는 선박의 매수가격은 보험계약 체결시에 적용되는 고지의무에 해당하는 것으로 보험계약 체결 후에는 적용되지 않는다고 주장하였다.

대법원은 아래와 같이 판시하였다.

(1) 영국 해상보험법 제17조에 규정된 최대선의의 의무는 동법 제18조 및 제20조에 규정된 피보험자의 고지의무 및 부실표시금지의무보다 넓은 개념의 것으로서 보험계약이 체결된 이후 또는 사고발생 이후라도 적용되는 것이며, 따라서 영국협회선박기간보험약관이 적용되는 선박보험계약의 피보험자가 사고발생 이후 사기적인 방법으로 보험금을 청구하는 경우에 있어서도 보험자는 최대선의의 의무 위반을 이유로 보험계약을 취소할 수 있다.

(2) 보험계약의 체결과정에서 피보험자가 선박의 매수가격등 선박의 실제가치에 관한 정보를 제대로 고지하지 아니하였을 뿐만 아니라 사고발생 이후 보험금을 청구함에 있어서 선박의 매수가액에 관한 사실을 허위로 주장하고 나아가 위조된 선박검사증서를 행사함으로써 영국 해상보험법상의 고지의무 내지 최대선의의 의무를 위반하였으므로 보험자인 원고는 이와 같은 고지의무 내지 최대선의 의무 위반을 이유로 이 사건 보험계약을 취소할 수 있다.

(3) 담보특약(warranty, 영국 해상보험법 제33조~제41조)

영국법에서 특이한 보험자의 면책사유로서 담보특약의 위반이 있다. 명시적 담보와 묵시적 담보로 나누어지는데, 명시적 담보로는 당사자들이 보험계약체결시 지키기로 약정한 내용들이다. 묵시적 담보로는 불감항담보, 적법담보가 있다.

담보의 효력에 대하여 영국법은 아무리 사소한 것이라도 담보를 위반하면 그 위반한 사실과 보험사고가 인과관계가 없더라도 보험자는 그 순간부터 면책이 되도록 한다. 이에 대하여 가혹하다는 비판이 전세계적으로 일어나자 영국은 이 법을 완화하게 되었다.[56]

판례소개 > 9 대법원 1996.10.11. 선고 94다60332 판결

선박소유자는 한국의 선박보험회사(피고)와 모래채취선에 대한 선박보험계약을 체결하였는데, 영국의 신협회약관(ITC)(HULL)을 이용하였다. 여기에 소위 감항담

---

56) 박세민, 597면.

보가 들어있었다. 즉, 로이드 대리점의 검정이나 한국선급협회의 검정인으로부터 감항증명서를 발급받을 것을 약정하는 내용이다. 동 선박은 감항증명서를 발급받지 않고 사고가 났다. 명시적 위반사실을 알면서도 보험료를 수령하고 보험계약이 갱신되었으므로, 원고는 보험금을 청구하자 피고는 담보특약위반을 근거로 보험금 지급을 거절하였다. 피고는 보험계약상의 명시된 담보특약위반에 따른 면책주장의 권리를 원고가 묵시적으로 포기하였다고 주장하였다.

대법원은 아래와 같이 판시하였다.

(1) 영국 해상보험법상의 담보특약위반이 있는 경우 설사 보험사고가 담보특약위반과 아무런 관계없이 발생하였다고 하더라도 보험자는 보험증권에 명시적인 규정이 있는 경우를 제외하고 자동적으로 그 담보특약 위반일에 소급하여 그 보험계약상의 일체의 책임을 면한다. 보험자가 담보특약 위반을 이유로 보험계약을 해지하여야만 비로소 그 보험계약상의 책임을 면하게 되는 것은 아니므로 보험자가 담보특약 위반을 안 직후 보험계약을 해지하지 않았다고 하여 이로써 그 담보특약위반에 대한 권리를 포기하였다고 볼수는 없다.

(2) 또한 담보특약위반사실은 보험자를 면책시키는 효과만 있고 보험계약을 소급적으로 무효화시키는 효력이 없을 뿐만 아니라 계약을 종료시키는 효력도 없으므로, 보험료가 담보특약 위반 이전에 가득된 경우에는 보험자가 담보특약위반사실을 알면서 그 보험료를 수령하였다고 하여 담보특약위반에 대한 권리를 포기한 것으로 볼 수도 없고, 보험증권이 보험기간을 1년으로 하는 연간보험으로 되어있고 연간보험료를 분할 납부하도록 되어있는 경우에는 전체보험료는 개시되자마자 가득되는 것이다.

선박의 불감항은 묵시적 담보인데, 기간보험과 항해보험의 법률효과가 다르다. 기간보험은 담보특약보다 완화되어 불감항과 보험사고 사이에 인과관계가 있을 것이 요구된다(제39조 제5항).

판례소개 10 대법원 2002.6.28. 선고 2000다21062 판결[57]

원고는 이 사건 선박의 소유자로서 피보험자이고 보험자는 피고이다. 영국법을 준거법으로 하였다. 선박이 가입된 선급협회에서 선체 자체의 결함이 있었다는 지적이 있었고, 선장과 기관장이 이 때문에 항해가 부적절함을 선박소유자에게 건의한 사실이 있다. 선박이 출항후 유빙에 부딪친 결과 수리비가 과도하게 나와 원고는 추정전손을 통지하고 전손 보험금을 청구하였다. 원심에서는 감항능력결

57) 김인현, 해상법연구II, 685면.

여 자체를 부인하였다. 기간보험이었기 때문에 감항능력결여와 보험사고 사이에 인과관계가 있었는지가 쟁점이 되었다.

대법원은 아래와 같이 판시하였다.

(1) 선박기간보험에서 감항능력결여로 인하여 보험자가 면책되기 위하여는 손해가 감항능력이 없음으로 인하여 발생한 것이어야 하고, 피보험자가 감항능력이 없음을 알고 있어야하며, 이러한 감항능력의 결여와 보험사고 사이에 인과관계, 즉 손해의 일부나 전부가 감항능력이 없음으로 인하여 발생한 것이라는 점이 인정되어야한다.

(2) 이러한 요건에 대한 입증책임은 보험자가 부담한다.

(3) 그리고 면책요건으로서 보험자의 악의는 영미법상의 개념으로서 피보험자가 선박의 감항능력결여의 원인이 된 사실뿐만 아니라, 그 원인된 사실로 인하여 해당선박이 통상적인 해상위험을 견뎌낼 수 없다는 사실, 즉 감항능력이 결여된 사실을 알고 있는 것을 의미하는 것으로서, 감항능력이 없다는 것을 적극적으로 아는 것뿐만 아니라 감항능력이 없을 수도 있다는 것을 알면서도 이를 갖추기 위한 아무런 조치를 하지 않고 내버려두는 것을 포함하는 개념이다.

(4) 한국선급 등으로부터 선체 자체에 대한 지적 사항이 있었고 이를 완전하게 수리한 바 없는 사실, 선장과 기관장이 선주에게 선박과 해상의 상태에 비추어 항해가 적당하지 않다는 것을 건의한 사실 등을 고려하면, 이 사건 선박은 사고 당시 감항능력이 없었던 것으로 보이고, 이는 거의 모두 객관적인 사정들로서 선주인 원고가 알고 있었던 것으로 보는 것이 타당하며, 선주에게 직접적인 수리요청까지 있었던 점으로 보아 위와 같은 감항능력의 부재에 대한 원고의 악의도 인정할 수 있다. 그러나 해당 선박의 감항능력부재와 피보험자인 원고의 악의가 인정된다고 하더라도 기간 보험의 경우 감항능력부재로 인하여 보험자가 면책되기 위하여는 감항능력부재와 보험사고 사이에 인과관계가 인정되어야 할 것인데, 원심이 인정한 사실관계에 의하면, 이 사건 보험사고의 원인은 선박의 외판이 유빙과의 충돌로 구멍이 생겨 침수되기 시작한 것으로 추정될 뿐, 위에서 지적한 바와 같은 이 사건 선박의 구체적 감항능력의 부재와 사고 사이에 상당인과관계를 인정하기는 어려워 보인다. 그렇다면 원심이 피고의 감항능력부재로 인한 면책주장을 받아들이지 않은 결론은 정당하다.

우리 대법원은 담보특약이 가혹한 것이기는 하지만, 영국법이 준거법인 경우에는 그 효력을 인정하고 있다. 우리나라 해운조합과 같은 경우는 인과관계가 있는 경우에만 담보특약위반의 경우 보험자는 면책이 되도록 하였다.[58] 담보특약은 우리나라법에는 없는 개념이기 때문에 동일한 내용의 약정을 가지고 있으면서 단지 준거법만 한국법으로 변경한 경우의 효력이 문제된다.

우리 법원은 담보특약의 지나친 엄격함을 피하기 위하여 영국법이 준거법인 경우에도 국제사법을 통하여 우리나라 「약관규제법」의 "설명의무"를 보험자에게 부과하고 있다.[59] 보험자가 중요한 사항인 담보특약의 내용을 설명하지 않았다면 그 위반의 효력을 주장하지 못하게 한다.[60]

(4) 보상하지 않는 손해

부보위험에 근인(近因)하여 발생하지 않은 손해는 보상하지 않는다(제55조 제1항). 근인이란 반드시 시간적으로 보험사고에 근접한 것을 의미하는 것은 아니다. 실제로 가장 큰 영향을 준 원인을 말한다.

피보험자의 고의적 불법행위(wilful misconduct)로 인한 사고는 보험자가 면책된다(제55조 제2항). 이는 고의행위로 보험사고를 야기하여 보험금을 수령하는 행위를 막기 위한 것이다. 우리나라의 상법상 면책사유인 고의 혹은 중과실과 그 범위가 동일한지가 문제된다.

(5) 전손, 추정전손 및 위부

보험의 목적이 경제적 효용가치를 완전히 잃어버리는 것을 전손(total loss)이라고 한다.

영국 해상보험법 제57조는 "보험목적이 파괴된 경우, 더 이상 부보된 종류의 물건이라고 할 수 없을 정도로 심하게 훼손된 경우, 피보험자가 보험목적의 점유를 이탈당하여 회복할 수 없는 경우"를 현실전손이라고 정한다. 보험의 목적인 선박이 깊은 바다에 침몰한 경우, 선박이 충돌로 대파된 경우, 선박이 해적에 납치되어 오랫동안 소식이 없는 경우가 그 좋은 예이다.

58) 한국해운조합 선박공제 보통약관 제4조 담보특약(Warranty)

59) 우리 대법원은 해상보험에서 영국 준거법 및 담보특약에 대하여도 영국 준거법에 따라 그 효력을 인정한다. 담보특약의 엄격성은 지나쳐서 아주 작은 사항의 위반이라도 보험사고와 인과관계가 없는 사항이라도 보험자는 면책된다. 대법원은 약관의규제에관한법률을 적용하여 담보특약에 대한 설명의무를 위반한 경우에 보험자는 담보특약위반의 효력을 피보험자에게 주장할 수 없다는 판결을 두 차례 내린 바 있다(대법원 2001.7.27. 선고 99다55533 판결; 대법원 2010.9.9. 선고 2009다105388 판결). 그런데, 어떠한 근거에서 영국법이 준거법임에도 일부 사항에 대하여만 한국법을 적용하는지 비판이 제기되어왔다.

60) 자세한 내용은 김인현, "영국 준거법하의 담보특약의 약관규제법 적용여부", 한국해법학회지 제35권 2호(2013.11.), 373면.

형식상은 전손은 아니지만, 사실상 전손으로 처리하는 것이 더 나은 경우 추정전손으로하여 전손보험금을 청구할 수 있도록 하는 제도가 영국보험법에도 있다. 이를 추정전손제도라고 부른다(제60조 및 제61조).

추정전손이 되기 위하여는 피보험자가 자신의 보험의 목적을 보험자에게 넘기고 자신은 대신 전손보험금을 수령하겠다는 취지의 위부의 의사를 표시하여야 한다. 보험자가 위부를 승인하면 현실전손으로 취급된다(제61조).

(6) 대위(subrogation)

영국 해상보험법도 우리 법과 같이 보험금을 지급한 보험자에게 피보험자가 가지던 보험의 목적에 대한 소유권을 가지거나, 그가 가해자에 대하여 가지던 청구권을 대신하여 청구할 수 있는 제도를 가지고 있다. 이를 대위권이라고 한다(제79조).[61]

그런데, 청구권을 대위행사하는 경우 우리법상으로는 보험자가 원고가 되지만, 영국에서는 반드시 피보험자가 원고가 되어야 한다.[62] 이것은 엄격한 계약당사자의 원칙(privity of contract) 때문이다.

2. 제3자법(책임보험)

(1) 의 의

영국법에서는 엄격한 계약당사자의 원칙이 지배한다. 따라서 계약의 당사자가 아닌 자가 계약상의 권리를 행사할 수 없다. 그런데, 실무상 타인을 위한 보험계약이 있다(상법 제639조). 보험계약자는 보험자와 보험계약을 체결하면서 보험금은 제3자가 수령할 수 있도록 약정을 체결하면 된다. 이것을 우리나라에서는 민법 제539조의 제3자를 위한 계약으로 처리할 수 있다. 그러나, 영국법에서는 엄격한 직접 계약당사자 원칙 때문에 피보험자는 보험자에게 보험금을 청구할 수 없다는 결론에 이르게 된다. 이에 영국에서는 이러한 판례법을 변경하고자 시도하였다.

(2) 내 용

책임보험에서 피해자인 제3가 책임보험자에게 보험금을 청구할 수 있는 길을

---

61) 심재두, 425면.
62) 심재두, 433면.

열어두었는데, 대단히 제한적이다. 피보험자가 도산된 경우에만 가능하다.

이와 관련하여 소위 선지급항변조항(pay-to-be-paid rule)이 선주상호보험약정에 있는 경우 보험자는 아직 피보험자가 피해자에게 배상을 하지 않았으므로 자신의 보험금 지급의무는 아직 발생하지 않았다고 주장하게 된다. 이는 사실상 피보험자가 도산된 경우 피해자가 보호되지 못하는 결론에 이른다. 이에 대하여 영국법원은 이것이 유효하다는 판결을 내린 바 있다.[63] 우리 법에서도 이것이 유효할지는 아직 대법원의 판결을 받아보아야 한다.[64]

판례소개 > 11 서울남부지방법원 2013.5.30. 선고 2012가합7046 판결

A선박과 B선박이 충돌하여 A선박이 손해를 보았다. 이에 선박의 소유자는 B선박의 책임보험자에게 직접청구권을 행사하였다. B 선박은 우리나라의 삼성화재와 해운조합이 선체보험자였다. 영국법을 준거법으로하는 선체(선박)보험계약에는 아래 내용이 포함되어 있었다.

〈특약사항〉

협회기간약관(ITC 1983)을 적용하되, 좌초, 침몰, 화재, 폭발 및 충돌로 인하여 발생한 손해가 아닌 타 위험으로 발생된 분손에 대하여는 보상하지 아니함.

〈충돌손해배상책임 특별약관〉

조합은 공제가입선박이 타선박과 충돌하여 그 결과 공제계약자가 다음의 손해에 대하여 법적배상책임을 지고 그 손해배상금조로 일정금액을 타인에게 지급한 경우에는 그 금액의 3/4비율로 공제계약자에게 보상한다. 다만, 공제계약에서 4/4비율로 정하였을 경우에는 이에 따라 보상한다.

1.1 타 선박 혹은 타 선박에 있는 재산의 멸실 또는 손상

1.2 타 선박 혹은 그 재산의 지연 또는 사용이익의 상실

1.3 타 선박 혹은 그 재산의 공동해손, 구조 또는 계약에 의한 구조

보험자는 영국법이 적용되어 피보험자인 선주가 피해자에게 먼저 지급하지 않은 사항이므로 A선박의 소유자는 B선박의 책임보험자에게 청구할 수 없다고 주장하였다.

법원은 아래와 같이 판시하였다.

(1) 영국법(제3자 권리법)은 우리 상법과 달리 피해자의 보험자에 대한 직접청구권을 일반적으로 허용하지 아니하고 예외적인 경우에만 허용하고 있으며, 이에 관한 규정이 제3자권리법인바, 현행 제3자 권리법 제1조에는 직접청구권

---

63) The Fanti and the Padre Island, [1990] 2 Lloyd's Reports, 191.

64) 자세한 내용은 김인현, 530면이 있다.

이 허용되는 경우에 관하여 '피보험자가 개인인 경우는 파산하였거나 채권자들과의 화의가 이루어진 경우', '피보험자가 법인인 경우에는 해산명령이 이미 내려졌거나, 임의해산에 대한 승인이 이루어졌거나, 파산관재인 등이 적법하게 임명되는 등 도산절차가 개시된 경우'에 한하여 직접청구권이 인정된다고 규정하고 있다(제한적, 열거적). 피고는 다만 폐업한 상태이므로 이에 해당하지 아니한다.

(2) 선지급항변 인정여부

선지급항변(피보험자가 피해자에게 먼저 손해배상을 한 경우에 한하여 보험자가 피보험자에게 보험금을 지급한다는 보험계약의 내용)의 유효성도 준거법인 영국법에 의하여 판단되어야 한다. 영국 대법원은 선주상호보험의 보험자가 선지급항변을 한 사안에서 "선지급항변을 포함한 보험계약에 있어 피보험자의 보험자에 대한 권리는 보험계약에 정해진 피보험자의 손해배상의무를 먼저 제3자에게 이행하였었 것을 조건으로하는 조건적 권리로서 위와 같은 조건적 권리가 제3자 권리법에 의하여 제3자에게 이전되었다고 하더라도 제3자가 피보험자보다 더 좋은 지위를 얻거나 더 많은 권리를 획득하는 것은 아니므로 위와 같은 조건을 충족시키지 못하는 이상 보험자를 상대로 이를 청구할 수 없으므로, 결국 보험자의 이러한 선지급항변은 유효하다."는 취지로 판시하고 있고, 제3자가 피보험자보다 더 유리한 지위를 갖는 것이 아니라는 논거는 이 사건 보험계약과 같은 일반책임보험에도 그대로 적용될 수 있다고 할 것이다.

(3) 제3자법(보험자에 대한 권리) 2010년 법률로 인한 변화

1930년 영국의 제3자법은 2010년에 새로운 법률로 대체되었다. 새로운 법에서 제3자는 더 이상 피보험자에 대하여 소송 또는 중재를 제기하여 판결을 먼저 받을 필요가 없고, 보험자에 대하여 바로 소송 또는 중재를 제기할 수 있게 되었다(제1조 제3항 및 제2조). 또한 2010년 법률은 1930년의 법률보다 보험자의 제3자에 대한 보험관련 정보제공의무를 강화하였으며, 보험자의 항변권 행사에 가중제한을 두어 피해자인 제3자의 보호를 강화하였다.

또한 2010년 법률은 피보험자(가해자)가 피해자(제3자)에게 배상금을 먼저 지급한 뒤 보험자가 피보험자에게 보험금을 지급한다는 보험계약의 선지급항변조항이 제3자의 직접청구권을 제한할 수 없으나(제9조 제5항), 예외 규정으로 해상보험의 경우에는 사망 또는 상해사고에 대해서만 제9조 제5항이 적용됨(제9조 제6항)을 규정하고 있다. 따라서 선주상호보험의 선지급항변조항(Pay-to-be-paid clause)은 인명관련 사고를 제외하면 여전히 유효하다.[65]

1930년 법률과 동일하게 2010년 법률에도 제3자(피해자)의 재보험자에 대한 직접청구권은 행사는 허용되지 않는다(제15조).

3. 2015년 영국 보험법

(1) 의 의

영국 해상보험법의 선진화를 위하여 오랜 기간 작업한 다음 2015년 개정법을 만들었다.

(2) 담보특약의 변화[66]

기존의 담보특약의 규정은 담보위반사항이 치유가 된 다음에 발생한 보험사고에 대하여도 보험자는 면책이 되도록 되었다. 이에 대하여 2015년 해상보험법에서는 변화가 있었는데, 치유된 다음에는 이와 같은 사항에는 보험자가 보험금을 지급하도록 되었다(보험법 제10조 제2항).[67]

담보위반에 인과관계 이론을 도입하지는 못하였지만, 피보험자가 담보위반이 보험사고의 위험을 증가시키지 않는다는 것을 입증하면 보험자는 보험금을 지급하여야 한다(보험법 제11조 제2항 및 제3항).[68]

예를 들어, 건물이 수침손(flooding)을 입은 경우, 피보험자가 보험증권에서 담보(warranty)로 요구되는 형태의 창문 잠금장치(lock)를 설치하지 않은 것이 수침손의 위험을 증가시키지 않았음을 입증한다면, 보험자는 담보위반을 이유로 보험금 지급을 거절할 수 없고, 그 수침손에 따른 손해를 보상해야 한다.[69]

한편, 현관에 특수한 잠금장치를 설치해야 한다는 담보특약이 이행되지 않고 있는 동안, 현관이 아닌 창문을 통하여 침입자가 들어와 손해가 발생한 경우, 현관의 특수 잠금장치 미설치와 창문을 통한 침입으로 인한 손해 사이에 인과관계는 없으나 그러한 잠금장치의 미설치가 침입과 동일한 유형의 사고의 발생 가능성을 증가시켰다고 볼 수 있으므로 보험자는 면책된다.[70]

---

65) 권오정, 상법 "보험편 해상보험 규정의 입법개선에 관한 연구", 고려대학교 법학석학위논문, 2018.12., 45면.

66) 자세한 내용은 김찬영, "해상보험담보특약법리변화와 시사점", 한국해법학회 제37권 2호(2015.11.), 323면.

67) 김찬영, 전게논문 341면.

68) 김찬영, 전게논문 346면.

69) Law Commission, Insurance Bill[HL Bill 155] Explanatory Notes, para. 96

(3) 최대선의의무의 변화

1906년 해상보험법에 따르면 해상보험계약은 최대선의(utmost good faith)에 기반한 계약이다. 따라서 해상보험계약의 계약당사자들은 다른 계약보다 더 엄격한 신의성실의무를 지게 된다. 이러한 원칙에서 파생되어 고지의무(불고지 및 부실표시 방지의무) 및 사기적 보험금 청구에 관한 내용이 있다.

기존의 영국 해상보험법 제18조~제20조에는 고지의무에 대한 내용이 있었다. 여기에는 피보험자가 보험자에게 해상보험계약 체결 전에 자신이 알고 있거나 알아야 하는 모든 중요한 사항을 불고지 혹은 부실고지 하였고, 이것이 없었더라면 보험자가 보험계약을 체결하지 않았을 경우에는 보험자는 보험계약을 취소할 수 있었다.

그러나 새로운 2015년 보험법에서는 기존의 고지의무와 관련된 내용을 대부분 삭제하고 이를 공정표시(제공)의무(duty of fair presentation)로 변경하였다. 이에 따르면 보험계약자 또는 피보험자는 자신이 알고 있거나 알아야 하는 모든 중요한 사항을 모두 고지하지 않더라도, 신중한 보험자라면 중요사항의 확인을 위한 추가질의를 할 수 있을 정도의 충분한 정보를 제공하는 것만으로도 의무를 다한 것이 된다(보험법 제3조 제4항). 보험자에게 이전보다 적극적인 역할을 요구한다.[71] 보험계약자도 정보의 합리적인 조사를 통해 신중한 보험자가 명확히 접근할 수 있는 정도의 정보를 제공해야 한다. 새로운 보험법에서도 해석의 원칙으로서 남아 있는 최대선의 의무는 보험계약이 여전히 보험자와 보험계약자 쌍방의 선의에 기반한 계약이라는 점을 명확히 하고 있다.

기존의 최대선의의무(고지의무) 위반에 따른 유일한 보험자 구제수단이 계약의 취소(avoid)였다. 그러나 공정표시(제공)의무 위반의 효과는 그 심각성에 따른 비례적 방식으로 변경되었다. 즉 고의 또는 무모한 위반의 경우가 아닌 다른 경우에는 만일 그러한 위반이 없었을 경우 보험자의 태도에 따라 취소하거나, 그대로 인수하거나 혹은 실제와 가정의 보험료 비율로 보험금을 감액지급할 수 있다(부식 제1조).[72]

---

70) Law Commission and Scottish Law Commission, Insurance Contract Law: Business Disclosure; Warranties; Insurers' Remedies for Fraudulent Claims; and Late Payment (Law Com No 353) (Scot Law Com No 238), p. 198

71) 권오정, 전게 학위논문, 47면.

72) 권오정, 전게 학위논문, 48면.

기존에도 사기적 보험금 청구에 대해서는 최대선의의 원칙 위반으로 보험자는 보험금을 지급할 책임이 없었으나, 그러한 경우 보험자가 해당 계약을 취소할 수 있는지 여부나 그 시점 등에 대해서는 분명하지 않았다.[73)]

새로운 보험법은 사기적 청구에 대한 보험자의 구제수단을 명확히 하였다. 보험법 제12조 및 제13조에 따르면, 피보험자가 사기적 보험금 청구를 한 경우 보험자는 지급책임이 없고, 이미 지급한 보험금이 있으면 반환 청구할 수 있다. 또한 보험자는 통지로서 보험계약이 사기의 행위가 이루어진 때부터 종료된 것으로 간주할 수 있다. 보험자가 보험계약을 종료한 경우 보험자는 사기적 행위 이후의 모든 청구를 거절할 수 있고 이미 영수한 보험료도 반환할 필요가 없다.

4. 2016년 회사법

기존의 영국법에 의하면, 보험자가 정당한 이유 없이 보험금의 지급을 지연해도, 피보험자는 보험금 및 지연이자의 지급만을 청구할 수 있고, 그 외의 손해배상청구는 할 수 없었다.[74)]

그러나 2016년 회사법(Enterprise Act 2016)에 의하여, 보험자에게 '합리적 기간(reasonable time)' 내에 보험금을 지급할 의무가 있음을 명시한 보험법 제13A조[75)]가 신설되었다(회사법 제28조 제1항).

여기서 '합리적 기간'은 검정(investigate)과 정산(assess)에 소요되는 합리적인 기간을 포함하며(보험법 제13A조 제2항), 합리적인지 여부의 판단에 있어서는 보험의 종류, 청구액과 사건의 복잡성, 관련 법령상 절차 준수를 위해 소요되는 기간, 보험자가 통제할 수 없는 사유로 인한 지연 및 기타 제반 사정을 감안할 수 있다(보험법 제13A조 제3항).

보험자가 합리적인 기간 내에 보험금을 지급하지 아니할 경우, 피보험자는 보험자에 대하여 보험금 및 지연이자 뿐만 아니라, 그와 별도로 보험금지급 지연으로 인해 입은 손해에 대한 배상을 청구할 수 있다(보험법 제13A조 제5항). 이 경

---

73) The Mercandian Continent [2001] 2 Lloyd's Rep. 563 및 The Star Sea [2001] 1 Lloyd's Rep 389 여기서 최대선의 의무위반시 해당계약의 취소가 제한될 수 있는 상황으로 다투어진 내용은 ① 사기적 행위의 내용이 보험자의 궁극적인 책임에 영향을 미치는 것인지 ② 사기적 행위나 그 결과의 심도가 계약위반에 따른 해지에 이를만한 것인지 여부였다.

74) Rookes v Barnard [1964] AC 1129 등

75) 보험법13조는 '사기적 보험금 청구 및 이에 대한 보험자 구제'의 내용이고 '보험금 지급지연에 대한 피보험자의 손해배상 청구'의 내용이 이에 추가된 형태(13A)이다.

우 채무불이행에 기한 손해배상의 일반 법리에 따라, 피보험자는 보험금 지급 지연과 자신이 입은 손해 사이의 인과관계를 입증하여야 한다.[76]

보험금 지급 지연으로 인한 손해배상 등 청구의 제소기간은 보험자가 피보험자에게 보험금 전액(피보험자의 청구액, 당사자 간 합의에 의한 금액, 판결에 의한 금액 등)을 지급한 날로부터 1년이다(회사법 제30조에 의하여 신설된 Limitation Act 1980 제5A조).[77]

76) 권오정, 전게 학위논문, 46면.

77) Limitation Act 1980에 따르면 보험금 및 보험료청구권의 시효는 모두 6년의 제소기간이다(제5조). 우리나라는 각각 3년과 2년의 소멸시효이다.

제2장 선박보험

Ⅰ. 의 의

선박소유자가 자신이 소유하는 선박이 멸실된 경우에 손해를 전보받기 위하여 가입하는 보험이 선박보험이다. 선박보험은 손해보험의 일종으로써 실손보상의 원칙이 적용된다.

우리나라 선박보험은 영국의 ITC(Hull)[1]을 보험약관으로 사용하고, 준거법은 영국법으로 한다. 그러나, 해운조합의 경우 자체 보험(공제)약관을 사용하고 준거법은 한국법이 된다.

Ⅱ. 당사자

1. 보험계약자

(1) 의 의

선박보험계약에서 계약의 당사자이다. 보험계약자이므로 계약상 권리와 의무

---

1) Institute Time Clauses - Hulls (1/10/83) cl.280. 영국의 협회기간보험(선체)약관으로 1888년에 최초로 채택되었고 1983년에 개정된 약관이 전세계적으로 가장 널리 쓰이고 있다. 이후로도 1995년, 2003년에 주요한 개정이 이루어졌으나 아직 그 사용이 제한적이다. 이외에 국제적으로 인정되는 선박보험 약관으로는 Norwegian Hull Conditions(노르웨이), American Institute Time Clauses (미국), German ADS/DTV Clauses(독일) 등이 있다.

를 가진다. 보험료를 납부할 의무를 부담하고, 보험계약을 해지할 권리를 가진다. 보험계약자가 당연히 보험금을 수령할 자격을 가지는 것은 아니다. 자기를 위한 보험계약으로 자신이 피보험자가 되는 경우에만 가능하다.

보험계약자는 보험계약을 체결하기 전에 중요한 사항에 대하여 보험자에게 고지할 의무를 부담한다.

(2) 선박소유자

통상 선박보험계약을 체결하는 당사자는 선박소유자가 된다. 그러나, 선박이 선체용선된 경우에는 선체용선자가 보험관계를 처리하도록 약정된 경우가 대부분이다. 이 경우에 보험계약자는 선박소유자가 아니라 선체용선자가 된다.

(3) 선체용선자

선체용선계약이 체결된 경우 용선계약의 규정에 따라 선체용선자가 보험계약자가 된다. 그가 보험료를 납부할 의무를 부담한다.

2. 피보험자

(1) 의 의

피보험자는 보험금을 수령할 자격이 있는 자이다. 피보험자가 되기 위하여는 보험의 목적인 선박에 대하여 피보험이익(insurable interest)이 있어야 한다.

보험계약자가 스스로 피보험자가 되면 자기를 위한 보험이 된다. 보험계약자와 피보험자가 서로 다른 경우, 예를 들어 선체용선자가 보험계약을 체결하고 피보험자로는 선박소유자가 기재된 경우는 타인을 위한 보험이 된다.

피보험자는 보험계약의 당사자가 아니므로 보험료지급의무가 원칙적으로 없다. 보험계약을 해지할 권리를 가지는 것도 아니다.

(2) 선박소유자

선박소유자는 선박에 대한 소유권을 가진다. 자신의 선박이 침몰하거나 수리가 필요한 경우에 손해를 보게 된다. 그러므로, 선박소유자는 선박보험에서 피보험이익을 가진다.

(3) 선체용선자

선박이 용선된 경우 선박소유자는 물론 선체용선자도 피보험이익을 가지므로 피보험자가 될 수 있다. 선체용선자는 선원을 고용하여 선박을 직접 운항하게 되고 선박충돌과 같은 사고의 경우에는 피해선박에 대하여 손해배상을 하여야 한다. 그러므로, 제3자에 대한 손해를 배상하면 책임을 부담한다. 선박보험에서는 선박충돌의 경우 제3자의 손해에 대하여 보험자가 책임을 부담하여 준다.[2] 또한 선박을 운항 중 분손으로 수리가 필요한 경우 수리비는 선체용선자가 부담하므로 손해가 발행한다. 그러므로, 선체용선자도 피보험이익이 있다.

국취부선체용선으로 선박을 운항하는 용선자의 경우에는 일반 선체용선자보다 더 큰 피보험이익을 가진다. 국취부선체용선은 일종의 소유권유보부 매매이다. 용선기간이 종료되는 시점에 용선자가 선박을 반환하는 것이 아니라 소유권을 취득하게 된다. 용선기간중 선박소유자에게 지급하는 용선료는 선박의 사용대가가 아니라 선박의 가액을 반영한 것이다. 용선기간중 선박이 침몰하면 자신이 가지는 선박에 대한 지분만큼의 보험금을 수령할 피보험이익이 있다.

판례소개 〉 12 대법원 2019.12.27. 선고 2017다208232,208249 판결
서울고등법원 2017.1.10. 선고 2015나2029365,2029372 판결

한국의 용선자(원고)는 일본의 선박소유자(피고)로부터 선박 한척을 50개월 동안 국적취득조건부 선체용선(나용선)하였다. 용선계약의 주요내용은 아래와 같다.

① 용선료는 1일당 일화 130,000엔으로, 선박인도시 선체용선자가 소유자에게 지급하는 인도금을 38,000,000엔으로 한다. ② 2008년 부산항에서 선박을 인도받고 용선기간의 만료 후 피고는 원고에게 소유권을 이전한다. ③ 용선계약의 세부사항은 NYPE(1993)로 한다. ④ 보험관련 비용은 용선자가 부담한다. ⑤ 선거비용은 용선자가 부담한다. ⑥ 선박이 멸실될 경우 선급금 중 경과되지 아니한 금액(멸실 또는 최후의 소식이 있었던 날부터 기산하여)은 바로 용선자에게 반환되어야 한다(제20조).

원고로부터 선박관리를 위탁받은 S와 H보험자 사이에 선박보험계약이 체결되었다. 보험금은 미화 1,350,000달러였고, 보험료는 원고가 납부하였다. 보험증권에는 피보험자로 소유자, 관리인(manager) S로 기재되어 있었다. 영국법을 준거법으로 하는 ITC(Hull)이 사용되었다.

위 선박은 2013.7. 용선기간 및 보험기간 안에 침몰하였다. S로부터 보험금청구권을 양도받은 원고는 자신이 피보험자라고 주장하면서 H에게 보험금을 청구하였지만, 피고는 자신이 정당한 보험금청구권자라고 주장하였다. 이에 H는 피공

2) ITC – Hulls (1/10/83) 8조 3/4 충돌배상약관

탁자를 원고 또는 피고로 하여 부산지방법원에 약 14억원을 변제 공탁하였다.

원고는 "본 용선계약은 (i) 소유권유보부 매매로서 용선료 및 선박인도금 합계 235,730,000엔의 92%에 해당하는 217,100,000엔을 이미 지급하였으므로 이 사건 선박에 대하여 자신이 92%만큼의 물권적 기대권을 가진다 (ii) 보험증권에 S가 기재되어있지만, S는 자신의 대리인에 불과하고 비현명대리에 의한 본인은 피보험자 자신이다"고 주장하면서, 공탁금출급 청구권 중 92% 지분권의 확인을 법원에 구하였다.

원심은 아래와 같이 판단하였다.

이 사건 선체용선계약은 원고가 피고에게 약정 용선료 등(50개월간 1일당 130,000만엔의 용선료+선박인도금 38,000,000엔)을 모두 지급하면 피고가 원고에게 선박의 소유권을 이전한다는 내용으로서 실질적으로 소유권 유보부 매매와 유사한 성격이 내포되어 있는 것은 사실이다. 선체용선계약에서는 용선기간에 따른 용선료 외에 선박인도금 38,000,000엔을 지급하도록 규정하고 있으므로, 원고로서는 용선기간 종료 후 용선료 총액 197,730,000엔의 약 20%에 이르는 선박인도금을 추가로 지급하여야만 이 사건 선박의 소유권을 취득할 수 있다.

일반적인 소유권취득조건부 선체용선계약의 경우 용선료 외에 추가적인 인도금이 없거나 형식적 수준의 금액으로 책정된다는 점을 고려하면, 이 사건 선체용선계약은 일반적인 소유권취득조건부 선체용선계약의 경우보다 더욱 임대차계약에 가깝다(용선기간 종료후 소유권취득 조건이 부가된 선박임대차라고 봄이 타당하다). 따라서 이 사건 선체용선계약이 소유권유보부 매매임을 전제로 원고가 이 사건 선박에 대하여 물권적 기대권(피보험이익)을 가진다는 원고의 주장은 이유 없다.

이 사건 선체용선계약 제9조, 제15조가 이 사건 선박에 관한 보험은 용선자인 원고의 부담으로 가입하여야 한다는 취지로 규정하고 있는 사실, 이 사건 보험계약은 원고로부터 이 사건 선박의 관리를 위탁받은 선박관리회사인 S가 H와 체결한 사실, 그 보험료는 원고가 납입한 사실 등이 있다. 2012.7.자 보험계약의 보험증권상 피보험자는 "소유자 원고, 관리자 S"로 되어 있었다가 이 사건 보험계약의 체결로 "소유자 피고, 관리자 S"로 변경되었는데, 이는 S의 착오가 아니라 원고와 S의 담당직원 사이의 협의를 거쳐서 이루어진 것이다. 위와 같이 피보험자란의 소유자를 원고에서 피고로 변경한 것은 이 사건 선박의 소유자인 피고의 피보험 이익을 보호해주기 위한 것으로 보인다. 결국 이 사건 공탁금출급청구권은 이 사건 보험증권상 피보험자이자 이 사건 선박의 소유자인 피고에게 귀속되어야 한다.

대법원은 아래와 같은 이유로 상고를 기각하였다.

영국법상 보험계약서에 피보험자로 기재되어있지 않은 자도 피보험자로 인정될

> 수 있는 경우가 있다. 즉, 본인으로부터 보험계약 체결의 대리권을 수여받은 대리인이 상대방에게 본인의 신원을 현명하지는 않았으나 본인의 존재를 노출하여 상대방이 본인의 존재를 알고 있는 경우에는 현명되지 않은 본인(unnamed /unidentified principal)이 보험계약상의 권리의무를 부담할 수 있다. 또한 대리인과 보험계약을 체결한 상대방이 본인의 존재를 알지 못한 경우에도, 대리인이 그 노출되지 않은 본인(undisclosed principal)으로부터 보험계약 체결에 관한 대리권을 수여받아 보험계약 체결당시 본인을 위하여 보험계약을 체결한다는 의도를 가지고 있었고, 보험계약의 내용상 노출되지 않은 본인이 계약의 당사자가 되는 것을 금지하는 내용이 없다면 노출되지 않은 본인이 보험계약상 권리의무를 부담할 수 있다(이른바 현명되지 않은 본인 또는 노출되지 않은 본인의 법리).
>
> 이 사건 보험계약 체결 당시 S회사가 H에 대하여 누군가를 대리하여 계약을 체결한다는 취지를 밝혔다거나 H가 그와 같은 사정을 알고 있었다고 볼 만한 자료가 없고, 나아가 S회사가 원고로부터 보험계약을 체결할 대리권을 수여받아 계약 체결 당시 원고를 위하여 보험계약을 체결할 의도를 가지고 있었다고 보기도 어렵다. 따라서 보험증권에 피보험자로 기재되어 있지 아니한 원고가 영국법상 '현명되지 않은 본인 또는 노출되지 않은 본인의 법리'에 따라 이 사건 보험계약의 피보험자가 된다고 볼 수 없다. 원심의 판단은 정당하다.(중략)[3]

(4) 저당권자

저당권자도 피보험이익을 가진다. 선박의 건조대금을 선박소유자에게 빌려준 은행은 저당권자가 된다. 저당권자는 대금회수가 되지 않을 경우에는 선박에 대한 임의경매를 실행하여 자신의 채권을 확보할 수 있다. 선박이 침몰한 경우 이러한 경제적 이익 확보수단을 잃어버리기 때문에 그는 피보험이익을 가지고 피보험자가 될 수 있다.

흔히, 선박보험에는 Loss Payable Clause가 있어서 선박이 전손된 경우 선박소유자보다 저당권자가 우선적으로 보험금을 받도록 하는 규정을 두고 있다.[4]

---

3) 이 판결에 대한 자세한 평석은 김인현, "국적취득조건부 선체용선자의 피보험자 적격성", 국제거래법연구 제29집 제2호(2020), 73면이하가 있다.

4) 여러 종류의 문구가 있으나 아래의 문구가 가장 일반적이다

LOSS PAYABLE CLAUSE (S−24)

It is hereby noted and agreed that all payments recoverable under the terms and conditions of this insurance shall be made in connection with the loss payable clause of the charter party, hire purchase contract, leasing contract and/or any other contract approved by the authorities concerned in connection with the subject matter insured, It is further agreed that we, the underwriters, will undertake the instructions, if any, contained in the aforementioned. Attachment :

선박우선 특권의 존재 때문에 저당권자는 우선특권자보다 후순위로 선박매각 대금을 배당받기 때문에 자신의 담보권행사에 지장을 받으므로 손해를 입게 된다. 이 경우 보험에 가입하게 된다.

(5) 관리인

관리인(manager)이 선박보험에서 피보험자로 등재되는 경우도 있다. 관리인이 선박과 관련하여 선박보험에서 피보험이익을 가지는가? 관리인은 편의치적을 만드는 경우에 사실상 선박의 실질적 소유자가 되는 경우가 있다. 일본의 선주(owner) – 운항사(operator) 분리운영구조에서 실제 선주는 관리인으로 나타난다.[5] 실질적 소유자는 여러 가지 이유로 선박의 소유자가 되지 않고 파나마 등에 페이퍼 컴퍼니를 만들고 자신은 국취부 선체용선자가 되는 것이 보통이다.

그러나, 선박을 바로 제3자에게 선체용선이나 정기용선을 준 경우에는 실질 선박소유자는 관리인으로 등장하게 된다. 관리인이 선박의 침몰에 대하여 가지는 피보험이익 자체는 없다. 그러나, 관리인은 실질적 선박소유자이므로 위 선박소유자와 같은 입장에서 피보험이익이 있다고 할 것이다.

관리인이 피보험자로 기록된 경우에 피보험자로 등재될 때 통상, 등록 선박소유자, 선체용선자 및 관리인이 함께 등재된다. 등록 선박소유자는 형식상 소유자이므로 보험금수령권한을 관리인에게 양도하게 된다.

(6) 정기용선자

정기용선자는 일정한 기간동안 선박을 빌려서 사용할 권리를 가질 뿐이지 선박에 대한 소유권이나 담보권을 가지는 것도 아니다. 그러므로, 선박의 전손에 대하여 경제적인 손실을 입는 것도 아니다. 다만, 그는 빌린 선박의 사용을 하지 못하고 그로 인하여 손해를 입게 된다. 이러한 불가동손해는 선박보험에서 부보되는 대상손해가 아니다.[6] 그러므로, 정기용선자는 선박보험에서 피보험자로 나타나지 않는다.

---

5) 자세한 내용은 김인현 "일본의 선주와 운항사 분리 운영 구조에 관한 연구", 금융법연구 제16권 제3호, 2019, 194면 이하를 참고 바람.

6) 필요시 별도의 불가동 손실 보험(Loss of Charter Hire Insurance)을 가입한다.

3. 보험자

(1) 의 의

선박보험계약의 일방 당사자로서 보험금 지급의무를 부담하게 된다. 보험계약을 체결할 시 중요한 내용을 설명해줄 의무를 부담하는 주체가 된다.

(2) 국내보험자

우리나라에서 선박보험을 인수하는 보험자는 손해보험협회의 소속사들이다. 삼성화재, 현대해상화재, 동부화재, 한화손보, 메리츠화재, KB손보 등이 대표적이다. 이 외에도 선박공제사업을 하는 해운조합이나 수산업협동조합도 있다.

(3) 국외보험자

우리나라는 국외보험자에게도 선박보험을 가입할 수 있도록 규정되어 있다.[7] 일본의 손해보험회사들이 국내 선박회사와 선체보험계약을 체결하고 있다.

Ⅲ. 준거법과 재판관할

1. 준거법

우리나라에서 체결되는 보험계약은 대부분 준거법을 영국법으로 하고 있다. 외국적 요소가 있는 경우에는 국제사법에 의하여 준거법이 결정된다. 우리나라 국제사법은 당사자 자치의 원칙을 인정하고 있다(제25조).

그러나, 한국해운조합의 경우 선박보험은 한국법을 준거법으로 한다.

2. 재판관할

재판관할은 당사자 사이에 특별한 약정이 없는 한 피고의 주소지를 관할하는 법원이 재판관할을 가진다. 외국적 요소가 있는 경우에는 국제재판관할이 문제된다.

---

7) 보험업법 시행령 제7조(보험계약의 체결) ① 법 제3조 단서에 따라 보험회사가 아닌 자와 보험계약을 체결할 수 있는 경우는 다음 각 호의 어느 하나에 해당하는 경우로 한다.

1. 외국보험회사와 생명보험계약, 수출적하보험계약, 수입적하보험계약, 항공보험계약, 여행보험계약, 선박보험계약, 장기상해보험계약 또는 재보험계약을 체결하는 경우

Ⅳ. 보험약관

1. ITC(Hull)

우리나라에서 체결되는 선박보험의 대부분은 영국보험자협회에서 만든 ITC (Hull)를 이용한다. 이는 기간단위(통상 1년)로 가입하는 경우에 적용하는 영국의 선박보험약관이다. 영어 그대로 사용한다. 대부분 재판관할에 대한 규정은 가지고 있지 않다(부록 참조). 이외에도 항해중위험, 선박운항자의 불가동손실을 담보하는 별도의 약관이 있다.

2. 국내선박보험용

해운조합의 경우 ITC(Hull)를 기본으로 하여 우리 법의 입장을 조금 추가한 것이다. 준거법은 한국법이고 재판관할은 서울중앙지방법원으로 하고 있다.

3. 약관적용의 한계

(1) 강행규정

우리나라 법이 적용되는 경우 약관규제 등에 관한 법률이 보험약관에도 적용되기 때문에 주의를 요한다. 동법의 강행규정에 위반하게 되면 무효가 된다. 우리 상법 제663조 본문을 위반하는 약관도 무효가 된다. 해상보험은 제663조 강행규정의 적용대상이 아니다. 영세한 어선 선주가 피보험자가 되는 경우 제663조 본문을 적용한 경우도 있다.

(2) 설명의무

보험자가 보험약관 중에서도 중요한 내용에 대한 설명을 하지 않은 경우에는 그 내용을 보험계약의 내용으로 할 수 없기 때문에 보험약관도 한계를 가진다(약관법 제3조 제4항).

Ⅴ. 보험약관: ITC Hull(1983)[8]

1. 영국법 준거약관(모두약관)

약관내용

이 보험은 영국의 법과 관습에 의한다.

〈해설〉

(1) 의 의

계약의 해석 등에 필요한 적용법률이 있어야 하는데, 본 보험계약에 적용될 준거법을 약정한 조항이다.

(2) 내 용

본 보험의 준거법은 영국법이 된다는 취지이다. 만약 보험이 외국적 요소를 가지는 경우 우리나라 국제사법에 의하여 분쟁에 적용될 법률이 정하여지는데, 당사자 자치원칙에 의하여 영국 준거법이 적용된다.

이 조항은 재판관할이나 중재지를 정한 것으로 보이지 않는다. 분쟁해결에 대한 약정은 없는 것이기 때문에 일반법리에 따라서 재판관할이나 중재가 정하여진다.

2. 항해(제1조)

약관내용

1.1 선박은 보험기간 중, 이 보험의 여러 약관에 따라 담보되며, 도선사의 승선여부에 관계없이 항해하거나, 시운전항해를 하거나 조난을 당한 선박 또는 부선을 돕거나, 예항하는 것이 가능하다. 다만 예항되는 것이 관습상 허용되거나 구조의 필요상 최초의 안전항 또는 장소까지 예항되는 경우를 제외하고는 이 선박은 예항되는 것은 허용되지 않는다. 이 선박은 피보험자, 소유자, 관리자 또는 용선자가 사전 결정한 계약과 다른 예항이나 구조작업에 사용되지 않을 것을 담보로 한다. 이 약관 1.1은 적재 및 양하작업에 관련된 관습적인 예항을 배제하지 않는다.

8) Institute Time Clauses-Hulls(1/10/83) CL. 280 기준.

1.2 선박이 해상에서 다른 선박(항내 및 해안용 부선은 제외)에 또는 다른 선박으로부터 화물을 적재 또는 양하하는 운송작업에 사용되는 경우에는 양 선박이 접근중, 접현중(接舷中) 또는 이현중(離舷中)을 포함하여 적재 및 양하작업으로 인하여 이 선박에 발생한 멸실 또는 손상 또는 타선박에 대한 배상책임은 보상하지 않는다. 다만, 이 선박이 위 작업에 사용되는 경우 보험자에게 사전통지를 하고 보험자가 요구하는 변경된 담보조건과 추가보험료에 대하여 합의한 때에는 예외로 한다.

1.3 선박이 (적하의 적재유무에 불구하고) (a) 해체될 또는 (b) 해체를 위해 매각될 의도로 항해하는 경우, 항해 도중 선박에 발생하는 멸실 또는 손상에 대한 일체의 보상금액은 멸실 또는 손상을 입은 시점에서의 해체선으로서의 시장가격에 한정된다. 다만, 보험자에게 사전통지를 하고 보험자가 요구하는 담보조건, 보험금액 및 보험료에 대한 변경이 합의된 경우에는 그러하지 아니한다. 이 약관 1.3은 약관 8 및 약관 11의 보상에 어떠한 영향도 미치지 아니한다.

〈해설〉

(1) 의 의

선박의 항해는 정상적인 경우만 있는 것이 아니고 특수한 경우도 있다. 이러한 특수한 경우에는 위험이 증가할 수 있다. 그러한 특수한 경우에 보험에 부보되는 것과 되지 않는 것에 대하여 정하고 있다.

(2) 허용되는 항해의 범위(제1항)

제1항은 본 선박보험에서 담보하는 항해의 범위에 대하여 특수한 경우를 확대하는 내용이다. 아래의 경우가 포함된다.

(ⅰ) 도선사의 승선여부와 상관없이 항해

(ⅱ) 시운전

(ⅲ) 조난중인 타선박이나 부선의 구조와 예인작업

(ⅳ) 구조의 필요상 피난항까지의 피보험선박의 피예인

(ⅴ) 화물의 적재 및 양하와 관련한 관습상 피보험선박의 피예인

그러나, 아래 사항은 명시담보사항(warranty)을 조건으로 부보된다.

(ⅰ) 본선이 예인되지 않을 것 다만, 구조의 필요상 관습적이거나 피난항까지의 피예인을 제외한다.

(ii) 계약상 예인작업 또는 구조작업을 하지 않을 것

(3) 타선박과 접현중 선박의 손해 면책(제2항)

대형선박의 경우 부두에 접안하여 하역작업을 하지 못하고 바다에서 접현하여 하역작업을 하는 경우가 있다. 이러한 경우는 보험의 목적인 선박이 손상을 입을 위험이 높아진다. 이러한 하역작업을 접현하여 행하는 경우 본선이 입은 손해는 보험자가 책임지지 않는다고 정한 약정이다.

하역작업의 경우이므로 선박연료유를 접현하여 급유받는 경우는 적용되지 않는다.

그렇지만, 사전에 보험자에게 통지하고 보험자와 추가 보험료 등에 합의한 경우에는 보험자의 보상책임이 계속된다.

(4) 해체항해와 보험가액(제3항)

해체항해에 수반되어 발생되는 선박의 멸실이나 손상의 경우 클레임은 고철로써 선박의 시장가액을 한도로 보상한다.

결국, 보험가액이 5,000,000달러이나 사고시 500,000달러의 고철로서 시장가액이 산정된 경우, 전손보험금은 500,000달러가 지급되고, 수리비에 대한 보험금은 500,000달러 한도로 보상될 것이다.

제1조 제3항은 제8조와 제10조에 의하여 지급되는 보험금에는 영향을 미치지 않는다. 즉, 해체항해 중 발생하는 충돌손해배상책임(제8조) 및 구조비용(제10조)의 보험금은 원래 약정한 협정보험가액에 의한다.

3. 계속(제2조)

약관내용

2. 이 보험의 만기시에 선박이 항해중이거나 조난중이거나, 또는 기항항에 있을 때는 보험자에게 사전 통지를 한 경우에 한해 월할(月割) 보험료로써 선박은 목적항에 도착할 때까지 계속 담보된다.

〈해설〉

(1) 의 의

보험기간을 연장하고자 하면 보험자에게 통지하여 계속조항의 적용을 받도록 해야 한다. 보험기간을 예정대로 종료하고자 하지만 여전히 항해인

경우에는 이를 연장할 필요가 있을 것이다.

(2) 내 용

선박이 항해 중, 조난 중, 중간 기항지에 있는 경우 사전통지를 하고 추가보험료를 납부하면 보험은 선박이 목적항에 도착할 때까지 연장됨을 말한다. 추가보험료는 부보월수에 따라 비례적으로 산정된다.

4. 담보위반(제3조)

약관내용

3. 적하, 운항, 항행구역, 예항, 구조작업 또는 출항일자에 관한 담보위반이 생겼을 경우에는 그 사실을 인지한 후 보험자에게 즉시 통보하고 보험자가 요구하는 담보조건의 변경과 추가보험료에 대한 합의가 성립되면 담보가 계속된다.

〈해설〉

(1) 의 의

영국법상 담보위반의 경우 위반순간부터 보험자는 면책된다. 그럼에도 불구하고 이 조항에서는 담보위반이 있더라도 특정한 요건을 갖추면 보험자는 담보위반의 효력을 주장하지 않고 여전히 보험계약을 유효하게 한다고 정하고 있다(계속담보조항).

(2) 내 용

모든 담보위반에 해당하는 것은 아니고, 적하, 운항, 항해의 지리적 제한, 피보험선박의 예인 또는 피예인, 구조작업 그리고 피보험선박의 출항일자 등에 대한 것에 국한된다.

그리고, 피보험자가 담보위반의 사실에 대한 정보를 인수한 다음, (i) 지체없이 보험자에게 통지하고 (ii) 보험자가 요구한 수정된 보험조건과 (iii) 추가보험료를 합의한 경우라는 조건을 갖추어야 담보가 계속 유지된다.

5. 보험 종료(제4조)

약관내용

이 약관 4는 이 보험에 있어 기재되었건, 타자되었건, 인쇄되었건 간에 이 약관에 저촉되는 여하한 규정보다 우선한다.

보험자가 서면으로 별도로 동의하지 않는 한, 다음 시점에서 이 보험은 자동 종료된다.

4.1 선박의 선급협회의 변경 또는 선박이 보유한 선급의 변경, 일시 정지, 중지, 탈급 또는 만기.

다만, 그 시점에서 선박이 항해중이면 위의 자동종료는 선박이 다음 항구에 도착할 때까지 연기된다. 그러나 선박이 보유한 선급의 변경, 일시정지, 중지 또는 탈급이 이 보험의 약관6에 의해 담보되거나 현행 협회전쟁 및 동맹파업약관(선박－기간)에 의한 보험으로 담보될 수 있는 멸실, 손상에 기인한 경우에 위의 자동종료는 선급협회의 사전 승인없이 다음 항구로 항해를 하는 경우에만 효력을 발생한다.

4.2 자의에 의하든 아니든 간에 소유권 또는 국적의 변경, 새로운 관리자에게 이전, 선체용선 조건부의 용선 또는 선박의 소유권의 귀속 또는 사용을 목적으로 한 징발(徵發).

다만, 선박이 화물을 적재하여 이미 선적항에서 출항하였을 경우 또는 공선으로 항해중인 경우에 요청이 있다면 위의 자동종료는 선박이 예정된 항해를 계속하는 동안, 화물을 적재한 경우에는 최종 양하항에 도착시까지, 공선의 경우는 목적항에 도착시까지 연기된다. 그러나, 피보험자의 사전 서면 동의없이 소유권의 귀속 또는 사용을 목적으로 징발되었을 때에는 선박이 항해중이거나 항구에 있거나 간에 징발시로부터 15일 후에 자동 종료된다.

이 경우 일할 계산한 정미보험료를 환급한다.

〈해설〉

(1) 의 의

제4조의 내용이 최우선조항임을 선언하고 있다. 선급이 정지되면 보험의 목적인 선박이 위험 상태에 놓이게 된다. 선주가 변경된 경우도 이와

같다. 이런 경우에 보험계약이 자동종료되도록 했다.

(2) 내 용

보험계약은 선급협회의 변경, 선급의 변경, 정지, 중지, 탈급 및 만료, 선급협회의 검사기간 도과, 소유자의 변경, 선적의 변경, 관리자의 변경, 나용선, 선박의 소유권 귀속 또는 징발의 경우 자동 종료된다.

위 사항이 발생하면 보험의 목적에 대한 위험이 크게 변경되기 때문이다.

그런데, 소유자의 변경, 선체용선이 되는 경우, 관리자의 변경은 흔히 발생하는 경우인데 그 발생 사실 자체만으로 보험이 자동 종료되는 것은 피보험자에게 심히 불리하므로 문구 개정이 필요하다.

6. 양도(제5조)

약관내용

5. 이 보험의 양도나 권리취득, 또는 이 보험에 의해 지급될 수 있거나 지급하게 되는 모든 금전의 양도나 권리취득은 보험자를 구속하는 것도 아니며, 보험자가 이를 승인하는 것도 아니다. 다만, 피보험자에 의해, 그리고 재양도의 경우 양도인에 의해, 서명된 그러한 양도나 권리취득의 확정일자가 기재된 통지가 이 보험증권에 배서되고, 또한 그러한 배서가 있는 보험증권이 이 보험증권에 의한 보험금이나 환급보험료의 지급전에 제출된 경우에는 그러하지 아니하다.

〈해설〉

(1) 의 의

피보험이익이 없으면 보험계약은 무효가 된다. 그렇기 때문에 제4조 제2항에 서는 소유권이 양도된 경우에는 보험계약이 종료된다고 정하고 있다. 여기서 말하는 보험의 양도는 보험계약이 유효한 경우에 보험금을 지급받을 권리를 제3자에게 양도하는 경우이다. 보험증권에 양도인인 피보험자가 서명을 하고 이러한 내용을 보험자에게 통지하면 유효하다고 한다.

(2) 내 용

보험의 양도, 보험금 청구권의 양도가 있어도 원칙적으로 피보험자와 보험자와의 관계는 변화가 없다. 양도인과 양수인 사이의 문제이다. 다만,

정당하게 양도된 경우는 양수인에게 효력이 있고 양수인은 보험자에 대하여 보험금청구권을 갖는다. 지명채권의 양도의 대항요건(민법 제450조)을 갖춘 경우가 되려면 채무자인 보험자에게 채권양도의 통지가 있어야 한다. 보험증권은 유가증권성이 부정되는 것이 통상인데, 본 조항의 배서의 의미는 유가증권이므로 배서양도가 되었다는 의미일 수도 있고, 피보험자의 서명과 합쳐보면 양도의 승락으로도 읽힌다.

7. 담보위험(제6조)

약관내용

6. 위험

6.1 이 보험은 다음의 위험으로 인한 보험목적의 멸실 또는 손상을 담보한다.

6.1.1 해상, 강, 호수 또는 기타 항해 가능한 수면에서의 고유위험

6.1.2 화재, 폭발

6.1.3 선박 외부로부터 침입한 자에 의한 폭력을 수반한 도난

6.1.4 투하

6.1.5 해적행위

6.1.6 핵장치나 원자로의 고장 또는 사고

6.1.7 항공기 또는 이와 유사한 물체, 또는 그로부터 추락하는 물체, ~~육상운송용구~~, 선거 또는 항만 시설이나 장비와의 접촉

6.1.8 지진 화산의 분화 또는 낙뢰

6.2 이 보험은 다음의 위험으로 인한 보험목적의 멸실 또는 손상을 담보한다.

6.2.1 적하 또는 연료의 선적 양하 또는 이동중의 사고

6.2.2 기관(汽罐)의 파열, 차축의 파손 또는 기관(機關)이나 선체의 잠재적 하자

6.2.3 선장 고급선원 보통선원 또는 도선사의 과실

6.2.4 수리자 또는 용선자의 과실. 다만, 수리자 또는 용선자가 이 계약의 피보험자인 경우는 제외

6.2.5 선장 고급선원 보통선원의 악행

다만, 피보험자 선주 또는 선박관리자가 상당한 주의를 결여하고 있었던 결과로 위의 멸실 또는 손상이 생긴 경우에는 그러하지 아니한다.

6.3 선장 고급선원 보통선원 또는 도선사는 이 선박에 지분이 있어도 이 약관6의 해석상 선주로 간주하지 아니한다.

〈해설〉

(1) 의 의

본 보험계약에서 담보되는 위험에 대하여 정한 것이다.

6.1과 6.2의 담보위험이 구분되어 있다. 후자의 경우는 피보험자의 주의의무의 위반이 없을 것을 조건으로 한다는 점에서 전자와 큰 차이를 보이고 있다. 전자의 담보위험으로 인한 사고의 경우는 피보험자의 과실유무와 무관하게 보험금을 지급받을 수 있다.[9] 그러나, 후자의 담보위반으로 인한 사고의 경우 피보험자가 과실이 있다면 보험금을 지급받을 수 없는 것이다.

(2) 내 용

6.1.에서 대표적인 위험은 "해상 고유의 위험이다". 해상고유의 위험으로 인한 보험사고는 SSBC(Sinking, Stranding, Burning, Collision; 침몰, 좌초, 화재, 충돌)가 있다. 6.1은 직접적인 해상위험이지만, 6.2는 해상위험과는 거리가 있는 것으로서 연혁적으로 제1항보다 늦게 추가된 것이다.[10] 6.1의 해상고유의 위험, 화재, 폭발 등에 의한 보험목적의 멸실 훼손은 피보험자의 과실이 있어도 보험금이 지급된다. 6.2. 적하의 선박으로부터 양륙중 사고, 기관의 파열, 선장등의 악행으로 기인한 보험목적의 멸실 훼손은 피보험자의 과실이 있으면 보험금이 지급되지 않는다.[11] 영국여왕좌부의 Lydia Flag호 사건(1998.1.30.)은 선박의 러더(rudder)의 수리업자의 과실로 선박에 손해가 발생한 것인데, 피보험자의 과실이 있는지가 다투어졌다.[12] 피보험자는 선주자신을 말하지 그 피용자인 선장은 포함되지 않는다. 즉, 선장의 과실이 있다고 하여 보험자가 면책되는 것은 아니다.

---

9) 이재복, 94면.

10) 인치마리(Inchmaree)약관이라고 불린다. 1887년 인치마리호사건에서 유래했다.

11) 이재복, 108면.

12) Martin Maritime Ltd. v Provident Indemnity Fund Ltd. (The "Lydia Flag") [1998] 2 Lloyd's Rep. 652; 자세한 내용은 김인현, 해상법연구Ⅱ, 669면 이하가 있다.

오히려 선장의 과실로 인한 보험사고는 보험금 지급사유가 된다.[13]

담보되는 "손해"는 전손뿐만 아니라 분손도 포함된다. 6.1.에서 "멸실 또는 손상"을 담보한다고 하는데, ITC(Hull)의 준거법인 MIA 제56조 제1항에 의하면 전손과 분손이 모두 "멸실 또는 손상"에 포함된다고 규정하고 있기 때문이다.

8. 유류오염위험(제7조)

약관내용

7. 이 보험에서 보험자가 보상하는 선박손상의 직접적인 결과로 발생한 오염의 위험 또는 위협을 방지, 완화하기 위하여 권한을 위임받은 정부당국이 취한 행위로 인한 선박의 멸실 또는 손상을 이 보험은 담보한다. 다만, 피보험자, 선주 및 선박관리자가 오염의 위험이나 위협을 방지 또는 완화하는데 상당한 주의를 결여하고 있었던 결과로 정부 당국의 그러한 행위가 발생한 경우에는 그로 인한 손해는 담보하지 아니한다. 선장, 고급선원, 보통선원 또는 도선사가 선박에 지분이 있어도 이 약관7의 해석상 선주로 간주하지 아니한다.

〈해설〉

(1) 의 의

정부 등이 유류오염손해의 확산을 방지하기 위하여 보험목적인 선박을 파괴하는 경우 그러한 손해도 보상한다는 취지의 내용이다. 이러한 행위는 원칙적으로 우연성도 없고 제3자의 의도적인 행위에 의한 것이기 때문에 보험금을 지급하는 보험사고가 아니다. 유조선 토리캐년호 사고에서와 같이 유류오염사고의 피해 확산을 막기 위하여 유조선을 폭파시키는 경우가 정부의 개입의 좋은 예이다.[14] 이러한 정부의 개입으로 인하여 선박이 멸실된 경우에 손해를 보험자가 보상한다.

---

13) 이재복, 112면.

14) 1967년 영국 남서해안에 좌초된 유조선 토리캐년(SS Torrey Canyon)호에 원유 1.6억 리터가 유출된 대형 유류오염사고가 발생했을 때 영국정부는 오염지역 확대를 막기 위하여 항공기를 이용, 선박을 폭파시켜 기름을 모두 태워버렸다.

(2) 내 용

그렇지만 정부의 행위는 보험에서 부보되는 보험사고가 먼저 발생한 경우라야 한다. 선박이 좌초한 경우는 보험사고이다. 이로 인하여 더 큰 손해를 방지하기 위하여 정부가 개입을 하였고 이로 인하여 전손되지 않았을 선박이 전손된 경우에 전손 혹은 분손 보험금을 보험자가 지급한다.

보험사고가 발생한 다음 손해 방지 조치를 과실로 제대로 취하지 아니하여 정부가 개입하였다면 본조의 담보는 허용되지 않는다. 여기서 유류오염피해는 선박보험자가 부담하는 손해가 아니라 P&I 보험에서 보상하는 손해이다.

9. 3/4 충돌배상약관(제8조)

약관내용

8. 3/4 충돌배상책임

8.1 보험자는 피보험선박이 다른 선박과 충돌하여 그 결과 피보험자가 다음의 손해에 대해 법적 배상책임을 부담하고 손해배상으로 타인에게 지급한 금액 중 3/4을 피보험자에게 보상하여 줄 것을 합의한다.

8.1.1 다른 선박과 다른 선박에 적재된 재물의 멸실 또는 손상

8.1.2 다른 선박과 다른 선박에 적재된 재물의 지연 및 사용이익의 상실

8.1.3 다른 선박과 다른 선박에 적재된 재물에 관한 공동해손, 임의 구조 또는 계약 구조

8.2 이 약관8에 규정된 보상은 이 보험의 다른 약관에 규정된 보상에 추가되며 다음의 규정에 따른다.

8.2.1 피보험선박이 다른 선박과 충돌하여 쌍방 선박에 과실이 있는 경우, 일방 또는 쌍방 선박의 배상책임이 법률에 의해 제한된 경우를 제외하고 이 약관8에 의한 보상액은 이 충돌 결과 피보험자가 지급하여야 할 또는 수취하여야 할 상쇄차액이나 금액을 확정하는 데에 적정하게 승인된 쌍방의 과실비율에 따른 손해배상액을 해당선주가 상대방에게 각각 지급하여야 하는 것으로 간주하여, 교차책임의 원칙에 따라 산출한다.

8.2.2 이 약관 8.1 및 8.2하에서의 보험자의 총 배상책임액은 어떠한

경우에도 매 충돌사고당 피보험 선박 보험금액의 3/4에서 보험자의 비례부담분을 초과하지 아니한다.

8.3 보험자의 사전 서면동의를 얻어 피보험자가 손해배상책임에 관해 다투거나 손해배상책임제한을 위한 법적조치를 위하는 경우, 보험자는 피보험자가 지급한 또는 지급하여야 할 법률비용의 3/4을 지급한다.

◇ 면책사항

8.4 다만, 아래 사항에 대하여 피보험자가 지급하여야 할 일체의 금액은 어떠한 경우에도 보상하지 아니한다.

8.4.1 장애물, 난파물, 적하 그 밖의 일체의 물체에 대한 제거 또는 처분

8.4.2 다른 선박 또는 다른 선박에 적재되어 있는 재물 이외의 부동산 동산 그 밖의 일체의 물체

8.4.3 피보험선박에 적재된 적하 또는 그 밖의 재물 및 피보험선박의 계약상의 채무

8.4.4 사망, 신체상해 또는 질병

8.4.5 부동산 동산 그 밖의 일체의 물체에 대한 오염 또는 오탁(피보험선박과 충돌한 다른 선박 또는 그 선박에 적재된 재물은 제외한다.)

〈해설〉

(1) 의 의

본 선박보험은 보험의 목적인 피보험자의 선박이 멸실한 경우에 그가 입은 손해를 배상하는 보험이다. 그렇기 때문에 선박충돌로 인하여 보험의 목적인 선박에 가하여진 손해는 본 선박보험에서 지급되는 손해가 되지만(6.1조), 그 선박이 불법행위로 피해를 입은 상대선에게 손해를 배상하는 경우 본 보험에서 지급되지 않는다. 이는 책임보험의 영역이다. 이러한 목적으로 선박소유자는 선주상호책임보험(P&I 보험)에 가입하게 된다. 그럼에도 불구하고, 본 조항에서는 그러한 상대방의 손해의 3/4에 대하여 본 보험에서 지급함을 약정한다. 1970년까지는 선박충돌약관(Running Down Clause: RDC)이라고 불렸다.

본 선박보험은 일반 손해보험이지만, 본조의 존재는 본 보험을 책임보험의 성질을 일부 가지도록 한다. 따라서, 선박충돌의 상대방은 본 보험

의 보험자에게 직접청구권을 행사할 수 있게 된다.[15)]

본 보험과 선주상호책임보험은 합쳐서 상대방이 입은 손해의 100%를 보상하도록 구조화된다. 본 보험에서 3/4을 보상하면 P&I 보험에서 1/4을 보상한다.

(2) 8.1

8.1.에서 보상되는 상대방의 손해에는 ① 상대선박의 손해, 상대선박에 적재된 재물의 손해, ② 상대선박이나 적재된 물건의 지연이나 일실사용 손해, ③ 상대선박이나 적재물건에 대한 공동해손, 구조료(임의 및 계약)가 포함된다. 상대방 선원의 인명손해는 포함되지 않는다. 이는 P&I 보험에서 처리된다. 피보험자가 법률상 배상책임을 부담하고 피해자인 타인에게 먼저 배상을 해야 한다.

(3) 8.2

8.2.에서는 정산은 단일책임이 아니라 교차책임으로 처리한다고 정한다. 선박소유자책임제한제도에서는 양선박의 채권을 상계하고 남은 금액에 대하여 책임제한을 하게 된다(상법 제771조). 만약, 이와 같이 단일책임주의로 한다면, 상계하고 지급함이 없는 일방은 손해를 본 것이 전혀 없으므로 8조에 의한 정산의 대상이 되지 않으므로 교차책임주의로 한다.

단일책임은 쌍방과실로 인한 손해의 경우에 A선박 10억과 B선박의 손해 20억(각각 과실비율 50%)을 상계하고 난 다음에 남는 하나만을 선박충돌로 인한 손해로 보는 입장이다. 이 경우는 A는 B에게 5억을 지급할 채무가 있게 된다.

교차책임설에 따르면, A는 B에게 10억을 지급할 채무, B는 A에게 5억을 지급할 채무가 동시에 남게 된다. 이 모두를 그대로 인정하여 정산을 하자는 것이 본 조의 취지이다.[16)]

---

15) 2010년 영국 제3자법(보험자에 대한 권리) 제9조에 따르면 피보험자(가해자)가 피해자(제3자)에게 배상금을 먼저 지급하여야만 보험자가 피보험자에게 보험금을 지급한다는 보험계약의 조항이 제3자의 직접청구권 행사를 제한할 수 없다고 규정하고 있으나(제9조 제5항), 해상보험의 경우에는 사망 또는 상해 사고에 대하여만 제9조 제5항이 적용된다고 하여 예외를 두고 있다(제9조 6항).

16) 8.2.1 조항의 내용에 따라 일방 또는 쌍방의 선박에 선주책임제한이 적용되는 경우는 단일책임 방식으로 계산할 수 있다.

(4) 8.3

8.3.에서는 보험자의 사전서면 동의를 얻으면 소송비용등 관련 법률비용의 3/4도 지급된다. 여기서의 소송관련 비용은 자신의 비용은 물론 상대방과 관련된 자신이 지출한 비용의 3/4을 말한다.

(5) 8.4

8.4.는 면책사항으로서 타선박의 장애물, 타선박의 난파물의 제거비용, 타선박의 선원의 사상은 어떠한 경우에도 지급하지 않는다고 한다. 이는 P&I 보험이 지급하는 사항이다.

10. 자매선(제9조)

약관내용

9. 선박이 전부 또는 일부가 동일선주에 소유되거나 동일 관리하에 있는 다른 선박과 충돌하거나, 또는 그러한 다른 선박으로부터 구조를 받았을 경우에는, 피보험자는 다른 선박이 피보험선박에 전혀 이해관계가 없는 선주의 재산이었다면 피보험자가 당연히 가질 수 있는 권리와 동일한 권리를 이 보험상 향유하는 것으로 한다. 그러나 충돌에 대한 책임 또는 구조작업에 대해 지급하여야 할 금액은 보험자와 피보험자가 합의하여 선정한 1명의 중재인의 결정에 따라야 한다.

〈해설〉

(1) 의 의

충돌의 상대방이 동일한 피보험자의 소유일 경우 "사람은 자기 스스로를 상대로 제소를 할 수 없다(a person cannot sue himself)."는 법리에 따라 법률상 책임이 없다고 볼 수도 있다.

(2) 내 용

자매선의 경우에는 A선박의 소유자는 B선박은 자신의 선박이므로 책임이 없게 되어 보험자는 보험금을 지급할 이유가 없게 된다. 따라서, 이러한 문제점을 피하기 위하여 마치 전혀 다른 피보험자끼리의 선박충돌사고로 간주하여 제8조의 선박충돌약관을 적용하고자 약정한다.

자매선끼리의 충돌손해나 구조비 정산은 간략하게 1인의 중재인의 결정에 의하도록 한다.

11. 사고통지와 입찰(제10조)

약관내용

10.1 사고에 기인하여 이 보험에 의한 보상청구가 가능한 멸실 혹은 손상이 발생한 경우, 만약 보험자가 원한다면 보험자를 대리하는 검정인을 선임할 수 있도록 사고조사를 하기 전 보험자에게, 혹은 만약 선박이 외국에 있다면, 가장 가까운 곳의 로이즈대리점에게 피보험자는 사고통보를 하여야 한다.

10.2 보험자는 선박이 입거 또는 수리를 위한 항구를 결정할 권리가 있고(보험자의 요구에 의해 발생한 항해의 추가된 비용은 피보험자에게 환급함), 수리장소 혹은 수리회사에 관하여 거부권이 있다.

10.3 또한, 보험자는 선박의 수리를 위해 수개의 입찰에 붙일 수 있으며, 또는 또다른 수개의 입찰에 붙일 것을 요구할 수 있다. 이러한 입찰이 붙여지고 입찰이 보험자의 승인을 얻어 낙찰되었을 경우에는 보험자가 요구한 입찰안내장의 발송시기와 낙찰시기와의 사이에 소요된 시간에 대하여 그 기간이 전적으로 수개의 입찰에 붙여진 결과, 소요된 한도까지 또한 입찰이 보험자의 승인을 얻은 후 지체없이 낙찰된 것을 전제조건으로 하여 보험금액의 연 30%의 비율로서 보상한다.

입찰로 인한 시간의 소요에 대하여 보험자가 배상하는 기간 혹은 그 일부에 관하여 공동해손으로서 인정된 금액을 포함하여 연료, 소모품, 선장 고급선원 보통선원 및 이들의 일부의 급료와 유지비 명목으로 회수한 금액과 휴항 및(또는) 이윤의 상실 및(또는) 경상비 지출에 대하여 손해배상금 명목으로 제3자로부터 회수한 금액이 있으면 이를 전항의 보상금에서 공제한다.

소정의 공제금액 이외의 손상수리비의 일부가 보험자로부터 보상되지 않을 경우에는 동일한 비율에 따라 보상금에서 공제한다.

10.4 이 약관10의 조건을 불이행하였을 경우에는 확정된 보상금액에서 15%의 금액을 공제한다.

〈해설〉

(1) 의 의

피보험선박이 사고가 난 경우 피보험자가 일방적으로 수리장소나 수리조선소를 정하여 부당한 수리비가 발생하는 것을 보험자가 막기 위한 취지로 도입된 것이다.

(2) 내 용

피보험자는 자신이 스스로 사고조사를 할 것이 아니라 보험자가 사고조사를 할 수 있도록 보험자 혹은 로이즈 대리점에게 사전통보를 해야한다(10.1).

보험자는 수리할 항구를 지정할 권리가 있고 수리자를 정하기 위한 입찰권을 가진다(10.2, 10.3).

보험자는 수리에 대한 입찰의 개시에서 낙찰에 이르는 기간동안 피보험자가 입은 일실손해도 일부 보상한다(10.3). 보험금액의 연 30% 비율이란, 피보험자가 사고에 대한 사전통지나 수리 조선소의 선정 등에 있어서 본 조항의 내용에 위반하면 지급될 보험금에서 15% 공제가 가능하다(10.4).

12. 공동해손과 구조(제11조)

약관내용

11.1 이 보험은 구조, 구조비 및 공동해손의 선박 분담분을 보상하며 일부 보험에 관하여는 감액된 비율로 보상한다. 그러나 선박의 공동해손 희생손해의 경우에는 다른 당사자에 대해 공동해손분담 청구권을 행사하기 전에 손해 전액을 보상한다.

11.2 정산은 해상화물 운송계약에 그 정산에 관해 어떠한 특약도 존재하지 않는 것과 같이, 당해 운송이 종료되는 지역에서 행해지는 법률 및 관례에 따라 행해지는 것으로 한다. 그러나 해상화물운송계약에 '요크－앤트워프' 규칙에 따른다고 규제되어 있을 경우에는, 그 정산은 동 규칙에 따른다.

11.3 선박이 용선되지 않고 공선으로 출항하는 경우에는 1974년 '요크－앤트워프' 규칙의 각 규정(제20조 및 제21조 제외)을 적용한다. 항해란 출항항 및 해역으로부터 출항 후 (피난항 및 해역 또는 연료보급을 유일한 목적으로 하는 기항시의 항구 및 해역을 제외하고) 최초로 기항하는 항구 또는 해역에 도착할 때까지 계속되는 것으로 간주한다. 만약 최초에 의도한 해상운송사업을 위의 중간항 또는 해역에서 중지한다면 항해는 그때부터 중지된 것으로 간주한다.

11.4 담보위험을 피하기 위하여 또는 담보위험을 피하는 것과 관련하여 발생한 손실이 아닌 경우에는 이 약관 11하에서 여하한 보상청구도 허용하지 아니한다.

〈해설〉

(1) 의 의

공동해손이 발생하면 피해자는 공동위험단체를 구성한 선박의 소유자, 기타 화주들에게 공동해손분담금을 청구할 수 있다. 선박보험자는 이 때 선박의 소유자가 부담하는 분담금을 지급하게 된다(11.1). 우리 상법에도 공동해손분담금은 보험자가 보상하는 손해라고 정하고 있다(제694조). 선박소유자가 공동해손 피해자인 경우에는 피해 전액을 먼저 보험자가 보상한다(11.1).

그런데, 분담금보다 보험가액이 적을 경우에는 일부보험으로 처리하여 가액에 따른 책임만 선박보험자가 책임을 진다. 보험자에 대한 직접청구권도 약관에서 인정하고 있다.

(2) 공동해손

공동해손정산은 요크－앤트워프 규칙(YAR, York－Antwerp Rule)에 의하는 것이 관행이다. 최근의 개정 규칙은 2016년 YAR이지만 1994년 YAR이 실무상 많이 사용된다. 본 약관의 경우 1974년 YAR이 사용된다. 선박이 처음 도착하는 곳의 법률에 의하여 공동해손을 정산하는데, YAR에 따른다고 정하고 있다면 이것에 의한다. 그러므로, 본 조에 따르면 YAR＞처음 도착 항구의 법률과 관습＞ 순서로 공동해손의 정산규칙 적용의 우선순위가 정해지는 것이다(11.2).

공선항해의 경우에는 공동위험단체를 구성하는 화주가 없다. 그럼에도 불구하고 선박연료유는 정기용선자가 소유하므로 선체를 소유하는 선박소유자와 공동위험단체를 구성하여 공동해손이 문제될 때 YAR을 적용한다(11.3).

담보위험을 피하기 위한 공동해손의 경우에만 보상한다. 선박의 침몰을 피하기 위한 투하는 이에 해당하게 된다(11.4).

(3) 구조료

구조료 보상도 상법상 보험자의 보상의 범위에 속한다. 본 약관에서도 이를 인정하고 있다(10.1).

13. 공제액조항(제12조)

약관내용

12. 공제액(Deductible)

12.1 담보위험으로 인하여 발생한 손해는 독립된 1사고의 손해액의 합계(약관 8,11 및 13에 따른 보상청구 포함)가 계약상 합의한 금액(통상 $ amount)을 초과하지 아니하면 그 손해는 보상되지 아니하며, 초과하는 경우에는 이 금액을 공제하여 보상한다. 다만, 좌초후의 선저검사비용은 특히 그 목적을 위하여 합리적으로 지급된 것이라면 손상이 발견되지 않았을 경우에도 이를 보상한다. 이 약관 12.1은 선박의 전손이나 추정 전손보상의 경우에는 적용하지 아니하며 이 경우 동사고로 인하여 발생된 약관13에 관련된 보상청구에도 적용되지 아니한다.

12.2 두 개의 계속적인 항구 간에서 편도 항해 중 일어난 황천으로 인한 손해는 1회의 사고로 취급한다. 황천이 이 보험의 담보기간 이상으로 계속되는 경우, 이 보험의 보상금액에 적용되는 공제액은 전항의 공제액에 대하여 보험기간 중의 황천 일수가 위의 편도 항해중의 선 황천일수에 점하는 비율로 한다.

이 약관 12.2에서 황천에는 유빙과의 접촉을 포함한다.

12.3 위의 공제액이 적용된 손해의 회수금은 이자를 제외하고는 회수금을 고려하지 않은 보험금의 합계와 위의 공제액과의 차액의 범위내에서 전액 보험자에게 귀속한다.

12.4 회수금에 포함된 이자는 보험자가 지급한 보험금과 지급일자를 감안하여 피보험자와 보험자가 서로 분배한다. 이 경우 보험자는 이자를 합산함으로써 지급한 보험금을 초과해서 회수할 수 있다.

〈해설〉

(1) 의 의

소액의 클레임의 경우 정산비용이 오히려 더 많이 들고 시간적 낭비도 있으므로 면책비율(franchise) 혹은 공제액(deductible) 제도가 있다.[17]

(2) 공제방법

공제액을 미리 정한 다음 이 공제액을 넘어서는 보상가능 손해가 발생해야 보험금을 지급한다(12.1). 전손이나 추정전손의 경우는 공제액을 적용하지 아니한다. 그러나 충돌 후 피보험 선박이 전손된 경우 상대선에 대한 충돌배상책임에 따른 보험금에는 공제액이 적용된다.

14. 피보험자의 손해방지의무(제13조)

약관내용

13. 피보험자의 의무(손해방지)

13.1 피보험자, 그 사용인 및 대리인은 손실 또는 재난이 발생한 경우, 이 보험에서 보상될 손해를 방지하거나 경감하기 위해 합리적인 조치를 취할 의무를 부담한다.

13.2 아래의 규정 및 약관 12에 따라 피보험자, 그 사용인 또는 대리인이 그러한 조치를 취하기 위하여 적절하고도 합리적으로 지급한 비용은 보험자가 분담한다. 공동해손, 구조비(약관13.5에 규정된 경우는 제외)와 충돌배상을 방어 또는 청구하는 비용은 이 약관13에서는

17) 1969년 10월 1일 이전까지 사용해 오던 ITC－Hulls의 제12조는 분손담보약관(With Average Clause) 이었다. 이 약관은 면책률 약관으로서 피보험선박의 좌초(stranding), 침몰(sinking), 화재(burning or fire), 충돌(collision)위험, 즉 SSBC위험으로 인해 발생된 단독해손이 아닌 한 보상한도(선가)의 3% 미만의 단독 해손을 담보하지 않으며, 3%를 초과하는 단독해손의 경우는 3%에 해당하는 금액을 공제하지 않고 보험금을 전액 지급하는 해상보험의 전통적 공제제도인 franchise제도를 채택하고 있었다. 그러나 이후 개정된 ITC－Hulls 약관에서는 비해상분야에서 보편화되어 온 제도인 deductible franchise제도를 채택하였다. 이 경우 약관에 따라 별도로 합의한 공제금액을 초과하는 손해액을 보상한도까지 지급하며, 보상한도에는 공제금액이 포함된다.

보상하지 아니한다.

13.3 보험목적을 구조, 보호 또는 회복시키기 위하여 피보험자 또는 보험자가 취한 조치는 위부의 포기나 승낙으로 간주되지 아니하며 또한 어느 일방의 권리를 침해하지도 아니한다.

13.4 이 약관13에 의거 비용을 지급했을 경우 이 보험에 의한 책임액은 그 비용 가운데 이 보험에 기재된 선박가액에 대한 보험금액의 비율을 초과할 수 없다. 또한 선박의 정상가액이 이 보험에 기재된 동 선박의 가액을 초과하였을 경우에는 비용지급을 필요케 한 사고의 발생시에 있어서의 선박의 정상가액에 대한 보험금액의 비율을 초과할 수 없다. 보험자가 전손금의 청구를 승인했을 경우 이 보험에 부보된 재산이 구조되었을 때에는 위의 여러 규정은 손해방지비용이 구조된 위 재산의 가액을 초과하지 않은 한 적용되지 아니하며, 또한 초과했을 경우에는 구조된 재산의 가액을 초과하는 비용액에 대해서만 적용된다.

13.5 이 보험에서 선박전손금의 청구가 승인되었을 경우, 이미 선박, 기타의 재산을 구조하기 위해 또는 구조할 것을 기도하기 위해 합리적으로 비용을 지급했으나 잔존가가 없거나 비용이 잔존가를 초과할 때에는 그 비용중 또는 잔존가를 초과하는 비용 중 선박에 관해 지급되었다고 합리적으로 인정받는 비율의 비례부분을 보험자가 부담한다. 그러나 선박이 비용지급을 필요케 할 사고 발생시의 그 정상가액보다 낮은 가액으로 부보되었을 경우에는 이 약관에 의거 보험자로부터 회수할 수 있는 금액은 일부 보험의 비율에 따라 감액된다.

13.6 이 약관13에서 보상될 금액은 이 보험에 의해 보상될 다른 손해에 추가된다. 그러나 어떠한 경우에도 이 선박보험의 보험금액을 초과하지 아니한다.

〈해설〉

(1) 의 의

보상되는 손해를 경감하기 위하여 합리적인 조치를 취할 것이 피보험자의 의무임을 정하고 있다(MIA 제78조 제4항 및 13.1). 이 때 합리적으로 추가되는 비용은 보험금으로 추가 지급된다(MIA 제78조 제3항 및 3.2).

(2) 내 용

위부의 승낙은 특별한 효과가 발생하므로, 피보험자나 보험자가 보험사고시 손해를 경감하기 위하여 취하는 조치는 위부의 포기나 승낙이 아님을 정한다.

일부보험의 경우 비례보상한다.

전손보험금이 승인된 경우, 구조에 실패한 경우에도 비용이 취득물을 초과하는 경우 전손보험금을 넘어서는 합리적인 비용을 지급할 수 있다.

보상되는 손해에 별개로 추가하여 손해방지비용이 지급되지만, 보험금액을 한도로 한다. 그러므로, 전손이 되고도 손해방지 비용이 발생한 경우, 전손보험금을 받고 이에 추가하여 보험금액을 한도로 하는 손해방지 비용을 수령할 수 있다.

15. 신구교환조항(제14조)

약관내용

14. 신구교환차익

보험금은 신구 교환차익의 공제없이 지급된다.

〈해설〉

(1) 의 의

목선의 경우 수리비에서 신구교환에 대한 1/3의 임의공제를 적용하던 것이 관습이었는데, 철선시대인 현대에 들어와서 보험자는 그러한 권리를 포기하였고 이것이 제14조에 기술된 것이다.[18]

(2) 내 용

해상보험제도는 실손보상을 원칙으로 하기 때문에 신구교환차익을 공제하고 보상하는 것이 원칙이고 관습이었다.[19] 그러나 현재는 피보험자인 선주 등의 이익을 도모하고 불필요한 분쟁을 피하기 위하여 신규교환차익의 공제없이 보험자가 담보하도록 약관으로 정하고 있다.

18) 이재복, 231면.
19) 영국 해상보험법(MIA) 69조, YAR (1974) 13조 등

16. 선저처리조항(제15조)

약관내용

어떠한 경우에도 선저의 부착물 청소, 모래분사작업 및 기타 표면처리 또는 도장과 관련된 보상청구는 허용되지 아니한다. 다만,

15.1 해안에서의 신조 선저 외판의 모래분사작업 및 기타 표면처리와 수리소에서의 그 부분에 대한 준비도장(準備塗裝)

15.2 용접 및 수리 중에 손상되어 신환(新換) 또는 재의장(再艤裝)된 외판에 바로 근접한 외판부분의 모래 분사작업 및 기타 표면처리, 현장 또는 해안에서 철판의 곡직(曲直) 작업 중에 손상된 외판부분의 모래분사작업 및 기타 표면처리

15.3 위 약관15.1과 15.2에 언급된 특정부분의 최초의 기초도장/방청도장 등은 피보험 위험으로 손상된 선저외판과 관련된 합리적인 수리비의 일부로 인정한다.

〈해설〉

(1) 의 의

선저의 부착물의 청소 등은 선박의 내구연한을 연장함에 도움이 된다. 그러나 이 때 발생하는 비용은 선박 자체의 손해가 아니므로 원칙적으로 선박보험의 보상 범위가 아니다.[20] 선박의 선저에 있는 부착물을 제거하고 페인팅을 하는 부분 등 보상되는 비용에 대하여 정한다.

(2) 내 용

신조시와 수리시의 경우에는 예외적으로 모래분사작업, 기타 표면 처리 비용이 보상된다. 이 경우 기초 도장, 방청 도장 비용도 피보험위험으로 인한 손상시와 같이 보상된다.

17. 급여유지비 조항(wages and maintenance)(제16조)

약관내용

16. 선장, 고급선원, 보통선원 또는 해원의 급료와 유지비는 공동해손 이외에는 어떠한 경우에도 인정되지 아니한다. 다만, 선박을 보험자가 보상

20) 이재복, 234면.

하는 손상수리를 위하여 어떤 항구에서 다른 항구로 이동하는 것이 필요하여 오직 이를 위하여 또는 그러한 수리 후의 시운전만을 위하여 선박이 그 항해 중에 지급한 급료와 유지비는 인정한다.

〈해설〉

(1) 의 의

선원비는 선박보험의 목적에 발생한 손해가 아니므로 보상되는 손해가 아니다. 그렇지만, 예외적으로 수리를 위한 경우 등 특별한 경우에는 이를 인정한다.[21)]

(2) 내 용

선장, 고급선원 등의 급료와 유지비는 (i) 공동해손, (ii) 보험자가 보상되는 수리를 위해 항구 사이에 선박을 이동시키는 경우, (iii) 수리 후 시운전을 위한 항해시 지급된다.

18. 대리점 수수료(agency commission)(제17조)

약관내용

17. 피보험자가 정보 또는 서류를 입수하여 제공함에 따른 시간 또는 노력은 어떠한 경우에도 보상되지 않는다. 그러한 업무를 수행하기 위하여 피보험자가 지정하였거나 피보험자를 대신하는 관리인, 대리인, 관리회사, 대리점 또는 유사한 회사 등의 수수료 또는 비용에 관하여도 일체 보상되지 아니한다.

〈해설〉

(1) 의 의

피보험자가 정보 또는 서류를 입수하여 사용된 시간에 대하여 보험에서 보상하지 않는데, 만약 대리인을 사용한 경우는 어떻게 할 것인지 정하고 있다.

(2) 내 용

해난사고가 발생했을 경우 피보험자인 선주가 자신의 종업원에게 사고

21) 이재복, 237면.

처리를 시키는 경우 그 인건비는 보험에서 담보되지 않고 있다. 그런데 선주가 대리인을 통해 해난사고를 처리하는 경우 대리점 수수료의 명목으로 보험자가 보상하는 것은 위의 경우와 형평이 맞지 않으므로 이러한 대리점 수수료를 담보하지 않는 비용 손해로 규정하였다.

19. 미수리 손상(unrepaired damage)(제18조)

약관내용

18. 미수리 손상

18.1 미수리 손상에 대한 보상청구와 관련된 보상액의 산정은 그러한 미수리 손상으로 인한 이 보험종료시점에서의 선박시장가액의 합리적인 감가액으로 하되, 합리적인 수리비를 초과할 수 없다.

18.2 이 보험 담보기간중에 또는 담보연장기간중에 전손된 경우에는(이 보험에서 담보되건 안되건 간에) 미수리 손상에 대하여는 어떠한 경우에도 책임지지 아니한다.

18.3 보험자는 미수리 손상에 대하여 이 보험 종료시점에서 보험금액 이상은 책임을 지지 아니한다.

〈해설〉

(1) 의 의

선박이 손상을 입었지만 항해에 지장이 없는 경우에는 수리를 하지 않고 항해를 하게 되는 경우도 있다. 보험계약상 보상은 피보험자가 실제로 손해를 입은 경우에 발생하는 것이므로 이러한 경우는 피보험자는 아직 현실적으로 손해가 발생한 것이 아니므로 보험금을 청구할 수 없다.[22] 그렇지만 담보되는 보험사고로 선박은 이미 손상을 입었고 언젠가 수리는 해야하므로 이에 대하여 정하였다.

(2) 내 용

수리되기 전에 보험기간이 종료된 경우, 피보험자는 미수리 손상에 대하여 아래와 같이 보상을 받을 수 있다.

제1항은 오직 일부만이 손상된 경우, 보상액은 보험종료시점에서 선박의

22) 이재복, 240면.

시장가액의 합리적인 감가액이며, 합리적인 수리비를 초과하지 않는다.

만약 조선소에서 직접 수리를 하고 수리비용이 1,000만원이었다면 그 액수만큼 보험보상을 받았을 것이다. 수리하지 않고 보험기간이 종료된 경우 보험종료시점에 선박의 가액이 사고손상으로 인해 1억짜리가 9천5백만원이 되었다면, 합리적인 감가액인 5백만원만 보상한다는 취지이다. 당사자가 합의로 보험금액지급기준을 보험종료시점으로 정한 것에 의의가 있다.

수리된 상태에서의 선박의 정상가액(1억원) – 미수리 상태의 선박의 가액(9천5백만원) = 보험자의 보상액(5백만원)

제2항은 미수리 중에 전손사고가 발생한 경우이다. 수리를 했다면 미수리에 대한 보상을 받고 다시 전손보험금을 받았을 것이다. 그러나, 미수리 손상에 대하여는 선주는 별도로 지출한 수리비가 없으므로 보상을 받지 못하고 오직 전손 보험금 한번만을 수령할 수 있다.

제3항은 미수리 손상에 대한 보상액은 보험계약종료시의 협정가액에 제한된다.

20. 추정전손(constructive total loss)(제19조)

약관내용

19.1 추정전손 여부를 판단함에 있어, 보험금액을 수리완료후의 가액으로 보고 선박 또는 난파선의 손상가액 또는 해체가액은 이를 고려하지 아니한다.

19.2 선박의 회복 및 수리비용을 기초로 한 추정전손의 청구는 그 비용이 보험금액을 초과하지 않으면 보상되지 아니한다. 추정전손의 결정에 있어서는 1회의 사고 또는 동일 사고로 인한 연속된 손상에 관련된 비용만을 고려한다.

〈해설〉

(1) 의 의

현실 전손은 아니지만 마치 전손과 같이 처리하는 것이 보험자나 피보험자에게 유리한 경우가 있다. 이를 추정전손제도라고 한다.

영국 해상보험법 제60조는 보험증권에 명시규정이 있는 경우를 제외하고 비용이 비용지출후의 가액을 초과한 경우(회복비용이나 수리비용이 회복후 또는 수리후 가액을 초과한 경우) 추정전손이 있다(상법 제710조 제2호)고 한다. 본 규정은 위 제60조를 보완하는 기능을 한다.

(2) 내 용

본 조항에서는 추정전손의 기준을 명확히 하고자 한다. "수리비와 비교되는 수리 후의 가액"을 협정보험가액으로 변경하고 있다. 그리고 피보험선박이나 난파선의 손상가액이나 해체가액은 고려하지 않는다.

예) 견적수리비=280만원, 수리후 가액=250만원, 협정보험가액=300만원이라면, 영국 해상보험법상으로는 추정전손이 성립되지만, 제19조 제2항에 의하면 추정전손이 성립하지 않는다.[23]

단일사고에 관련한 비용 또는 동일한 사고로 인한 연속된 손상에 관련된 비용만 협정보험가액과 비교된다.

21. 운임포기(freight waiver)(제20조)

약관내용

20. 운임포기

전손이나 추정전손의 경우에, 위부통지의 여부를 불문하고, 보험자는 운임을 청구하지 아니한다.

〈해설〉

선박의 위부 시 선박보험자는 선박과 관련된 소유권을 승계할 권리를 가진다.

영국 해상보험법 제63조 제1항에 의하면 유효한 위부가 존재하면 보험의 목적에 잔존하는 피보험자의 이익과 보험의 목적에 부수하는 모든 소유권을 승계할 권한을 보험자가 가진다. 제63조 제2항은 위부시 선박보험자는 취득중에 있는 일체의 운임을 취득가능하다고 한다. 본조는 보험자는 이러한 운임취득권리를 포기한다는 내용이다.

23) 이재복, 246면.

22. 선비담보(disbursement warranty)(제21조)

약관내용

21. 선비담보

21.1 다음 추가보험을 인정한다.

21.1.1 선비, 관리자의 수수료, 이윤 또는 선체 및 기관의 초과액 혹은 증가액 : 그 보험금액은 이 보험증권에 기재된 가액의 25%를 초과해서는 아니 된다.

21.1.2 기간보험으로 부보된 운임, 용선료 혹은 희망운임 : 그 보험금액은 이 보험증권에 기재된 가액의 25%에서 명칭의 여하를 불문하고 약관 21.1.1에 의거 부보된 일체의 금액을 공제한 액수를 초과해서는 아니 된다.

21.1.3 항해에 대한 운송계약에 의한 운임 혹은 용선료 : 그 보험금액은 화물을 적재한 당해 구간항해 및 이어서 계속되는 다음의 화물을 적재한 구간항해(이러한 보험에는 필요시에는 준비를 위한 중간의 공선의 구간항해를 포함)에 대한 총운임 혹은 총용선료에 보험의 비용을 가산한 액수를 초과해서는 아니 된다. 기간을 기준으로 용선료가 지급되는 항해용선의 경우 부보금액으로서 인정되는 금액은 위에서 규제한 화물을 적재한 2개의 구간항해의 제한에 따라 항해의 견적기간에 기초를 두고 산출하지 않으면 아니 된다. 위 약관 21.1.2에 의해 부보된 금액이 있을 경우에는 이를 고려하여 그 초과액만을 부보할 수 있다. 이 초과액은 운임 혹은 용선료가 선급(先給)되거나 또는 취득됨에 따라 선급(先給) 또는 취득된 총액만큼 감액된다.

21.1.4 선박이 공선으로서, 또한 용선되지 않고 출항하는 경우의 희망운임 : 그 보험금액은 화물을 적재한 다음의 구간항해에 있어서의 희망운임 총액을 초과해서는 아니 된다. 이 보험금액은 보험계약체결시의 운임시가를 기초로 하여 합리적으로 추정된 금액에 보험의 비용을 가산한 것으로 한다. 위 약관 21.1.2에 의거 부보된 금액이 있을 경우에는 이를 고려하여 그 초과액만을 부보할 수 있다.

21.1.5 기간 용선료 혹은 연소 수개항해에 대한 용선료 : 그 보험금액은 18개월을 초과하지 않은 기간내의 용선 계약상 취득할 예정의 용선료 총액의 50%를 초과해서는 아니 된다. 위 약관 21.1.2에 의거 부보된 금액이 있을 경우에는 이를 고려하여 그 초과액만을 부보할 수 있다. 그 초과액은 용선료가 용선 계약상 선급되거나 또는 취득되거나에 따라 선급 또는 취득된 총액의 50%만큼 감액되어가나 그 보험금액은 위 약관 21.1.2 및 21.1.5에 의거 부보된 금액의 합계액이 용선 계약상 추후 취득될 용선료 총액의 50%를 초과하지 않은 동안은 감액할 필요가 없다. 본 호에 의거한 보험은 용선 계약에 서명한 때부터 개시할 수 있다.

21.1.6 보험료 : 그 보험금액은 12개월을 초과하지 않은 기간에 대해 부보된 모든 이익의 실제 보험료를 초과해서는 안 된다(위의 각 호에 의거 부보된 보험료는 공제하나 필요시에는 선주상호보험조합의 보험 혹은 전쟁 등의 위험보험의 보험료 혹은 추정보험료를 포함한다). 이 보험금액은 월할(月割)로 감액(減額)되는 것으로 한다.

21.1.7 환급보험료 : 그 보험금액은 모든 보험에서 환급이 인정될 수 있으나 선박이 피보험위험 또는 기타위험으로 전손이 발생될 경우에는 회수할 수 없게 될 실질적인 환급 보험료를 초과할 수 없다.

21.1.8 보험금액의 제한이 없는 보험: 아래의 약관 23, 24, 25 및 26에서 면책된 위험

21.2 위의 약관 21.1.1 내지 21.1.7에서 열거한 모든 이익의 보험으로서 위 각호에서 인정된 금액을 초과하는 보험과 "선박의 전손"에 포함한 "보험증권 자체가 피보험 이익의 존재를 증명함" "모든 피보험 이익을 승인함" 또는 이와 같은 종류의 구절의 조건으로 부보하는 기타의 보험이 피보험자, 소유지, 관리자 또는 저당권자에 의해 혹은 이들을 위해 이 보험의 보험기간 중에 효력이 있게끔 부보되어 있지 않을 것과, 장래에도 부보되지 않을 것을 담보한다. 다만, 이 담보의 위반은 그 위반 사실을 알지 못하고 이 보험을 수취한 저당권자에 의한 보험금 청구에 대해 보험자에게 항변권을 부여하는 것

은 아니다.

〈해설〉

(1) 의 의

항해중 선박운항자는 선박을 운항하는데 상당한 비용을 매일 지출하게 된다. 이들 비용을 선비라고 부른다.[24] 연료비, 식량구입비, 예인비용 등이 이에 포함된다. 선박이 전손된 경우 선박소유자는 이러한 비용을 취득하지 못하고 손해로 귀속된다. 선비 이외에도 운임, 용선료, 보험료 등도 마찬가지이다. 이들은 선박 자체의 손해는 아니지만 선박 전손에 부수하는 손해이므로 본 조항에서 추가로 본 보험에 가입이 가능하도록 하고 있다.[25]

(2) 내 용

선비, 관리자의 수수료 등은 보험증권에 기재된 가액의 25%를 한도로 보험가입이 가능하다. 운임 혹은 용선료는 각 상황에 따라 다르지만 부보가 가능하다. 전손시 잃게 되는 실제 보험료도 부보가 가능하다.

23. 휴항해약환급금(returns for lay-up and cancellation)(제22조)

약관내용

22. 휴항 및 해지환급

22.1 아래와 같이 보험료를 환급한다.

22.1.1 합의에 의거 이 보험을 해지하는 경우에는 각 미경과월에 대한 월할(月割) 정미보험료

22.1.2 선박이(다음에 인정하는 특별자유 재량권의 행사를 조건부로) 보험자가 승인하는 항구 또는 휴항구역에서 휴항하는 경우에는 30일 연속의 매기간에 대해서

(a) 수리중이 아닌 경우 정미 %

(b) 수리중인 경우 정미 %

만약 보험료의 환급청구를 할 수 있는 기간의 일부만이 수리중

---

24) 이재복, 255면.

25) 이재복, 255면.

이라면 환급보험료는 위의(a) 및 (b)에 각기 해당하는 일수의 비율에 따라 산출된다.

22.2 다만,

22.2.1 피보험위험 또는 기타위험에 의해 이 보험의 보험기간 또는 그 연장된 기간 중에 선박이 전손되지 않을 것

22.2.2 어떠한 경우에도 선박이 풍랑에 노정되어 있거나, 방파설비가 없는 해역 또는 보험자가 승인하지 않은 휴항구역에서 정박했을 경우는 보험료의 환급은 인정되지 아니한다. 다만, 그러한 승인하지 않은 휴항구역을 보험자가 승인한 항구나 휴항구역으로 보험자가 간주하고 동의하였을 경우를 전제로 하여, 선박이 위의 승인하지 않은 휴항구역에서 휴항한 일수는 연속 30일의 기간을 계산할 때 승인한 항구 또는 휴항구역에서의 일수에 가산되고, 보험료는 선박이 승인된 항구 또는 휴항구역에서 휴항하는 실제일수의 비율만큼 환급된다.

22.2.3 적재 또는 양하작업 또는 선내의 화물의 존재는 보험료의 환급을 방해하는 것은 아니다. 그러나, 선박이 화물의 보관에 사용되거나 해상하역작업 목적에 사용되는 기간에 대해서는 보험료의 환급은 인정되지 아니한다.

22.2.4 연간보험요율에 변경이 있을 경우 위의 환급보험요율은 그에 따라 조정된다.

22.2.5 이 약관 22에 의한 보험료의 환급이 동일 피보험자를 위해 체결되고 연속된 보험계약에 걸쳐진 30일 연속일수에 해당하는 경우에는 이 보험계약에서 담보되는 기간으로서 환급이 실제 적용되는 기간에 대한 위의 22.1.2(a) 및/또는 (b)의 해당일자 비율에 따라 산출되는 금액에 한해 이 보험계약에서 부담한다. 연속된 위의 보험계약의 기간은 피보험자의 재량에 따라 선박이 휴항한 최초의 일자부터 기산하거나, 또는 약관21.1.2(a), (b) 또는 22.2.2에서 규제한 바에 따라 30일 연속기간의 최초의 일자부터 기산한다.

〈해설〉

(1) 의 의

피보험선박의 수리 등 일정기간 휴항하게 되거나 보험자와 피보험자 사이의 합의에 의해 보험계약을 해지하는 경우 본 선박보험에서 미경과된 보험료 환급에 대하여 정하고 있다.

(2) 내 용

미경과된 본 선박보험의 보험료가 환급되는 경우는 휴항과 합의에 의한 보험계약해지의 경우이다. 다만, 선박이 전손되지 않을 것 등을 조건으로 한다.

The following clauses(23–26) shall be paramount and shall overrider anything in this insurance inconsistent therewith
다음 약관조항들은 최우선조항이며, 이 조에 저촉되는 이 보험에 포함된 어떤 규정보다 우선한다.[26]

24. 전쟁면책(war exclusion)(제23조)

약관내용

23. 어느 경우에도 이 보험은 다음 사항에 기인한 멸실이나 손상, 배상책임 또는 비용을 보상하지 않는다.
 23.1 전쟁, 내란, 혁명, 모반, 반란 또는 그로 인한 국내투쟁, 또는 교전세력에 의하거나 교전세력에 대한 모든 적대행위
 23.2 포획, 나포, 압류, 억지 억류(선원의 악행 및 해적행위 제외) 및 그 결과 또는 그 기도(企圖)
 23.3 유기된 기뢰, 어뢰, 폭탄 또는 기타 유기된 전쟁무기

〈해설〉

(1) 의 의

보험사고가 발생할 위험이 큰 전쟁 등에 기인한 손해는 보험자가 면책임을 정한다.

26) 전쟁 위험과 동맹파업 위험은 한꺼번에 대규모로 발생하는 특성 때문에 선박보험 약관에서는 최우선 면책조항이 되었으나, 실제로는 별개의 증권으로 동시에 담보하는 것이 일반적이다.

(2) 내 용

전쟁, 내란, 나포, 어뢰에 의한 선박의 손해에 대하여 보험자는 보상하지 않는다. 그러나, 전쟁보험약관에 따라 특별보험에 가입할 수 있다.

25. 동맹파업면책(strikes exclusion)(제24조)

약관내용

24. 어느 경우에도 이 보험은 다음 사항에 기인한 멸실이나 손상, 배상책임, 또는 비용을 보상하지 않는다.
   24.1 동맹파업자, 직장폐쇄노동자, 또는 노동쟁의나 폭동, 시민소요에 가담한 자
   24.2 테러리스트 또는 정치적 동기로 행동하는 자

〈해설〉

(1) 의 의

동맹파업 등에 기인한 손해는 배상되지 않는다. 즉, 손해가 동맹파업 혹은 테러리스트와 유사한 원인으로 발생한 경우 담보위험(예를 들면, 화재)으로 인해 발생된 손해라도 면책이 된다.

(2) 내 용

동맹파업자, 테러리스트 등에 의하여 선박에 손해가 발생되어도 그 손해는 보상되지 않는다.

26. 악의행위면책(malicious acts exclusion)(제25조)

약관내용

25. 악의행위면책
   어느 경우에도 이 보험은 다음 사항에 기인한 멸실이나 손상, 책임 또는 비용을 보상하지 않는다.
   25.1 폭발물의 폭발
   25.2 어떠한 전쟁무기
   그리고 악의적으로 혹은 정치적 동기로 행위하는 자에 기인한 것

〈해설〉

(1) 의 의

우리 상법에도 피보험자의 고의 혹은 중과실로 발생한 보험사고시 보험자는 면책된다. 악의적인 행위로 인한 보험사고는 보험자는 면책된다.[27)] 악의적인 행위는 우리 법상 고의를 포함하고 중과실보다 높은 주관적 요소인 것으로 보인다.

(2) 내 용

폭발물의 폭발, 전쟁무기에 기인한 선박의 손해에 대하여 보험자는 보상하지 않는다. 또한 악의적인 자의 행위로 인한 보험사고도 그 손해는 보상되지 않는다. 피보험자의 악의적인 행위도 여기에 포함된다.

27. 핵면책(제26조)

약관내용

26. 어느 경우에도 이 보험은 원자력 또는 핵분열이나 핵결합 또는 이와 유사한 반응, 방사성이나 방사성물질을 사용하는 전쟁무기로 인해 발생하는 멸실이나 손상, 배상책임 또는 비용을 보상하지 않는다.

〈해설〉

원자핵이나 방사성 물질 등으로 인한 손해는 보상하지 않는다.[28)]

---

27) 선원의 악의적 행위로 인한 보험사고는 폭발물이나 전쟁무기를 사용한 경우가 아니라면 담보위험조항(제6 · 2 · 5)에 따라 보험계약자(선주, 선박관리자 등)가 상당한 주의를 행사했을 것을 조건으로 보상될 수 있다.

28) 1990년대 들어서 체르노빌 핵발전소 방사능누출 사고 등을 경험한 보험자들은 RACE(Radio-active Contamination Exclusion)라 불리는 방사선 및 핵관련 면책약관을 별도로 첨부하고 있다. 이후에도 화학 및 생화학무기의 사용에 따른 국지전이 발생하자 이 부분을 절대면책으로 추가하고 있다.

제3장 적하보험

Ⅰ. 당사자

1. 보험자와 피보험자, 피보험이익

적하의 소유자가 적하보험의 일방당사자가 된다. 보험계약자와 피보험자가 서로 다른 경우에는 타인을 위한 보험이 된다. 적하보험자가 보험계약의 타방 당사자가 된다.[1)]

인코텀즈(Incoterms)[2)]는 국내 및 국제무역에 적용되는 거래당사자간 거래조건을 표시하는 국제적 기준으로 계약당사자가 무역계약에서 부담해야하는 운송비와 보험료 부담에 관한 기준을 제시한다.[3)]

대표적인 거래조건의 하나인 FOB(Free On Board, 본선인도조건)의 국제물품매매계약에서 보험계약을 체결할 의무를 부담하는 자는 수입자인 반면, CIF(Cost Insurance and Freight, 운임보험료포함조건) 계약에서 보험계약을 체결할 의무를

---

1) 적하보험과 관련하여 이재복, 적하보험약관론, 보험연수원, 1995이 있다.
2) 국제상공회의소(International Chamber of Commerce)가 1936년에 최초로 제정하여 매 10년마다 개정해 왔으며, 현재 11개 조건으로 구성된 Incoterms 2010이 적용되고 있다. 현재 Incoterms 2020이 발표되었다.
3) ① EXW, FCA, FAS, FOB, DAT, DAP, DDP 조건
물품인도 후 물품에 관한 위험부담이 수출상으로부터 수입상에게 이전된다.
② CIP, CPT, CFR, CIF 조건
위험은 물품인도시 수입상에게 이전되지만, 목적지에 도착할 때까지 수출상이 비용(보험료, 운임 등)을 부담한다.

부담하는 자는 수출자이다. 상품에 대한 위험은 선적과 동시에 수입자에게로 넘어간다. 선적 후부터는 상품운송시의 위험부담이 수입자에게로 넘어가므로 피보험이익은 수입자가 가진다.[4)]

이 경우 선적시까지는 피보험이익을 수출자가 가지므로 수출자를 피보험자로 하는 보험계약을 체결하고, 출항부터는 수입자를 피보험자로 하는 보험계약이 체결된다. 따라서 CIF조건의 수출계약인 경우 적하보험은 출항시점 이후 수출자가 자신을 계약자로, 수입자를 피보험자로 하여 체결하는 '타인을 위한 보험'이 된다.

항해 중에도 수출자가 여전히 소유권을 가지는 경우 수출자는 소유자로서의 이익을 가지는 자로서 피보험이익을 갖는다.[5)]

2. 가해자

운송물이 운송중 운송인의 과실로 인하여 손해가 발생하게 되면, 보험자는 피보험자에게 보험금을 지급하고, 보험자는 피보험자가 운송인에 대하여 가지던 권리를 대위하여 행사하게 된다.[6)]

Ⅱ. 보험약관

적하보험에 사용되는 표준약관은 ICC(A), (B) 혹은 (C)이다.[7)] A는 전위험을 담보하지만, B와 C는 담보하는 위험의 범위가 작아진다.

제한된 조건으로 주요한 사고만을 담보하는 ICC(C) 조건은 산적화물, 곡물, 철광석, 원목, 고철 등의 원자재를 운송하는 데 적용되고, ICC(B) 조건도 화물이

---

4) 위험부담이란 채권자와 채무자 누구의 과실없이 채무를 이행하지 못한 경우에 부담하는 위험이다. 선적 후 항해 중 태풍으로 선박이 침몰한 경우 수입자는 상품을 수령하지 못한 채로 상품의 대금을 지급해야 하므로 손해를 보게 된다.

5) 적하의 피보험이익이 크게 다루어진 대법원 사례로는 대법원 2018.3.15. 선고 2017다240496 판결. 자세한 내용은 김인현, "매도인의 피보험이익으로서의 희망이익과 소유자이익", 상사판례연구, 제32권 제4호(2019), 223면 이하가 있다.

6) 상법 제682조 (제3자에 대한 보험대위)

7) Institute Cargo Clauses. 기존의 SG Policy를 대체하기 위해 1912년부터 채택된 런던보험자협회 및 로이즈시장협회의 협회적하약관으로, 우리나라는 1963년부터 사용된 ICC(All Risks), (WA), (FPA) 약관과 1982년에 개정된 ICC(A),(B),(C) 약관을 실무에서 주로 사용하고 있다. 이후 2009년 런던시장의 합동적하위원회에서 새로운 개정약관이 나왔으나 우리나라에서의 사용은 아직 제한적이다.

다소 거칠게 운송되더라도 크게 영향을 받지 않는 중기계, 철강제품 등에 주로 적용된다.

Ⅲ. 준거법과 재판관할

1. 준거법약관

1982년의 ICC(A)(B)(C) 약관에는 아래와 같은 준거법 조항이 들어있다.

① 이 보험은 영국의 법과 관습에 의한다.[8)]

한편 1963년의 ICC(All Risks)(WA)(FPA) 약관에는 준거법 조항이 포함되지 않았으나, 영국 해상보험법(MIA 1906)에 규정된 기본증권양식(SG Policy Form)을 따르면서 이에 포함된 아래의 준거조항을 적용한다.

② 본 보험증권에 따라 발생하는 책임에 관한 모든 문제는 영국의 법률과 관습이 적용된다.[9)]

또한 ICC(A)(B)(C)의 경우에도 70년대부터 기존의 기본증권양식(SG Policy form)을 개선한 신증권양식(MAR Policy Form)이 적용되면서 신증권양식의 준거법 문구에 포함된 최우선적용조항으로 ICC약관상의 영국법 준거조항을 배제하고 아래와 같은 준거법 조항이 적용된다.

③ 이 보험 증권에 기재되어 있거나 첨부되어 있는 어떠한 규정에도 불구하고, 이 보험은 오직 모든 클레임에 대한 책임과 결제에 관해서만 영국의 법률과 관습에 따를 것을 양해하고 합의한다.[10)]

그러므로 ICC약관을 적용하는 적하보험계약에서는 보험계약자의 약관 선택에 따라 ② 혹은 ③ 내용의 준거법 조항이 적용된다고 할 수 있다.[11)]

이에 대하여 우리 법원은 ①은 완전 저촉법적인 약정으로 보아, 영국법이 보

---

8) ICC(A) s.19 (Law and Practice) This insurance is subject to English law and practice.

9) "All questions of liability arising under this policy are to be governed by the laws and customs of England."

10) "Notwithstanding anything contained herein or attached hereto to the contrary, this insurance is understood and agreed to be subject to English law and practice only as to liability for and settlement of any and all claims."

11) 선박보험의 경우는 실무적으로 적하보험과는 다소 다른 내용의 증권양식(Policy Form)이 적용되고, 여기에 준거법 지정의 내용이 없으므로 약관(ITC-Hulls)에 포함된 ① 내용의 제한 없는 영국 준거법 조항이 적용된다.

험계약에 적용된다. 우리 국제사법은 당사자의 자치를 인정하므로 ①의 경우 영국법이 보험계약에 적용된다. 모든 경우이므로, 책임이나 면책 등에 모두 영국법이 적용된다. 반면, ②③에 대하여 법원은 준거법의 부분지정 혹은 실체법적인 지정이라고 부른다. 책임과 관련하여서만 영국법이 지정되고 나머지 부분에 대하여는 정한 바가 없으므로, 국제사법에 따른다. 우리 대법원은 고지의무는 책임의 문제로 보았지만, 설명의무는 이와 달리 지정되지 않은 것으로 보았다. 국제사법상 가장 밀접한 관련이 있는 국가의 법이 적용된다. 통상 우리나라 피보험자와 보험자 사이의 계약은 한국이 가장 관련성이 있으므로 한국법이 적용된다.

판례소개 〉 1 대법원 2016.6.23. 선고 2015다5194 판결

국내 법인인 계약자 A는 터키로 수출하는 보일러 등의 화물에 대해 국내영업소를 두고 있는 외국계 보험자 B와 적하보험계약을 체결하였다. 해당 계약은 1963년의 ICC(WAIOP)[12]약관을 기본 적용하는 조건으로, 이 사건 보험계약에는 ① "본 보험증권에 따라 발생하는 책임에 관한 모든 문제는 영국의 법률과 관습이 적용된다(All questions of liability arising under this policy are to be governed by the laws and customs of England)."라는 내용의 준거법 약관과 ② 계약자가 보험자에게 부보화물의 갑판적재 사실을 고지하지 않은 경우 이 사건 보험계약의 담보범위는 '투하(投下, Jettison)와 갑판유실(甲板流失, Washing Overboard)' 이외의 일반 분손(分損)은 담보하지 않는 분손부담보[分損不擔保, Free from Particular Average (F.P.A.)]조건으로 축소된다는 내용의 '갑판적재(甲板積載) 약관'(On-Deck Clause)이 포함되어 있다.

이 사건에서 보험대리점이 적하보험을 인수할 때 갑판적재약관의 내용에 대해 설명을 하지 않았고, 화물은 갑판적되어 해상운송중 그 일부가 갑판에서 해상으로 떨어지는 사고가 발생하였다.

이후 보험자가 갑판적재약관의 담보위험인 갑판유실(Washing Overboard)에 해당되지 않음을 이유로 면책을 주장하자, 피보험자는 보험자측에서 갑판적재약관의 내용을 설명해 준 바가 없으니 약관규제법 제3조에 따라 갑판적재약관은 보험계약의 내용이 될 수 없다고 반박했다.

대법원은 아래와 같이 판시하였다.

---

12) ICC(WAIOP)조건은 ICC(WA) 세부조건의 일종으로 'With Average Irrespective Of Percentage' 즉, 일정한 해상고유의 위험을 손해의 규모와 상관없이 보상하는 조건이다. 참고로 ICC(WA3%) 조건은 사고금액이 보험가액의 3% 이하인 경우 보상되지 않는 소손해공제(franchise)가 적용되는 조건이다.

> (1) 국제사법 제25조는 제1항 본문 및 제2항에서, "계약은 당사자가 명시적 또는 묵시적으로 선택한 법에 의한다.", "당사자는 계약의 일부에 관하여도 준거법을 선택할 수 있다."라고 규정하고, 제26조 제1항에서 "당사자가 준거법을 선택하지 아니한 경우에 계약은 그 계약과 가장 밀접한 관련이 있는 국가의 법에 의한다."라고 규정하고 있다. 따라서 외국적 요소가 있는 계약에서 당사자가 계약의 일부에 관하여만 준거법을 선택한 경우에 그 해당 부분에 관하여는 당사자가 선택한 법이 준거법이 되지만, 준거법 선택이 없는 부분에 관하여는 계약과 가장 밀접한 관련이 있는 국가의 법이 준거법이 된다.
>
> (2) 이 사건 준거법 약관은 이 사건 보험계약 전부에 대한 준거법을 지정한 것이 아니라 보험자의 '책임'문제에 한정하여 영국의 법률과 관습에 따르기로 한 것이므로 보험자의 책임에 관한 것이 아닌 사항에 관하여는 이 사건 보험계약과 가장 밀접한 관련이 있는 우리나라의 법이 적용된다고 할 것인데, 약관의 설명의무에 관한 사항은 약관의 내용이 계약내용이 되는지 여부에 관한 문제로서 보험자의 책임에 관한 것이라고 볼 수 없으므로(대법원 2001.7.27. 선고 99다55533 판결 참조), 이에 관하여는 영국법이 아니라 우리나라의 약관규제법이 적용된다.

다만, 대법원은 결국 피보험자가 갑판적재약관의 내용을 알고 있었음이 인정된다면서 피보험자의 주장을 배척하였고 갑판적재약관을 그대로 적용한 뒤 보험자에게 보험금 지급의무가 없다는 원심 판결을 유지했다.[13)]

2. 재판관할

재판관할에 대하여 ICC에서는 특별한 규정을 두지 않고 있다. 재판관할은 원칙적으로 피고의 주소지를 관할하는 법원이 그대로 가지지만 합의로 재판관할을 저하는 것이 통상이다.

---

13) 이 판결에 대한 자세한 평석으로는 김인현, "2016년 중요해상판례소개", 한국해법학회지 제39권 제1호(2017), 240면이 있다.

Ⅳ. ICC 약관[14)]

1. 담보위험(제1조)

(1) ICC(A)

약관내용

1. 이 보험은 제4조, 제5조, 제6조 및 제7조에 규정한 비담보사항을 제외하고 보험목적물의 멸실이나 손상에 대한 모든 위험을 담보한다.

〈해설〉

(1) 의 의

이 보험은 모든 위험(all risks)을 담보하는 조건이다. ICC(A)에서 (B)(C)로 갈수록 담보범위는 좁아진다.

이와 같은 포괄위험 담보방식에서 보험금 청구시 피보험자는 손해의 범위 및 손해가 담보구간(기간)내 발생한 사실만 입증하면 되고, 보험자가 면책을 주장하기 위해서는 이에 대한 입증책임을 진다.

반대로 ICC(B), (C)나 선박보험의 경우와 같이 열거위험(Named Peril) 방식의 약관은 열거된 부보위험에 의한 손해임을 피보험자가 입증해야 한다.[15)]

(2) 내 용

보험목적물의 멸실이나 손상으로 인한 손해를 야기하는 모든 위험을 담보한다. 그러나 제4조에서 7조까지의 위험(예컨대, 피보험자의 고의 혹은 중과실로 인한 손해)으로 인한 손해는 보험자가 면책된다.

---

14) Institute Cargo Clauses (A),(B),(C) (1/1/82) CL.252,253,254 기준

15) "ITC－Hulls 조건의 선박보험에 적용되는 영국 해상보험법 및 관습에 의하면, 보험의 목적에 생신 손해가 그 부보위험인 해상고유의 위험으로 인하여 발생한 것이라는 점에 관한 입증책임은 피보험자가 부담한다고 할 것이고, 그 증명의 정도는 이른바 '증거의 우월(preponderance of evidence)'에 의한 증명으로 충분하다고 할 것이다." (대법원 2001.5.15. 선고 99다26221 판결)

(2) ICC(B), (C)

약관내용 ICC(B)

1. 이 보험은 제4조, 제5조, 제6조 및 제7조에서 규정한 비담보사항을 제외하고는 아래의 멸실이나 손상을 보상한다.
   1.1 아래 사항이 상당한 정도로 기여하게 된 보험목적물의 멸실 또는 손상
      1.1.1 화재 또는 폭발
      1.1.2 본선이나 해상운송기구의 좌초, 좌주, 침몰 또는 전복
      1.1.3 육상운송기구 전복 또는 탈선
      1.1.4 본선, 해상운송기구 혹은 운송기구가 물이외의 어떠한 외부물체와 충돌 또는 접촉
      1.1.5 피난항에서의 적하의 양륙
      1.1.6 지진, 화산의 분화, 낙뢰
   1.2 아래 사항으로 인한 보험목적물의 멸실 또는 손상
      1.2.1 공동해손희생
      1.2.2 투하
      1.2.3 본선, 해상운송기구, 선창, ~~운송용구~~, 컨테이너, 리프트밴 또는 저장창고에 해수, 호수 또는 하천수의 유입
   1.3 선박 또는 부선에 선적 또는 양하작업중 해수면으로 낙하하여 멸실되거나 추락하여 발생된 포장의 전손

〈해설〉

(1) 의 의

제1.1항의 담보위험은 상당인과관계("reasonably attributable to")를 요구한다. 반면 제1.2항의 담보위험은 단순한 인과관계("caused by")를 요구하는 점에서 다르고,[16] 이 경우 발생한 물적손실이나 비용손해가 담보위험에 근인(proximate cause)[17]하여 발생한 것인지 여부를 확인해야한다.[18]

---

16) 전자의 경우는 후자보다 인과관계가 완화되어 쉽게 보험금 지급을 받을 수 있다. 동지, 이재복, 134면.

17) 영국 해상보험법(MIA) 1906 제55조. "본 법의 제 규정에 저촉되지 않는 한 그리고 보험증권상에 별도의 합의사항이 없는 한, 보험자는 피보험위험에 근인(proximate cause)하여 발생하는 모든 손해에 대하여 보상책임을 진다. 그러나 상기한 조건에서 피보험위험에 근인하여 일

번호	담보위험 ICC(B)	ICC(C)
	〈상당인과관계요구〉	
1.1.1	화재 혹은 폭발	좌동
1.1.2	본선이나 해상운송기구의 좌초, 좌주, 침몰 또는 전복	좌동
1.1.3	육상운송기구의 전복 또는 탈선	좌동
1.1.4	본선이나 해상운송기구 또는 ~~운송용구~~의 외부물체와의 충돌이나 접촉	좌동
1.1.5	피난항에서의 적하의 양륙	좌동
1.1.6	**지진, 화산의 분화, 낙뢰**	**비담보**
	〈단순 인과관계요구〉	
1.2.1	공동해손희생손해	좌동
1.2.2	투하	좌동
1.2.2	**갑판유실**	**비담보**
1.2.3	**본선, 해상운송기구, 창선, ~~운송용구~~, 컨테이너, 리프트밴 또는 보관장소에 해수, 호수 또는 하천수의 유입**	**비담보**
	〈인관관계불요〉	
1.3	**본선이나 해상운송기구에서 하역작업중 낙하하거나 갑판에서 멸실된 매 포장의 전손**	**비담보**

(2) 화재 또는 폭발

화재로 인한 손해는 보험목적물의 연소나 그 재산의 근처에 있는 물건의 연소의 결과를 의미한다. 연소로 인한 손해, 화재의 결과로 생긴 손해, 연기손상, 가열손상, 금이 가거나 못쓰게 된 경우는 물론, 화재를 예방 혹은 방지하기 위하여 사용된 소방용 물로 인한 손상도 포함된다. 그러나, 그러한 손해가 상당한 인과관계가 있는 경우에만 보상한다. 폭발의 경우에도 동일하다.

화재는 우연한 사고 폭발, 낙뢰, 자연발화과 같이 피보험자와 무관하게 발생할 수도 있지만, 선원의 과실이나 악행, 피보험자의 고의적 불법행위로 인하여 발생할 수도 있다. 자연적 원인이나 선원의 과실은 보험자가 보험금을 지급해야 하는 손해이지만, 전쟁위험이나 기타 면책사유로 인한 경우에는 보험금을 지급하지 않는다. 피보험자의 고의적 불법행위로 인한

어나지 않는 어떠한 손해에 대해서도 보상책임을 지지 않는다.”

18) 선박보험의 경우 열거위험을 ‘caused by’로 통일하여 담보위험과 발생사고간 근인의 인과관계를 입증하여야 한다.

손해도 보험자는 면책되는 사항이다.

(3) 선박이나 해상운송기구의 좌초, 좌주, 침몰 또는 전복

S.G. Policy 서식에서 "해상고유의 위험"이 삭제됨으로써 중요한 위험들이 이 조항에 구체적으로 열거된 것이다.[19]

좌초는 딱딱한 물체에 선박이 얹혀서 움직이지 못하는 상태이지만, 좌주는 모래와 같이 단단하지 않은 물체에 선박이 얹힌 상태를 말한다. 침몰은 선박이 물속으로 들어가서 운항이 불가능한 상태이고, 전복은 선박이 180도로 넘어져서 물속으로 들어가는 것을 말한다.

이러한 사고가 선원들의 과실로 발생하게 되는데, 선원들의 고의이건 과실이건 무관하게 보험자는 보험금을 지급한다. 선박소유자가 불감항상태로 선박을 출항시킨 것이 문제가 되어도, 피보험자(송하인 혹은 수하인)가 이를 알지 못했던 한은 피보험자는 보험금을 지급받는다. 다만, 피보험자의 고의적 불법행위에는 보험자는 면책이 되지만, 그러한 경우는 생각하기 어렵다.

(4) 육상운송용구의 전복 또는 탈선

해상보험은 해상위험으로 인한 피보험자의 우연한 손해를 보상하는 보험이다. 해상운송에 부수하여 육상운송이 연결될 수 있는데, 이를 확장하는 의미가 있다. 해상운송에 부수하는 모든 손해가 아니라 육상운송용구가 전복 또는 탈선인 경우에만 보상이 되도록 하고 있다.

(5) 본선, 해상운송용구 또는 운송용구의 물이 아닌 모든 외부물체와의 충돌 혹은 접촉

충돌(Collision)은 좌초(Stranding), 침몰(Sinking), 화재(Burning)[20] 및 악천후와 함께 해상보험에서 전통적인 바다의 위험의 하나로 인정되어왔다. 그런데, 충돌은 상법상 선박과의 접촉을 의미하고, 부두에 선박이 접촉하는 것은 상법상 충돌의 범위에 속하지 아니한다.

외부물체와의 충돌 또는 접촉으로 인한 손해를 보상하기 때문에 (i) 본선이 다른 선박과 충돌하여 보험의 목적인 적하가 손해를 입은 경우 (ii)

---

19) S.G. Policy상의 담보위험은 해상고유의 위험(Perils of the seas: 좌초, 충돌, 침몰, 황천, 행방불명), 해상위험(Perils on the seas: 화재, 투하, 선원의 악행, 표도, 강도 등)을 기준으로 한다.

20) S.S.B.C.로 약칭

본선이 부두와 접촉하여 적하가 손해를 입은 경우가 포함된다. 이것이 선박보험의 선박충돌약관과 다르다.

화물과 화물이 부딪친 경우는 담보의 범위가 아니다.

(6) 피난항에서의 적하의 양륙

일반적으로 운송업자나 항만하역회사의 선적과 양륙작업 중의 화물취급 부주의로 인한 손해는 해상보험자가 부담하는 위험은 아니다. 그러나 피난항에서의 양육 중 화물에 손상이 발생한 경우 예외가 인정되고 있다.

면책규정에서 규정된 것을 제외하고 원인과 무관하게 양륙에 상당하게 기인한 적하의 멸실이나 손해를 보험자가 보상한다.

(7) 지진, 화산의 폭발 또는 낙뢰

S.G Policy 서식에서는 육상위험을 부담하지 않았기 때문에 지진이나 화산의 폭발은 해상보험계약에 담보위험이 아니었고, "해상고유의 위험"에도 포함되지 않았다. 신약관 ICC(B)에서는 이를 추가하고 있다.

선박보험에서는 이들이 1969년 ITC상의 인치마리약관에 추가되었고, 1983년 ITC에서도 제6조의 담보위험으로 남아있다.

(8) 공동해손 희생손해(general average sacrifice)

본선의 선장의 자의적인 행위로 인하여 적하가 투하되면 공동해손의 대상이 된다. 예를 들면 악천후를 만나서 원목을 바다에 투하하는 경우에 원목의 소유자가 이에 해당한다. 이렇게 입은 손해는 공동해손희생손해가 된다. 이 손해는 상법의 규정에 의하여 적하의 소유자가 공동의 항해를 구성하였던 자들에게 공동해손분담금을 청구할 수 있다. 본 항에서 담보가 되는 것은 적하의 소유자가 입은 손해전액을 말한다.

적하보험자는 피보험자인 적하의 소유자에게 손해에 대하여 보험금을 지급하고, 피보험자가 가지는 공동해손분담청구권을 대위하여 선박소유자, 다른 화주에게 분담금을 회수하게 된다.

이는 1.2에 열거된 담보위험으로서 1.1의 손해와 달리 단순한 인과관계만을 요구한다.

(9) 투하 또는 갑판유실

투하는 S.G Policy 서식의 열거위험중의 하나로서 해상보험의 초기부터 인정되는 위험 중의 하나이다. 투하(jettison)란 선박에 실린 적하를 선장이 의도적으로 바다에 버리는 것을 말한다. 파도의 작용으로 인하여 선박에 실린 적하가 떠내려 간 것은 투하가 아니다. 공동해손의 요건을 충족하는 투하도 있고, 그렇지 않은 투하도 있다.

갑판유실은 파도의 작용으로 갑판에 실려있던 적하가 바다로 실려 내려가는 것을 말한다.[21] 갑판상에 적하가 실린 경우 갑판하에 실린 것에 비하여 멸실될 위험이 대단히 높다. 그렇기 때문에 ICC(B)에서는 담보범위로 하지만, ICC(C)의 경우는 담보범위에서 제외하고 있다.[22] 이를 담보시키기 위하여는 특별히 보험료를 추가로 납부하여 담보를 받아야한다.[23]

1.2에 기술된 담보위험으로서 투하와 목적물의 손해 사이에 단순한 인과 관계만 있어도 족하다.

(10) 본선, 해상운송기구, 창선, 운송용구, 컨테이너, 리프트밴 또는 보관장소에 해수, 호수 또는 하천수의 유입

해수, 호수 또는 하천수가 선박 등에 유입되면 보상의 범위에 속하게 된다. ICC(B)에서만 담보되고 ICC(C)에서는 담보되지 않는다.

다만, ICC(B) 조건으로도 빗물(rain water)에 의한 손해는 담보되지 않는다.

(11) 본선이나 해상운송기구에서 하역작업 중 낙하하거나 갑판에서 멸실된 매 포장의 전손

선박에서 본선의 기구를 사용하여 적하를 선적하거나 양륙하는 경우 혹은 육상의 기구를 활용하여 적하를 선적하거나 양륙하는 경우 기구의 고장으로 적하가 바다에 떨어지거나 선박에 떨어져서 손상이 발생하게 된

21) 대법원은 "영국법의 적용을 받는 영국 적하약관에서 규정하고 있는 '갑판유실(washing overboard)'이란, 해수의 직접적인 작용으로 인하여 갑판 위에 적재된 화물이 휩쓸려 배 밖으로 유실되는 경우를 의미하는 제한적인 개념"으로, "악천후로 인한 배의 흔들림이나 기울어짐 등으로 인하여 갑판 위에 적재된 화물이 멸실되는 이른바 '갑판멸실(loss overboard)'"과 구분하였다. (대법원 2016.6.23. 선고 2015다5194 판결)

22) 이재복, 162면.

23) 적하보험은 통상 피보험화물이 선창내에 적재되는 것을 전제로 한다. 따라서 운송계약에 기초하여 선주 혹은 용선자의 재량권 행사에 따른 것인지 아닌지를 불문하고, 화물이 갑판에 적재되는 경우에는 ICC(B) 혹은 ICC(A)의 조건이라도 보험증권상 반드시 첨부되는 갑판적약관(On-deck clause)에 의해 보험개시 시점부터 ICC(C)+Washing over board 혹은 ICC(FPA)+Jettison, Washing over board 조건으로 변경된다. 그러나 밀폐된 컨테이너(일반 dry container 및 냉동 container) 화물에는 이를 적용하지 않는다.

다. 이러한 경우 적하보험자는 보험금을 지급하게 된다. 다만 포장당 전손의 경우에만 적용된다.

ICC(B)에서는 담보되지만 ICC(C)에서는 담보되지 않는다.[24] 보험금을 지급한 보험자는 이를 과실이 있는 운송인이나 하역회사에게 구상청구를 할 수 있다.

ICC(B)나 (C) 약관에 의하면 황천을 만나 선박이 요동을 쳐서 적하에 손상이 발생한 손해는 보상이 되지 않는다. ICC(A)는 면책사유에 기한 것을 제외한 모든 것이기 때문에 보상이 된다.

2. 공동해손조항(제2조)

약관내용

2. 이 보험은 제4조, 제5조, 제6조와 제7조 또는 기타 조항에서 면책되는 것을 제외하고 어떠한 원인이든 그 원인에 의한 손해를 피하기 위하여 또는 그 손해의 회피와 관련 지출된 것으로써 해상운송계약이나 준거법과 관습에 따라 정산되거나 결정된 공동해손과 구조비용을 부담한다.

〈해설〉

(1) 의 의

적하가 운송중 공동해손에 해당하게 되면 선박소유자 혹은 화주는 상법 혹은 약정에 의하여 공동해손을 피한 자들에게 대하여 공동해손분담청구권을 가지게 된다.

예를 들면 선박소유자의 선박의 기관이 바다에서 고장난 경우에 이를 끌고 오기 위하여 예인선을 부른 경우 선장은 이를 공동해손으로 선포할 수 있다. 선박소유자가 지출한 비용을 적하의 소유자들에게도 청구할 수 있게 된다.

이렇게 하여 적하의 소유자가 부담하게 된 공동해손분담금을 이 적하보험에서 지급하겠다는 취지이다.[25]

24) 이재복, 182면.
25) 이재복, 228면.

(2) 내 용

공동해손의 정산은 요크－앤트위프 규칙(YAR)[26]에 의한다. 구조의 경우에도 동일하다. 2021. 3. 24. 발생한 수에즈운하에서 Ever Given호 사고에서 좌초된 선박을 구하기 위하여 선박소유자가 예인선을 사용하면 공동해손을 선포하여 비용의 일부를 화주로부터 회수할 수 있다.

만약 한국법이 준거법이면 이러한 약정이 없어도 한국 상법 제694조 및 제694조의2에 따라서 보험자는 공동해손분담액 혹은 구조료를 보상할 책임이 있다. 적하보험자가 공동해손분담금 지급 의무자가 되면 손해를 보상하여야 하므로, 이를 본 보험에서 지급하게 된다.

3. 쌍방충돌약관(제3조)

약관내용

3. 이 보험은 손해보상범위를 확장하여 해상운송계약서의 "쌍방과실충돌"조항에 의한 책임액 중에서 이 보험에 의하여 피보험자가 보상받을 수 있는 손해부분을 그에게 보상한다. 상기 조항에 의한 선박소유자의 청구가 있는 경우 피보험자는 그 취지를 보험자에게 통지하기로 합의한다. 보험자는 자신의 비용으로 선박소유자의 청구에 대하여 피보험자를 방어할 권리를 가진다.

〈해설〉

(1) 의 의

선박충돌로 인하여 선박에 적재된 화주가 손해를 입게 되면 당연히 보상이 되어야 한다. 운송계약상 피해를 입은 피보험자를 보호하기 위한 규정이다.

(2) 내 용

갑과 을 두 선박이 있고, 갑 선박이 하주 병이 100의 손해를 입었다고

26) York－Antwerp Rules(YAR). 해상운송의 특수성 및 국제성에 따라 공동해손 발생시 다양한 나라의 이해관계자가 연관되면서 공동해손의 기준이나 정산방법에 관한 국제적 통일 규칙이 필요하다. 이와 관련한 수차례의 국제회의를 거쳐 1974년의 YAR 규칙이 가장 보편적으로 적용되어 대부분의 B/L, C/P, 혹은 보험증권의 공동해손약관에 '공동해손처리는 YAR 1974에 따른다'라는 문구가 포함되어 있다.(ITC－Hulls(1983) 11.3조) 이후 1990년과 1994년의 일부개정을 거쳐 2016년 CMI회의에서 'YAR 2016'이 채택되었다.

하면, 과실비율이 50%라면 병은 연대책임제도하에서는 100을 모두 을에게 청구할 수 있다. 그러면, 을은 50%를 갑에게 구상하게 된다. 갑 운송인은 병 화주에게는 항해과실면책으로 전혀 책임을 부담하지 않아야 함에도 책임을 부담하는 결과가 된다. 이러한 경우 갑은 운송계약서 등에 병으로부터 간접적으로 지급한 50%의 손해액을 되돌려 받기 위하여 쌍방충돌과실약관을 특약으로 삽입하고 있다. 병 화주가 이러한 손해를 입게 될 때 적하보험자가 보험금을 지급한다는 내용이다.[27]

4. 일반면책조항(제4조)

약관내용

4. 어느 경우에도 이 보험은 다음과 같은 손해는 보상되지 않는다.
   - 4.1 피보험자의 고의적인 불법행위에 기인하는 멸실, 손상 또는 비용보험
   - 4.2 보험의 목적물의 통상의 누손, 중량이나 용량의 통상의 손상, 또는 통상의 자연소모
   - 4.3 보험의 목적의 포장이나 준비의 불충분 또는 부적합으로 인하여 발생한 멸실, 손상 또는 비용(본 제4조 제3항에서의 포장은 컨테이너 또는 리프트밴에의 화물의 적부를 포함하는 것으로 간주한다. 다만, 그러한 적부가 이 보험의 개시전에 행하여진 경우 또는 피보험자나 그 사용인에 의하여 행하여진 경우에 한한다).
   - 4.4 보험의 목적물의 고유의 하자 혹은 성질로 인한 멸실, 손상 또는 비용
   - 4.5 지연이 담보위험으로 인하여 발생한 경우에도 지연에 근인하여 발생한 멸실, 손상 또는 비용(상기 제2조에 의하여 지불되는 비용은 제외함)
   - 4.6 선박의 소유자, 관리인, 용선자 또는 운항자의 도산이나 금전상의 채무불이행으로 인하여 발생한 멸실, 손상 또는 비용
   - 4.7 사람의 악행에 의한 보험목적물 또는 그 일부에 대한 의도적인 손상이나 의도적인 파괴(*cf.* ICC (A)에는 해당없음)
   - 4.8 원자핵분열 및 또는 원자핵융합, 또는 기타 유사한 반응, 또는 방사능이나 방사성물질을 이용한 일체의 무기사용으로 인한 멸실, 손상 또는 비용(*cf.* ICC (A)의 제4조 제7항)

27) 동지, 이재복, 251면.

〈해설〉

(1) 의 의

보험자의 일반면책사항을 말한다. 실무적으로 대부분의 국내 적하보험 계약이 기본적으로 약관상 정한 면책항목을 제외한 모든 위험을 보상하는 포괄담보방식(All Risks)의 ICC(A) 혹은 ICC(All Risks) 조건하에 체결되고 있다.[28)]

(2) 내 용

피보험자의 고의적 불법행위에 기인한 보험사고로 인한 손해는 보험자가 면책된다(4.1).[29)] 4.2조항은 거래에 따르는 통상적인 손실(trading loss)에 대한 내용이다. 예를 들면, 유류의 자연증발에 따른 체적 감소, 곡물의 습도변화에 따른 중량 손실 등을 들 수 있다.[30)] 4.4조항의 화물 고유의 하자(inherent vice)와 관련하여 영국법원의 판례는 다음과 같이 정의한다. “운송 화물이 그 화물의 자연적 작용에 따른 결과로서 악화될 위험을 말하며, 이는 계획된 항해의 통상적 항로에서 우연한 외부의 사고나 손상이 없음을 전제로 한다.”[31)] 영국해상보험법 제55조 제2항 c호와 우리 상법 제678조도 통상의 자연소모나 보험목적의 고유한 하자에 대하여는 보험자가 면책된다고 한다.

4.6에서는 선박운항자의 도산이나 금전상의 채무불이행으로 인한 손해도 면책사유로 정하고 있다.[32)] 2009년 개정약관에서는 보험계약자가 선적시점에 선주 등의 도산이나 채무불이행 사실을 알았거나 혹은 통상의 사업과정에서 인지했어야 보험자가 면책되는 것으로 했다.

---

28) 보험료 기준으로 95%, 계약 건수 기준으로 87% (2016년 10월 ~ 2017년 9월, 삼성화재 실적 기준)

29) 영국 해상보험법 제55조 제2항(a)호와 동일하다. 고의적 불법행위는 우리 상법 제659조 제1항의 중과실 보다 높은 요건으로 보아 피보험자의 중과실이 고의성이 없는 한 보험자는 면책되지 않는다는 학설이 있다. 이재복, 274면.

30) 유류의 경우 산적(bulk)화물은 기본적으로 ICC(C) 혹은 ICC(B)로 인수하되, 부족손(shortage) 위험은 인수하지 않으나, 손해액이 가입금액의 0.5%를 초과하는 수준부터 특별약관을 첨부하여 인수할 수 있다. (보험개발원, 적하보험 표준요율서, 207 유류(oil) 적용특칙 및 부가요율)

31) “the risk of deterioration of the goods shipped as a result of their natural behaviour in the ordinary course of the contemplated voyage without the intervention of a fortuitous external accident or casualty.”(Soya GmbH Mainz Kommanditgegellschaft v White [1983] 1 Lloyd's Rep. 122)

32) 자세한 내용은 이재복, 291면이 있다.

5. 불감항 · 부적합 면책조항(제5조)

약관내용

5.1. 어떠한 경우에도 다음 사유로 인한 멸실, 손상 또는 비용을 본 보험은 담보하지 않는다.

본선 또는 부선의 불감항

보험 목적물의 안전한 운송을 위한 본선, 부선, 운송용구, 컨테이너 또는 리프트밴의 부적합

다만, 피보험자나 그 피용자가 보험의 목적물을 적재할 시 그러한 불감항이나 부적합을 알고 있었을 경우에 한한다.

5.2 보험자는 선박의 감항성에 대한 묵시적 담보 및 보험목적물을 목적지까지 운송하기 위하여 선박이 적합하여야 한다는 묵시적 담보의 위반에 대한 자신의 권리를 포기한다. 다만, 피보험자나 그 피용자가 그러한 불감항이나 부적합을 알지 못한 경우에 한한다.

〈해설〉

(1) 의 의

보험의 목적인 적하를 실어나르는 선박이나 운송용기가 그 적하를 실어나를 정도가 안 되면 불감항상태가 되고 해상운송에서는 운송인이 손해배상을 화주에게 해야 한다(상법 제794조). 적하보험에서도 감항성의 유지는 안전한 운송을 위하여 중요하다. 피보험자가 선박이나 운송용기를 점유·관리하는 것은 아니므로 그가 불감항 사실을 안 경우에만 보험자가 면책되도록 했다.

(2) 내 용

화물이 적재된 선박이 불감항이었던 경우에 보험자는 면책이 된다. 그렇지만, 적하소유자는 적재된 선박의 상태를 잘 모르는 것이 일반적이므로 적재시 불감항을 안 경우에만 면책되도록 정하고 있다.

해상운송에서 운송인은 감항성에 대한 묵시적 담보의무를 부담하는데, 적하 보험에서는 피보험자인 화주에게 이를 부담시키기는 무리이므로, 보험자가 이를 적용하지 않는다고 본 조에서 약정한다.[33]

---

33) 이재복, 313면.

6. 전쟁면책조항(제6조)

약관내용

6. 어느 경우에도 다음 사실로 인한 멸실, 손상 또는 비용을 이 보험은 보상하지 아니한다.
   - 6.1 전쟁, 내란, 혁명, 모반, 반란 또는 이로 인하여 발생한 국내투쟁, 또는 교전세력에 의한 또는 교전세력에 대한 일체의 적대행위
   - 6.2 포획, 나포, 강유, 억지 또는 억류(해적행위를 제외함) 및 그러한 행위의 결과나 그러한 행위의 기도
   - 6.3 버려진 기뢰, 어뢰, 폭탄 또는 기타의 버려진 전쟁무기

〈해설〉

(1) 의 의

전쟁 위험은 위험의 특성상 발생 가능성은 낮지만 한번 발생하면 손해의 규모가 예상할 수 없을 정도로 매우 크다. 따라서 통상의 적하보험에서는 면책위험에 포함된다.

(2) 내 용

구 증권양식(SG Policy Form)에서는 포획나포 부담보약관(FC&S, Free of Capture & Seizure clause)으로 전쟁 및 이와 유사한 적대행위, 포획, 나포, 억류 등에 결과한 멸실, 손상, 비용을 보상하지 않는다. ICC에서도 유사한 내용으로 본 조의 전쟁위험 면책조항을 구성하였으나 해적행위(piracy)가 면책위험에서 제외되어 이로 인한 손해가 보상된다.[34] 별도의 전쟁보험약관으로 ICC(A)상 면책위험이 모두 보상되나, 피보험자의 악행, 통상의 누손 · 마모손, 지연, 선주의 지급불이행, 보험계약자가 인지한 선박의 불감항, 운송용구나 컨테이너의 부적합 등 별도의 면책위험을 규정하고 있다.[35]

---

34) 1963년 ICC(All Risks)약관에서는 해적행위가 면책위험에 포함되었으나 1982년 ICC(A)에서는 면책에서 제외되었다. 이로써 담보범위가 확장된 것이다.

35) Institute Cargo War Clauses (1/1/2009) cl.3~4 Exclusions

7. 동맹파업면책조항(제7조)

약관내용

7. 어느 경우에도 다음 사항의 멸실이나 손상 또는 비용을 본 보험은 담보하지 않는다.
   7.1 동맹업자, 직장폐쇄노동자, 또는 노동쟁의나 폭동 또는 민간소요에 가담한 자에 기인한 손해
   7.2 스트라이크, 직장폐쇄, 노동쟁의, 폭동 또는 민간 소요의 결과로 발생한 손해
   7.3 테러리스트 또는 정치적 동기에 의해 행동하는 사람에 기인한 손해

〈해설〉

(1) 의 의

동맹파업 등에 의한 손해도 면책된다.

(2) 내 용

동맹파업 손해에 '테러'에 따른 손해가 포함된다. 전쟁위험과 마찬가지로 별도의 동맹파업 약관(Institute Cargo Strike Clauses (1/1/2009))으로 ICC(A)의 면책조항에 명기된 위험을 담보할 수 있다.

8. 운송조항(제8조)

약관내용

8.1 이 보험은 적하가 운송을 위하여 본 보험증권에 기재된 장소의 창고나 보관소를 떠날 때 개시되고 통상의 운송과정 중 계속된다.
   8.1.1 이 증권에 기재된 목적지의 수하인에게 또는 기타 최종창고나 보관장소에 인도될 때
   8.1.2 이 증권에 기재된 목적지 이전이든 또는 목적지이든 불문하고 피보험자가 다음의 목적을 위하여 사용하기로 선택한 기타의 창고나 보관소에 인도될 때
   8.1.2.1 통상의 운송과정이 아닌 보관 또는
   8.1.2.2 할당 혹은 분배
   8.1.3 최종양륙항에서 외항선으로부터 보험목적인 적하가 양육 완료후

60일이 경과한 때

이 중 어느 것이든 먼저 발생한 때에 종료한다.

8.2 최종 양륙항에서 외항선으로부터의 양륙 후, 그러나 본 보험 종료이전에 적하가 이 증권에 의해 부보된 목적지 이외의 장소로 계반되는 경우 본 보험은 계속해서 상기 종료규정의 적용을 받지만 그와 같은 다른 목적지로 운송이 개시될 때에는 종료한다.

8.3 본 보험은 피보험자가 통제권을 넘어서는 지연, 이로, 강요된 양륙, 재선적 혹은 환적 동안, 그리고 운송계약하에서 선박소유자 혹은 용선자에 허용된 자유재량권의 행사로 인하여 발생하는 항해의 변경동안은 (상기 종료규정과 하기 제9조의 규정은 제외하고) 계속해서 유효하다.

〈해설〉

(1) 의 의

보험자의 보험책임기간에 대하여 정한다. 창고 등 보관장소에서 떠날 때 개시되고, 통상의 운송과정 중에 계속되며, 8.1.에서 말하는 세곳 중에서 한 시점에서 종료된다. ① 수하인에게 혹은 최종창고나 보관장소에 인도된 때, ② 피보험자가 통상의 운송과정이 아닌 보관의 목적 혹은 화물의 할당·분배의 목적으로 선택한 장소나 보관장소에 인도된 때, ③ 최종양륙항에서 양하완료후 60일이 경과한 때 중 어느 것이던 먼저 발생한 시점

(2) 내 용

헤이그-비스비 규칙을 적용하는 경우 운송인의 책임범위는 선적에서 시작하여 양륙으로 종료된다. 그러므로, 본 적하보험약관의 경우 선적보다 전 단계인 보관장소에서 떠날 때부터 시작되므로 본 범위가 그보다 넓다.[36] 우리 상법 제795조 운송인의 책임범위와 유사하다. 그러나 상법 적하보험의 적용범위는 본 약관보다 좁다.[37] 개정된 2009년 ICC 약관에

36) 소위 'from tackle to tackle'(운송물의 선적부터 양륙까지)의 운송인의 책임구간이 된다. (헤이그-비스비규칙 제2조)

37) 상법 제699조 ② 적하를 보험에 붙인 경우에는 보험기간은 하물의 선적에 착수한 때에 개시한다. 그러나 출하지를 정하지 않은 경우에는 그 곳에서 운송에 착수한 때에 개시한다.
상법 제700조. (제699조 제2항의 경우에는) 양륙항 또는 도착지에서 하물을 인도한 때 종료한다. 그러나 불가항력으로 인하지 아니하고 양륙이 지연된 때에는 그 양륙이 보통 종료될 때에

서는 운송조항의 일부개정으로 1982년 약관보다 보험구간이 다소 확장되었다.[38)]

실무적으로 '통상의 운송과정'(ordinary course of transit)에 대한 해석이 가장 문제가 된다.[39)] 운송과정 중에 보관이나 지연이 발생하더라도 보험계약자의 의도가 개입되지 않은 불가피하거나 임시적인 상황인 경우 통상의 운송과정으로 인정될 수 있다. 예를 들면, 통관 검사나 수출입서류 수령을 위한 항만에서의 대기는 통상의 운송과정으로 인정되나, 보험계약자의 서류 누락으로 인한 지연이나 보관비용절감을 위한 면세창고 활용 등의 사례는 통상의 운송과정 밖에 있는 것으로 여겨진다. 보험자의 담보지속에 대한 동의가 없으면 통상의 운송과정을 벗어난 시점에서 담보가 종료된다. 이와 관련하여 피보험자가 반송을 결정하고 운송인에게 의사를 전달하였지만 실제로 운송과정에서 이탈하지 않은 경우도 '통상의 운송과정'을 벗어났다고 판시한 우리 법원의 판결이 있다.

판례소개 > 2 대법원 2003.6.13. 선고 2001다42660 판결

원고는 인도네시아 수입상과 화물수출계약을 체결하였다. 피고는 원고와의 사이에서 협회적하보험약관에 따른 적하보험계약을 체결하였다. 화물이 인도네시아 야적장에 장치중 은행과의 신용장대금지급거절문제가 발생하여 원고는 화물의 반송을 결정하고 운송인에게 의사를 전달하였다. 보세창고에서 반송 대기중 수입상이 화물을 무단반출하자 원고는 적하보험금을 청구하였다. 피고는 원고의 보험금 청구에 대해 이 사고화물의 무단반출시 이미 보험계약이 종료되었음을 이유로 보험금지급을 거절하였다.

대법원은 아래와 같이 판시하였다.

약관 제8.1조에서 보험이 통상의 운송과정중에 계속된다는 부분의 해석상 제8.1.1조 내지 8.1.3조에서 정하는 보험종료사유가 발생하기 이전이라도 통상의 운송과정을 벗어나는 경우에는 이로써 보험이 종료하고, 피보험자가 운송을 중단하고 화물을 반송하기로 결정한 경우에는 그러한 의도적인 운송중단에 의하여 통상

종료된 것으로 한다.

38) 보험자의 책임개시시점이 화물이 "창고를 떠날(leave the warehouse)때"에서 창고에서 보험의 목적이 "맨 처음 이동할(first moved) 때"로 개정되고, "인도될 때(on delivery)"가 아닌 "양하 완료시(on completion of unloading)" 책임이 종료하는 것으로 확장되어 선적이나 양하 작업 도중의 추락 등의 위험이 추가로 담보되었다.

39) 자세한 내용은 이재복, 354면 이하가 있다.

의 운송과정에서 벗어난 것이어서 결국 보험이 종료한다.[40]

9. 운송계약의 종료(제9조)

약관내용

9. 피보험자가 좌우할 수 없는 사정에 의하여 운송계약이 그 계약서에 기재된 목적지 이외의 항구 또는 지역에서 종료되거나 또는 위 제8조에서 규정된 화물의 인도 이전에 운송이 종료되었을 경우 본 보험도 또한 같이 종료된다. 다만, 보험자에게 지체없이 통보하고 위험부담의 계속을 요청하는 경우, 보험자로부터 청구가 있으면 추가보험료 납부를 조건으로 다음의 종기까지 보험계약은 유효하게 존속한다.
   9.1 적하가 상기 항구나 지역에서 매각된 후 인도되거나 또는 별도의 합의가 없는 한 그러한 항구나 지역에서 피보험목적인 적하가 도착후 60일이 경과되거나 그 중 어느 한쪽이 먼저 발생한 경우까지, 또는
   9.2 적하가 위 60일(또는 합의된 연장기간)의 기간내에 보험증권에 기재된 목적지나 기타 목적지에 계반될 경우는 제8조의 규정에 따라 종료될 때까지

〈해설〉

(1) 의 의

적하보험에서 보험자의 책임기간은 운송에 연동되어 있다. 약정된 책임기간보다 일찍 운송이 종료되면, 본 약관상 책임기간은 아직 남았을지라도 보험계약상 책임도 동반하여 종료되도록 해야 한다.

(2) 내 용

본 약관은 피보험자인 화주의 통제권 밖에서 선박이 해난사고 등으로 인해 항해가 중단되고 운송계약이 종료되는 경우, 보험자에 대한 즉시 통보 및 추가보험료를 조건으로 일정기간 적하보험담보를 지속시켜 주기 위한 목적이다.

추가 보험료를 납부하여 연장되는 보험의 책임기간은 운송 종료시에 개시되고 9.1, 9.2에 따라 종료된다.

---

40) 자세한 평석은 김인현, 해상법연구Ⅱ, 693면 이하가 있다.

10. 항해변경조항(제10조)

약관내용

10. 항해의 변경

본 보험이 개시된 후 피보험자에 의하여 목적지가 변경되는 경우 보험자에게 지체없이 통지하여 합의된 보험료와 보험조건하에서 보험계약은 계속 효력을 가진다.

〈해설〉

(1) 의 의

적하보험계약에서 적하의 목적지의 변경은 중요한 위험변동 사항이다. 보험자는 그 이후의 보험사고에 대하여 면책으로 약정할 수도 있지만, 본 약관에서 달리 정하고 있다.

(2) 내 용

항해의 개시후에 목적항이 변경되는 것을 '항해의 변경'이라고 한다(1906년 영국 해상보험법 45조). 우리 상법에서는 항해변경의 효과를 정하고 있는데, 보험자의 책임이 개시된 후에 보험계약에서 정하여진 도착항이 변경된 경우에는 보험자는 그 항해의 변경이 결정된 때부터 책임을 지지 아니한다(제701조 제2항). 본 조항에서는 이 항해의 변경이 보험계약자(혹은 피보험자)의 의도에 의한 것인 경우 항해의 변경전에 보험자에게 통지하고 보험자가 추가보험료를 요구하면 이를 지급하여야 유효하게 보험계약이 존속됨을 정하고 있다.

11. 피보험이익조항(제11조)

약관내용

11.1 본 보험에 의하여 피보험자가 보상받기 위하여는 그는 손해발생시 보험의 목적물에 대하여 반드시 피보험이익을 가져야한다.

11.2 상기 제1항에 따라 보험계약이 체결되기 전에 손해가 이미 발생한 경우에도, 피보험자가 손해발생사실을 알고 있었고 보험자는 알지 못한 경우를 제외하고, 피보험자는 본 보험에 의해 부보되는 기간 중에 발생한 피보험손해에 대하여 보상을 받을 자격이 있다.

〈해설〉

(1) 의 의

피보험자는 보험계약체결 시에 반드시 보험의 목적에 대하여 이해관계를 가질 필요는 없으나, 보험사고발생시에는 피보험이익을 갖지 않으면 안 된다.[41] 따라서 보험계약체결 시에는 피보험이익이 없다고 하더라도 적어도 손해발생시에 이를 취득할 수 있으면 그러한 손해에 대하여 보험자로부터 보상받을 수 있게 된다.[42] 그런데, 보험계약이 체결되기 전 이미 손해가 발생한 경우에는 어떻게 할지가 문제된다.

(2) 내 용

손해발생시 피보험자가 보험의 목적인 적하에 대하여 피보험이익을 가지지 않으면 보험금을 수령할 수 없다. 보험계약체결 전에 이미 손해가 발생하였다면, 보험계약이 성립할 수 없고 피보험자에게 피보험 이익도 없지만 그가 바다를 항해하는 해상운송의 특성상 그 사실을 몰랐을 수도 있으므로 보상하도록 정했다(제11조 제2항).[43]

12. 계반비용조항(제12조)

약관내용

12. 본 보험에서 담보되는 위험의 결과로 보험의 목적물이 담보되는 목적지 이외의 항구나 지역에서 피보험운송이 종료될 경우 보험자는 보험목적물의 양육, 보관 및 이 보험에 의해 담보되는 목적지까지의 계반을 위하여 적절하고 합리적으로 지출한 일체의 추가비용을 피보험자에게 보상한다.

공동해손이나 구조비용의 대상이 아닌 제12조는, 제4조, 제5조, 6조 및 제7조에 규정된 면책규정의 적용은 받는다. 그러나, 피보험자나 그 피용

41) 심재두, 32면.

42) 1906년 영국 해상보험법 제6조 (피보험 이익이 존재하여야할 시기)
(1) 피보험자는 보험계약을 체결할 때에 보험의 목적에 대하여 이해관계가 있을 필요는 없지만, 손해가 발생한 때에는 이해관계를 갖지 않으면 안 된다. 단, 보험의 목적이 '멸실 여부를 불문함'이란 조건으로 보험에 가입되는 경우에는, 피보험자는 손해발생 후까지 피보험이익을 취득하지 않아도 손해를 보험자로부터 회수할 수 있다. 그러나 보험계약을 체결할 때 피보험자가 손해발생의 사실을 알고 보험자가 몰랐을 경우에는 그러하지 아니하다.

43) 소급보험에 관한 조항(lost or not lost)이다. 이재복, 381면.

자의 과실, 태만, 지급불능 또는 금전상의 채무불이행으로 발생하는 비용은 담보되는 비용에 포함되지 않는다.

〈해설〉

(1) 의 의

선박의 좌초사고와 같이 담보위험으로 인한 사고로 적하가 원래의 담보 범위내의 목적지가 아닌 다른 항구에서 운송이 종료되면 원래 목적지로 이동되어야 한다. 이 때 추가 비용을 계반비용이라고 하고 보험자는 보상한다.[44]

본 조항은 한진해운사태에서 존재가치가 높이 인정된 것이다. 한진해운이 회생절차신청을 개시하자 선박이 항구(A)에 입항하지 못하게 되었다. 선박은 이웃의 항구(B)에 입항하게 되었다. 그러면 B항구에서 A항구로 운송물이 이동되어야한다. 만약 회생절차신청이 적하보험에서 담보되는 위험이라면 이 때 발생되는 계반비용(Forwarding charge)은 본 보험에서 담보하겠다는 취지가 본 조항의 내용이다.

(2) 내 용

담보되는 위험으로 인한 보험사고에 기인하여 보험의 목적이 담보되지 않는 항구나 지역에서 운송이 종료된 경우 적하는 원래 예정된 항구로 이동되어야 한다. 이 때 합리적으로 지출한 양륙비, 보관비 등 일체의 추가 비용은 계반비용으로써 보험자가 보상한다. 다만, 제4조, 제5조, 제6조 및 제7조의 면책 사유에 기인하지 않아야 한다. 계반비용은 공동해손이나 구조비용으로 처리되는 것이 아님을 명기했다.

그러면, 회생절차가 본 보험에서 담보되는 위험인지가 문제된다.

1982년 ICC(A)(B)(C) 약관의 제4조 일반면책조항 제6항에서는 본선의 소유자, 관리자, 용선자 또는 운항자의 지불불능 또는 금전상의 채무불이행으로부터 생긴 멸실, 손상 또는 비용에 대하여 보험자의 책임이 없음을 명기하고 있다.[45] 본 조항에서도 기본적으로 '담보되는 위험'이 아니므로

44) 자세한 내용은 이재복, 383면 이하가 있다.

45) 2009년 ICC(A) 약관에서도 운송인의 지급불능 및 채무불이행에 따른 멸실・손상의 면책조항이 있으나, 피보험자가 화물의 선적전에 통상의 사업과정에 그러한 채무불이행으로 목적항해의 정상적 수행에 문제가 있을 수 있다는 사실을 인지하거나 인지했어야 한다는 단서조건이 있다.

결과적인 계반비용을 보상하기 어렵다. 추가로 단서항목에 피보험자나 피용자의 지급불능 혹은 금전상 채무불이행으로 발생하는 비용은 계반비용으로 담보되지 않는다고 언급하고 있기 때문이다.

그러나 1963년 ICC(All Risks) 약관의 일반면책조항에는 그러한 내용이 없으므로 결과적으로 회생절차로 인한 피보험 목적물의 멸실, 손상 혹은 이에 따른 비용이 발생하는 경우에 보상받을 수 있는 것으로 해석된다. 따라서 보험약관의 종류에 따라 회생절차에 따른 목적물의 멸실·손상과 이와 관련한 비용손해인 계반비용의 보상 여부가 결정된다고 할 수 있다.

충돌사고로 인하여 적하가 다른 항구에 버려진 경우 원래 목적지로 이동되는 과정에서 발생하는 비용은 본 제12조의 계반비용으로 보상이 가능하다.

13. 추정전손조항(제13조)

약관내용

13. 보험의 목적물의 현실전손이 불가피한 것으로 보이거나 혹은 보험의 목적물을 회복하여 수선하고 부보된 목적지까지 계반하는 비용의 합이 도착지의 보험목적의 가액을 초과할 것이라는 이유로 보험의 목적물이 정당하게 위부된 경우에만 추정전손으로 인한 보험금청구가 가능하다.

〈해설〉

(1) 의 의

적하가 실제적으로 전손은 아닐지라도 큰 손상을 입은 경우에 항해를 계속하여 목적지까지 운송할 필요가 없는 경우도 있다. 이러한 경우는 보험자에게 적하를 위부하고 추정전손규정을 이용하여 보험금을 수령할 수 있도록 하는 취지이다.[46]

(2) 내 용

적하에 대하여 추정전손이 성립되면 전손보험금청구가 가능하다. (i) 현실전손이 불가피하거나 (ii) 수선비와 계반 비용의 합이 보험목적의 가액을 초과할 것으로 예상되고 추가로 정당하게 보험목적이 위부된 경우에

46) 이재복, 389면.

추정전손이 성립한다.

영국 해상보험법이나 우리나라 상법에도 추정전손에 대한 규정을 가지고 있다. 그렇기 때문에 제13조가 보험약관에 없어도 준거법이 영국법이거나 한국법인 경우에는 피보험자는 추정전손의 요건을 구비하면 전손보험금을 청구할 수 있다. 청구를 위하여는 위부의 요건[47]을 가져야 한다.

14. 증액 조항(제14조)

약관내용

14.1 이 보험의 피보험화물에 대하여 피보험자가 증액보험을 체결한 경우, 화물의 협정보험가액은 원래 보험금액과 손해를 담보하는 모든 증액보험하의 합계액까지 증액된 것으로 간주한다. 그리고 이 보험에 의한 보상책임은 그러한 보험금액의 합계액에 대한 이 보험의 보험금액의 비율에 따른다. 보험금을 청구할 때 피보험자는 다른 모든 보험의 보험금액에 관한 증거서류를 보험자에게 청구하여야 한다.

14.2 이 보험이 증액보험인 경우 다음 조항이 적용된다:
화물의 협정보험가액은 원래 보험과 그 화물에 대한 피보험자에 의해 체결되어 손해를 부담하는 모든 증액보험하의 보험금액의 합계액과 같은 금액으로 간주한다. 그리고 이 보험에 의한 보상책임은 그러한 보험금액의 합계액에 대한 이 보험의 보험금액의 비율에 따른다. 보험금을 청구할 때 피보험자는 다른 모든 보험의 보험금액에 대한 증거를 보험자에게 제공하여야 한다.

〈해설〉

(1) 의 의

적하보험은 통상 사전에 합의한 협정가액으로 보험가입하나 화물의 종류, 시기, 지역 등에 따라 선적지와 하역지의 시장가액의 차이가 커서 보

47) 상법 제710조(위부의 원인) 다음의 경우에는 피보험자는 보험의 목적을 보험자에게 위부하고 보험금액의 전부를 청구할 수 있다. ① 피보험자가 보험사고로 인하여 자기의 선박 또는 적하의 점유를 상실하여 이를 회복할 가능성이 없거나 회복하기 위한 비용이 회복하였을 때의 가액을 초과하리라고 예상될 경우 ② 선박이..(이하 생략) ③ 적하가 보험사고로 인하여 심하게 훼손되어서 이를 수선하기 위한 비용과 그 적하를 목적지까지 운송하기 위한 비용과의 합계액이 도착하는 때의 적하의 가액을 초과하리라고 예상될 경우

험가액을 미리 정하기 어렵거나, 사고시에도 교역에 따른 이윤까지 모두 보장받으려는 목적으로 기본보험(underlying policy)에 추가로 증액보험(increased value policy)을 가입할 수 있다. 증액보험은 (현실, 추정, 합의) 전손 담보의 조건으로 제한될 수 있다.

(2) 내 용

제14조 제1항은 기본보험에 관한 내용이고 제2항은 증액보험에 관한 내용이다. 두 보험증권은 제14조 약관에 따라 보험가액 측면에서 마치 동일한 하나의 보험증권의 일부인 것 처럼 기능한다.

예를 들면, 기본보험의 보험가액이 $10만불이고 증액보험이 $1만불인 경우, 보험금 지급후 기본증권의 보험자가 책임있는 제3자로부터 구상한 $55,000불의 구상금은 전체 보험가액($11만불)에 대한 각 증권의 보험가액 비율에 따라 기본증권에 $50,000불($55,000×$10만불/$11만불), 증액증권에 $5,000불($55,000×$1만불/$11만불)로 각각 배분된다.[48]

15. 보험이익 불공여조항(제15조)

약관내용

15. 이 보험은 운송인이나 기타 다른 임치인의 이익을 위하여 이용되어서는 아니 된다.

〈해설〉

(1) 의 의

운송계약서상 보험이익조항(benefit of insurance clauses)은 피보험자인 화주와 운송인이나 기타의 임치인과의 계약서에 추가된 약정이다. 이에 따르면 운송중 발생한 화물의 손상에 대해 보험회사로부터 보상받지 못하는 손해에 대해서만 책임을 진다고 규정함으로써 사실상 운송인등이 보험자의 자신에 대한 구상권을 막는 기능을 해왔다. 이러한 규정은 헤이그-비스비 규칙이나 우리나라 상법에서도 무효로 하고 있다(제799조 제1항).

위 조항의 의미는 보험이익약관이 첨부된 운송계약서에 의하여 화물이 수

48) R. H. Brown, Marine Insurance volume 2 - Cargo Practice, Fourth ed., Witherby & Co. Ltd, 1985, pp. 249~250.

송될 경우, 보험금 청구에 있어서 그로 인해 보험자에게 불이익을 주는 손해 만큼에 대해서는 보험자도 책임을 지지 않는다는 것이다.[49]

(2) 내 용

운송계약서에 보험이익조항이 삽입된 경우 그 취지는 "운송인은 화주가 보험회사로 부터 보상받지 못하는 손해에 대해서만 책임진다"는 것이다. 이 약정에 따르면, 운송인은 화주가 보험금을 받은 경우 아무런 법적 책임이 없어지므로 보험자가 보험자 대위권을 행사할 수 없게 된다. 이러한 경우 보험자는 피보험자의 위 약정 때문에 자신의 구상권행사가 불가하게 되었으므로 자신이 보험금을 피보험자에게 지급하지 않게 된다. 그런데, 헤이그-비스비 규칙이나 상법에서 그러한 운송계약 규정은 화주를 불리하게 하므로 무효로 하고 있다.[50]

16. 피보험자 의무조항(제16조)

약관내용

16. 이 보험에서 보상되는 손해와 관련하여 피보험자와 그 대리인은 아래 사항을 준수할 의무를 부담한다.
  16.1 손해의 방지나 감경을 위하여 합리적인 조치를 취할 것
  16.2 운송인이나 임치인 또는 제3자에 대한 모든 권리가 정당하게 보존되고 행사되도록 조치를 취하는 것. 그리고 보험자는 이 보험에서 보상되는 손해에 추가하여 이러한 의무의 수행에 정당하고 합리적으로 지출한 모든 비용에 대하여 피보험자에게 보상한다.

〈해설〉

(1) 의 의

피보험자는 보험사고시 손해가 감경되도록 합리적인 조치를 취할 의무를 부담한다는 내용이다(영국 해상보험법 제78조). 또한 보험자 대위권을 보험자가 잘 행사하도록 적하에 손해를 가한 자에 대한 권리 보존도 잘해야 한다는 내용이다. 이 때 소요되는 비용은 보험자가 추가로 보상한다.

49) 동지, 이재복, 397면.

50) 제799조 제1항은 운송물에 관한 보험의 이익을 운송인에게 양도하는 약정 또는 이와 유사한 약정은 무효로 하고 있다.

(2) 내 용

사고발생시 피보험자의 손해방지나 경감의 의무는 계약시에 피보험자에게 반드시 알려야할 내용이므로, 적하보험 증권상 별도의 '중요사항약관' (important clause 혹은 red line clause)으로 본 약관의 내용이 다시 강조되고 있다. 위반시 벌과 규정이 없지만, 실무적으로는 피보험자가 본 의무 위반시 그가 필요한 조치를 적절히 이행한 경우 보험금을 지급한 보험자가 운송인 등으로부터 구상받을 수 있는 금액을 보험금에서 차감하여 지급한다.

17. 포기조항(제17조)

약관내용

17. 보험의 목적물을 구조하거나 보호하거나 또는 회복할 목적으로 피보험자나 보험자에 의하여 취하여진 조치는 위부의 포기나 승낙으로 간주되지 않으며 달리 양 당사자의 권리를 해하는 것도 아니다.

〈해설〉

(1) 의 의

구 증권양식(S.G. Policy form)의 본문약관중 위부포기약관의 내용과 동일하다.[51] 보험의 목적이 위험에 처한 경우 보험자나 피보험자는 조치를 취하는데 이것이 위부의 포기나 승인으로 되면 이 조치가 억제되므로, 이와 무관하다고 정했다.

(2) 내 용

보험의 목적물을 구조하거나 회복할 목적으로 보험자가 조치를 취한 것은 위부의 승인이 아니고, 피보험자가 조치를 취해도 위부의 포기가 아니다.

위부를 하여 추정전손을 만들려면 여전히 별도의 조치를 취해야 한다.

51) "피보험 재산을 회복하거나 구조하거나 또는 보존하는 보험자 또는 피보험자의 행위는 권리포기 또는 위부의 승낙으로 간주하지 않는다는 것을 특별히 선언하고 합의한다."

18. 신속조치조항(제18조)

약관내용

18. 피보험자는 어떠한 상황에서도 자신의 통제가능 한도내에서 합리적으로 신속하게 지체없이 행동하여야 한다는 것은 이 보험의 조건이다.

〈해설〉

본 조는 "지연의 방지"라는 표제가 첨부된 조항이다.

1906년 영국 해상보험법은 지연(delay)에 근인한 손해에 상당히 엄격한 입장이다.[52] 본 조항은 "자신의 통제가능 한도내에서"라는 문구를 넣어 피보험자가 통제 가능한 상황으로 한정하는 등 법규의 엄격성을 다소 경감하고자 하는 취지로 도입하였다. 그러나, 화주인 피보험자는 보험사고와 관련없이도 화물의 환적지 변경이나 조기 인수 등 사정의 변경에 대해 상당히(합리적으로) 신속하게 행동해야 한다.

19. 영국의 법과 관습조항(제19조)

약관내용

이 보험은 영국의 법과 관습에 의한다.

〈해설〉

(1) 의 의

본 계약에 적용될 준거법은 영국법이라고 정한다.

(2) 내 용

본 보험의 준거법은 영국법이 된다는 취지이다. 선박보험약관(ITC－Hulls (1/10/83))의 모두약관 내용과 동일하다. 본 약관은 특별한 적용 범위의 제한없이 영국법을 준거법으로 한다.

따라서, 보험자의 면책사유는 물론이고 보험계약의 취소·해지사유 등도 영국법에 의한다. 그러나 신증권양식(MAR Policy form)의 본문약관의

52) '보험증권에 별도로 규정하고 있는 경우를 제외하고 선박 또는 화물에 관한 보험자는 지연이 피보험위험에 기인한 경우라도 지연에 근인한 모든 손해에 대하여는 책임을 지지 않는다.'(영국 해상보험법 제55조(면책 및 부책손해)

준거법 조항상 최우선 적용 문구("본 보험증권의 규정 또는 첨부된 어떠한 반대규정에도 불구하고")에 따라 '일체의 보상청구에 대한 책임 및 결제에 관하여'[53] 영국법이 적용되는 것으로 해석된다.

V. 기타 약관

1. 화물약관(Commodity clauses)

ICC(A)(B)(C) 약관은 모든 종류의 화물에 적용할 수 있는 보통보험약관의 성격이나, 운송 품목의 특성에 따라 유사한 내용의 별도 보통약관을 적용하는 경우가 있다.

① Institute Commodity Trades Clauses (A) 1/6/2013 (A, B or C)
본 약관을 적용하는 주요 품목은 아래와 같다: Cocoa, Coffee, Cotton, Fats & Oils not in bulk, Hides, Skin & Leather, Metals, Oil Seeds, Sugar (raw or refined) and Tea

② Institute FOSFA Trade Clauses (1/6/2013)
FOSFA는 Federation of Oil, Seeds & Fats Association을 말한다.

③ Institute Container Clauses - Time (1/1/87)
컨테이너 자체의 멸실, 손상을 담보하는 약관이다.

④ Institute Bulk Oil Clauses (1/2/83)
원유, 윤활유 등 산적유류화물의 해상운송에 적용되는 약관이다.

⑤ Institute Coal Clauses (1/10/82)
대표적인 산적화물인 석탄류 화물에 적용되는 약관이다.

⑥ Institute Frozen Food Clauses excluding Frozen meat (1/1/86)(A, C)
냉동식품화물에 적용되는 약관이다.

⑦ Institute Frozen Meat Clauses (1/1/86) (A or C)
냉동식품중 특히 육류에 적용되는 약관이다.

---

53) 구증권양식(SG Policy form)에서의 준거법 조항은 '이 보험에서 발생하는 모든 책임문제는 영국의 법률과 관습에 따라 규율된다.'로 표현된다.

⑧ Institute Jute Clauses (1/1/84)
마대나 밧줄의 원료인 황마류에 적용되는 약관이다.

⑨ Institute Natural Rubber Clauses (1/1/84)
천연고무의 운송시 적용되는 약관이다.

⑩ Institute Timber Trade Federation Clauses (1/4/86)
원목운송협회에서 런던보험자와 합의한 적하보험 약관이다.

⑪ Institute Cargo Clauses (Air) excluding sendings by post (1/1/82)
품목을 가리지 않고 항공운송시 적용되는 적하보험 약관이다.

2. 특별약관

특별한 위험에는 ICC(A)(B)(C) 약관 혹은 품목에 고유한 화물약관에 추가하여 보통약관 담보의 범위를 제한하거나 확장하는 목적으로 아래와 같은 특별약관을 첨부한다.

① Institute Classification Clause (1/1/2001) cl.354 (선급약관)

적하보험자는 계약자에게 운송 선박에 대한 최소한의 기준을 요구하고 있다. 특히 선령기준을 초과하는 경우는 선령할증보험료의 추가납입을 조건으로 보상가능하고 관련한 적용요율표를 제시하고 있다. 약관에서 요구하는 기준의 주요내용은 (i) 국제선급협회(IACS) 회원사[54]의 선급에 입급되어 있을 것(연안운송의 경우는 그 국적선은 해당국가의 선급협회 가입), (ii) 산적화물 운반선은 선령 10년을 초과하지 않을 것, 기타 선종은 최대 15년의 선령이고, 고정항로에 취항하는 컨테이너선은 선령 30년까지 허용 등이다.

② On-Deck Clause (갑판적약관)

갑판적재화물에 대한 담보범위를 항해개시의 시점으로부터 자동적으로 최소조건(ICC(FPA)+Jettison, Washing OverBoard 혹은 ICC(C)+Washing OverBoard)으로 축소시키는 약관이다. ICC(C) 약관의 경우 갑판유실은 담보위험이 아니지만 갑판적

54) IACS 회원사는 www.iacs.org.uk 에서 확인가능하며, 한국선급(KR), 중국선급(CCS), 일본선급(NKK), 미국선급(ABS), 프랑스선급(BV), 노르웨이/독일선급(DNV GL), 영국선급(LR), 이탈리아선급(RINA), 러시아선급(RS), 인도선급(IRS), 크로아티아선급(CRS), 폴란드선급(PRS) 등이 있다.

약관을 추가하면 보상이 가능하다.[55)]

화물적재시 갑판적임을 미리 안 경우에는 추가보험료 납입을 조건으로 보다 넓은 조건으로 가입할 수 있다. 갑판적 화물의 녹손(ROD, Rust Oxidation, Discolouration) 위험은 S.S.B.C 위험에 직접 기인한 경우만 보상한다.

③ Refrigerating Machinery Clause (냉동기계약관)

보험증권에 기재된 선박의 냉동실에 보관되어 있는 동안 냉동기관 또는 냉동장치 및 절연체의 고장 혹은 파열로 기인된 모든 멸실 또는 손실을 담보한다. 어획물 운반선 등의 적하보험계약에서 반드시 추가되는 약관이다. 냉동기관 등의 고장 지속이 24시간 이상인 경우만 제한하여 담보하는 약관도 있다(냉동화물약관, Refrigerated Cargo Clause).

---

55) 대법원 2016.6.23. 선고 2015다5194 판결이 있다.

제4장 선주상호책임보험(P&I 보험)

Ⅰ. 의 의

선주상호책임보험이란 선박보험 이외에 발생하는 선박운항관련 위험중 선박소유자의 손해배상책임 등을 담보하는 보험으로서 상호보험 및 책임보험으로서의 성격을 가진다.

주로 영국과 유럽 중심으로 하는 P&I 클럽이 선박소유자들의 손해배상책임을 담보하는 기능을 하고 있다. 일본, 중국 그리고 우리나라도 P&I 클럽이 있다.

최근에는 동경해상보험과 같은 영리 보험회사가 선주상호책임보험시장에 뛰어들고 있다.

Ⅱ. 조직 및 법적 성질

1. 조 직

P&I 보험은 비영리보험의 일종인 상호보험이라는 점이 일반 영리보험과 가장 큰 차이점이다. 정의에 따르면 상호보험이란 보험자가 곧 피보험자가 되는 보험이다.[1] 연혁적으로 보아 선박소유자들이 먼저 만들어져 운영되던 선박보험에서 담보되지 않는 손해를 처리하기 위하여 조합을 결성하고 자신들의 선박을 보험의

1) 이기수 외 2인, 10면; 中出 哲, 海上保險, (有斐閣, 2019), 35면.

목적으로 하여 피보험자가 되게 된 것이다. 그러므로, 자신들이 납부한 보험료로 보험금을 지급하기에 충분한 정도면 되었기 때문에 굳이 영리보험을 할 이유가 없었다. 이러한 점은 여러 가지 특징으로 나타났다.

영리보험에서는 보험계약체결시에 사고위험도를 정확히 계산하여 보험요율을 정하고 보험료를 미리 확정하게 된다. 그렇지만 상호보험에서는 일단 보험계시단계에서 선급보험료(advance call)를 받게 되고, 보험사고가 많아서 지출이 많게 되면 추가보험료(supplementary call)를 수령하게 된다.[2]

보험의 담보위험이 아니거나 보험자의 면책사유가 있다면 더 이상 보험금청구는 불가한 것이 영리보험이다. 그렇지만 상호보험에서는 피보험자가 곧 보험자이므로 위원회를 구성하여 회원들이 모두 승인하면 보험금을 지급할 수 있는 제도도 마련되어 있다.

2. 책임보험

P&I 보험은 연혁적으로 선박보험의 보완적인 성격을 가진다. 선박보험에서 담보되지않는 위험을 담보하기 위하여 만들어진 것이다. 그러므로, 선박소유자가 제3자에 대하여 손해배상책임을 부담하게 될 때 그 손해를 담보받기 위하여 가입하는 보험이 되었다.

선박소유자가 운항 중 충돌사고로 제3자에게 손해배상책임을 부담하는 경우, 선박소유자가 운송인이 되어 운송중 화주에게 손해배상책임을 부담하는 경우, 유조선의 선박소유자나 일반선박의 소유자가 운항중 유류오염을 야기하여 어민들이 피해를 입은 경우, 선박소유자의 선박이 침몰하여 난파선이 되어 난파물을 제거함에 있어 비용이 발생한 경우가 P&I 보험에서 담보하는 대표적인 손해이다.[3]

3. IG 클럽의 문제

P&I 클럽은 영국계를 중심으로, 노르웨이의 Gard, 일본의 Japan P&I, 한국의 Korea P&I등이 있다. 그런데, 영국계의 Steamship Mutual, UK P&I, Standard P&I 등을 비롯하여 Gard P&I 등은 소위 국제 P&I 클럽을 형성하고 있다. 한국의 Korea P&I, 중국의 China P&I는 여기에 속하지 못하고 있다.

---

2) 中出 哲, 37면.
3) 中出 哲, 38면.

이들은 서로 재보험 기능(pooling agreement)을 하고, 다른 클럽은 가입시키지 않기 때문에 자신들만의 이익을 도모하는 측면이 있다. 경쟁법상 금지되는 공동행위의 문제가 있다.

Ⅲ. 보험계약관련자

1. 보험계약당사자

보험계약의 당사자로는 선박소유자와 P&I 클럽이 있다. 선체용선자도 선박운항중 손해배상책임을 부담하기 때문에 피보험이익이 있다. 그러나, 정기용선자는 피보험이익이 없기 때문에 P&I 클럽에 가입하지 않고, 독자적인 정기용선자 보험(TT 클럽)에 가입한다.

(1) 선박소유자

세계 각국의 선박소유자들은 선박운항과 관련한 책임을 담보받기 위하여 P&I 보험에 가입하게 된다. 우리나라의 HMM(구 현대상선), 팬오션, 장금상선, 고려해운 등과 같은 회사들이 대상이다. 일본의 NYK, K Line, MOL, 대만의 양밍라인, 에버그린, 덴마크의 머스크라인 등이 대표적인 해외 선사이다.

용선한 선박에 대하여 용선자가 본 계약에 가입하는 것은 아니고 선박소유자만 가입하면 된다.

(2) P&I 클럽

우리나라에는 Korea P&I와 해운조합이 P&I 클럽의 역할을 하고 있다. 이외에도 최근에는 영리보험회사도 선주책임보험을 인수하면서 경쟁관계에 돌입하고 있다.

어선과 관련하여 수산업협동조합의 공제도 P&I 보험과 유사하다고 할 수 있다.

P&I 클럽들은 국제조직을 갖추고 있다. 이름하여 International Group of P&I Club이다(https://www.igpandi.org). 영국의 UK P&I Club, Britannia, Standard Club, Steamship Mutual, West of England, London P&I Club, North of England P&I, Shipowners' Club, 노르웨이의 Gard, Skuld, 스웨덴의 Swedish Club, 일본의 Japan P&I, 미국의 The American Club 등 13개사가 회원사이다.

2. 피해자

어민, 화주, 선박충돌에서 상대방은 모두 피보험자인 선박소유자로부터 피해를 입은 자들이다. 이들은 선박소유자에게 손해배상청구권을 가지면서 동시에 책임보험자인 P&I 클럽에 직접청구권을 가지는 관계에 있다.

우리나라의 상법은 영국법보다 광범위한 직접청구권을 피해자에게 인정한다(제724조 제2항). 그러므로 제3자 보호에는 한국법을 준거법으로 하는 Korea P&I가 더 유리하다.

Ⅳ. 영리보험자의 경우

1. 의　　의

선주책임보험을 인수하는 보험자가 영리보험회사인 경우도 있다. 우리나라에도 현재 메리츠화재 등이 선주책임보험을 인수하고 있다.

2. 특　　징

이들의 보험은 상호보험이 아니기 때문에 P&I Club이 보험자인 경우와 비교하여 두 가지 특징이 나타난다. 하나는 완전한 영리보험회사이기 때문에 상법상 책임보험규정이 적용되는데 아무런 지장이 없다. 따라서 제3자가 직접청구권을 가짐에 의문의 여지가 없다. 둘째는 선지급항변과 같은 규정이 무효로 해석될 여지가 더 높아진다는 점이다. 선지급항변은 P&I 보험이 상호보험의 특질상 허용이 되기 때문이다.

Ⅴ. 담보하는 손해

1. 운송물 손해배상

선박소유자가 운송인인 경우 운송도중 운송물에 손해가 발생하게 되면 운송계약상 혹은 불법행위법상 손해배상책임을 부담하게 된다. 이 때 선박소유자가 배상하는 손해를 P&I 클럽이 보상해준다.[4]

---

4) 中出 哲, 208면.

통상 적하소유자는 적하보험자로부터 보험금을 지급받고, 보험자는 적하소유자로부터 그가 가지는 운송인에 대한 손해배상청구권을 대위받아서 운송인의 책임보험자에 해당하는 P&I 클럽에 직접 구상청구를 하게 되는 구조를 가진다.

운송인이 포장당 책임제한 혹은 총체적 책임제한이 가능한 경우 이들이 향유하는 이익을 책임보험자인 P&I 클럽이 동일하게 향유한다(상법 제724조 제2항). 예컨대, 운송인의 손해배상책임이 1,000만원으로 제한되면 화주가 P&I 클럽에 직접청구권을 행사해도 P&I 클럽은 1,000만원으로 책임이 제한된다.

정기용선자가 운송인인 경우는 TT 클럽에 가입하게 되는데, 위와 동일한 설명이 가능하다.

2. 유류오염손해

선박소유자는 선박을 운항하는 중 유류오염손해배상책임을 부담하게 된다. 유류오염에는 두 가지 형태가 있다.

첫째는 유조선에서 유출되는 유류로 인한 오염이다. 등록소유자가 책임보험 등에 반드시 가입하도록 되어있다. CLC라는 국제조약에 의하여 규율된다.

두 번째는 일반선박에 의한 유류오염손해이다. 선박은 모두 선박연료유가 필요한데, 일반선박으로부터 선박 연료유가 유출되게 되면 선박소유자는 손해배상책임을 부담하게 된다. Bunker Convention이라는 국제조약을 통하여 규율된다. 유조선의 선박연료유에 의한 사고는 위 CLC에서 규율한다.

위 두 가지 유류오염손해에 대처하기 위하여 위 국제조약은 등록 선박소유자에게 책임보험에의 가입을 강제화시키고 있다. 정기용선자는 CLC 혹은 유류오염손해배상책임법(유배법)상 책임의 주체가 아니다. 그러므로, 강제책임보험에 가입할 필요가 없다. 선체용선자도 CLC상으로는 책임주체가 아닌 점은 정기용선자와 동일하지만 우리 유배법상 책임주체가 되므로 보험에 가입하여야 한다.[5]

등록선박소유자는 법률에 의하여 책임보험가입이 강제화되어 있고 그 책임보험은 P&I 클럽의 부보사항이다.[6]

유조선의 등록선박소유자는 법률의 규정에 의하여 책임제한권이 주어지는데, 상법 제724조 제2항에 의하여 보험자도 이들과 같이 책임제한이 가능하다.

---

5) 자세한 내용은 김인현, 436면 이하가 있다.

6) 中出 哲, 215면.

3. 난파물제거의무

선박은 난파를 하게 되어 스스로 조종이 불가능하게 되면 난파물이 된다. 항해에 위험이 있는 난파물은 제거되어야 한다. 해사안전법, 선박입출항법, 공유수면관리 및 매립에 관한 법률, 해양환경관리법 등에 의하면 선박소유자는 난파물에 대하여 제거할 의무를 부담한다.[7] 선박소유자가 난파물을 제거하지 않으면 정부가 대신하여 제거를 하고 비용을 선박소유자에게 청구하게 된다. 이 때 선박소유자가 부담하게 되는 비용은 P&I 클럽의 부보사항이다.

4. 선박충돌책임

선박이 운항중 충돌을 하게 되면 선박소유자 혹은 선체용선자는 상대방에 대하여 손해배상책임을 부담하게 된다. 통상 그 손해의 1/4만 P&I 클럽이 담보한다. 3/4은 선박보험의 충돌약관에서 부보되기 때문이다.

甲 선박과 乙 선박이 충돌한 경우, 甲 선박 자신의 선박의 수리비 등 손해는 선박보험에서 부보될 사항인 것이고, P&I 클럽의 담보사항은 乙 선박의 손해이다. 실제로는 乙 선박의 충돌로 인한 손해는 乙 선박의 선박보험자가 먼저 보상하고 乙 선박의 선박보험자가 甲 선박의 P&I 클럽에 구상청구를 하는 형식이 된다.

5. 선원 관련 배상 및 보상

선박소유자는 선박을 운항하기 위하여 선원을 고용하여야 한다. 승선중인 선원은 각종 비용이 발생할 뿐만 아니라 선원이 사망하는 경우에는 선박소유자는 손해배상책임 혹은 재해보상을 해주어야 한다. 이러한 비용이나 책임은 P&I 클럽의 부보사항이다. 선체용선자가 선박을 운항하는 경우 선체용선자가 선원관련 배상책임의 주체이므로 P&I 클럽에 가입해야하는 자는 선체용선자이다.

(1) 송환비용

외국에서 본국으로 선원이 송환될 필요가 있다. 이러한 송환비는 ILO 노동협약 및 선원법에 의하여 선박소유자가 강제적으로 보험에 가입하여야한다.

(2) 유족보상

직무중 혹은 승선중 직무외의 원인으로 선원이 사망한 경우 선원법의 재해보

---

7) 김인현, 456면.

상규정에 의거하여 유족보상을 선박소유자가 그 유족에게 해주어야 한다(선원법 제99조). 민법에 의한 불법행위책임도 그 법적 근거가 된다. 어느 경우에나 법률에 의한 배상 혹은 보상이므로 P&I 클럽의 책임이 된다.

(3) 임금보장

선원법 제56조에 의하면 선박소유자는 퇴직한 선원이 받지 못할 임금의 최종 4개월분과 퇴직금의 최종 4년분의 지급을 보장하는 보험 또는 공제에 가입하거나 기금을 조성해야 한다. 선박소유자들은 이들 책임도 P&I 부보사항으로 하고 있다.

6. 변호사 비용

위에 담보하는 손해와 관련하여 변호사 비용이 발생하게 되는데 이 비용도 P&I 클럽이 담보한다. 선박사고가 있으면 항상 선박보험자와 더불어 P&I 클럽이 변호사를 선임하게 되는데, 비용은 모두 P&I 보험에서 처리된다.

Ⅵ. 기타 기능

1. 보증장 제공의 기능

선박소유자가 선박운항과 관련하여 책임을 부담할 여지가 있는 경우 채권자들은 선박소유자의 현장에 있는 재산에 대하여 가압류를 시도하게 된다. 혹은 가압류를 당할 우려도 있다. 선박이 가압류되면 출항이 허용되지 않으므로 운항스케줄에 지장을 주게 된다.

이에 누군가가 가압류된 선박을 해방시키거나 가압류가 되지 않도록 책임부담에 대한 보증을 할 필요성이 제기된다. 명성있는 은행 등이 보증을 제공하는 것도 한 가지 방법이지만, 해운업계에서는 P&I 클럽이 보증장을 제공하는 관행이 만들어졌다.

선박충돌사고가 발생한 경우 양측의 변호사들은 서로 보증장을 주고받으면서 가압류를 하지않기로 약정을 체결한다.

그 내용은 장차 본안소송이나 중재 등에서 선박소유자가 손해배상책임을 부담하게 되면 그 책임을 보증인으로서 P&I 클럽이 보상 혹은 배상을 하겠다는 약속을 하는 것이다.

선박소유자는 채무자, 상대방은 채권자 그리고 P&I 클럽은 보증인이 된다. 채권자와 P&I 클럽 사이에 보증계약이 체결되는 것이다.

2. 해상법 발전에 기여하는 기능

(1) 정보제공기능

P&I 클럽은 해상법이나 해상보험법을 직접 현장에서 다루게 된다. 클럽은 자신들의 회원사들에게 해상법에 대한 정보를 제공하고 사고위험을 줄이기 위하여 회원사들을 교육시킬 필요도 있다. 이러한 목적으로 홈페이지를 만들어 정보를 제공하거나 책자를 발간하여 배포하거나 집체교육을 시키는 등의 노력을 경주하고 있다.

(2) 법률제정시 자문기능

해사안전조약이나 선주책임제한조약 등을 제정할 시 적용 대상이 되는 선박소유자의 법적 이익을 대변하여 P&I 클럽은 IMO 회의나 UNCITRAL 회의에 참석하여 자문기능을 수행한다.

2002년 아테네협약 개정작업 시 여객운송인의 강제책임보험의 한도액을 40만 SDR로 하였다. 그 당시 이 금액은 상당히 높은 금액이었다. 과연 이 금액을 보험시장에서 상품으로 제공할 수 있을지 의문이었다. 이러한 경우 책임보험자로서 P&I 클럽이 가능성에 대한 정보를 제공하였다.

Ⅶ. 보험금이 지급되지 않는 사항들

1. 보험자의 면책사유

약관상 고의나 중과실로 인한 보험사고는 보험자의 면책이 된다. 불감항으로 인한 경우도 마찬가지로 보험자는 면책된다.

2. 운송물 사고 중 선하증권관련 손해

운송인이 선하증권을 발급하면 선하증권의 상환성 때문에 선하증권과 상환할 의무를 운송인이 부담한다. 그런데, 종종 수하인이 선하증권을 소지하지 않은 채로 운송인에게 접근하여 운송물을 수령하여 간다. 이렇게 되면 선하증권 소지인이 운송인에게 손해배상책임을 묻게 된다. 운송인은 채무불이행책임이나 불법행위책임을 부담하게 된다.

P&I 클럽은 선하증권과 상환하지 않은 불법인도(wrongful delivery)에 의한 사고에 대하여는 보상을 하지 않는다는 규정을 가지고 있다.

이러한 손해는 두 가지로 나누어보아야 한다. 첫째는 화물선취보증장(Letter of Indemnity)를 제공하는 경우이다. 수하인이 선하증권의 미도달을 이유로 운송물 인도를 운송인에게 간청하면 운송인은 보증장을 받고 운송물을 내어준다. 이 때 운송인은 이미 선하증권소지인이 나중에 나타날 수 있음을 충분히 인지하고 있다. 보증장의 내용도 그러한 경우에 운송인이 입은 손해를 보증장 발행은행이 책임지겠다는 것이기 때문이다. 이러한 경우 운송인은 책임제한도 하지 못한다고 보아야한다. 다른 하나는 수하인이 창고업자와 결탁을 하여 운송물을 창고에서 불법반출하는 경우이다.[8] 이 경우는 운송인이 전혀 그 사정을 모르고 당하는 경우이다. 물론 운송인은 채무자본인으로서 이행보조자인 창고업자의 과실에 대하여 책임을 지는 것은 당연하다.

위 두 가지 중에서 전자의 경우에만 운송인의 손해에 대하여 P&I 클럽은 면책되고 후자의 경우에는 보험금이 지급되어야 하는 것이 옳다고 본다. P&I 클럽의 보상규정에 의하면 두 가지 경우 보상을 하지 않는다.

3. 예항의 경우 자손자부담(Knock for knock)원칙

예인선이 피예인선을 끌고 운항하는 경우 예인선은 피예인선과의 충돌 등에 대하여 손해배상책임을 부담하는 경우가 있다. 이러한 예항계약 시 반드시 BIMCO 서식의 "자손자부담"원칙의 약정이 들어있는 경우에만 P&I 클럽이 배상을 한다는 규정을 두고 있다.

자손자부담원칙은 예인선과 피예인선 사이에 각자 입은 손해는 상대방에게 청구하지 않는다는 내용이다. 따라서 피예인선에서 예인선의 책임보험자인 P&I 클럽에 손해배상청구를 할 수 있는지가 문제된다. 예인선이 피예인선에게 책임을

---

8) 예를 들면 2013.4.13. 인천항에서 발생한 SS WIN호 사고의 경우 수하인이 창고업자와 결탁하여 운송물을 불법인도하였다. 선하증권소지인은 운송인에게 손해배상 청구를 제기하였다. 운송인은 책임이 인정되었고, 선박소유자책임제한도 할 수 없어서 운송인은 큰 피해를 보았다. 김인현, 76면.

부담하지 않는 이상 보험자도 책임이 없다고 보아야 한다.

그렇지만, 제3자의 손해(예컨대 충돌손해를 입은 상대방)에 대하여는 "자손자부담"원칙이 적용되지 않고 P&I 클럽은 손해배상책임을 부담하게 된다. 예선과 충돌한 상대방의 손해에 대하여 책임을 부담하는 것은 의문의 여지가 없다. 피예인선과 충돌한 상대방의 손해는 "자손자부담"원칙은 당사자 사이의 약정이지 이를 제3자에게 주장할 수 없다고 보아야 한다.

4. 선지급항변

(1) 의 의

P&I 보험 약관에는 소위 "선지급항변(pay to be paid rule)"조항이 존재한다. 이는 피보험자인 선박소유자가 손해배상책임을 부담한 다음에야 비로소 P&I 클럽이 선박소유자에게 보험금을 지급할 의무가 발생한다는 내용이다.[9)]

원래의 의미의 책임보험은 먼저 피보험자가 손해를 입은 다음 그 손해를 책임보험자가 보상하여 주는 것이다. 그렇지만, 피해자가 책임보험자에게 직접 보험금을 청구할 수 있는 법제도가 많이 생겨났다. 자동차 손해배상보험이 대표적이다.

선지급항변이 제3자에게도 유효하다면 가해자인 피보험자는 아직도 손해배상을 하지 않았기 때문에 보험자는 책임이 없고, 피해자의 직접청구는 허용되지 않는다는 결론에 이르게 된다.

(2) 각국 및 국제조약의 입장

그래서 과연 이 약정이 제3자에게도 유효한지가 문제되었는데, 영국의 대법원은 P&I 보험의 특수성을 인정하여 이 조항이 유효하다고 하였다.

한국의 P&I 클럽에도 동일한 조항들이 들어있는데 한국법하에서도 유효할지가 논란이 된다. 제1설은 P&I는 상호보험이므로 그 특질을 인정하여 유효하다고 보아야한다는 주장이다. 제2설은 당사자 사이의 약정은 제3자를 구속하지 못한다는 주장이 가능하다. 우리 고등법원은 제2설을 취하고 있다.

유류오염, 여객운송, 난파물제거 등의 국제협약에서는 법률로서 P&I 클럽이 이러한 항변을 제3자에게 주장하지 못하게 입법화하고 있다.[10)]

---

9) 김인현, 526면.
10) 김인현, 529면.

Ⅷ. P&I 클럽과 회원사들 사이의 법률관계

1. 채권채무관계

회원인 선박소유자는 보험자이면서 동시에 피보험자의 지위를 가진다. 선박소유자는 보험료를 납부할 의무를 부담하고, P&I 클럽은 보험금을 지급할 의무를 부담한다. 보험료의 관점에서는 클럽은 채권자이고 선박소유자는 채무자의 지위에 있다.

2. 채권확보의 수단

(1) P&I 클럽의 채권

선박소유자가 재정상태가 나빠지면 보험료를 미납하는 경우가 있다. 이 경우 미납보험료 채권을 가진 클럽은 선박소유자의 재산에 대한 가압류 및 본안승소후 강제집행이 가능하다.

그렇지만 P&I 클럽의 채권은 선박우선특권을 발생시키는 채권은 아니므로 선박소유자가 선체용선한 선박에 대한 임의경매신청은 우리나라 법상으로는 불가하다.

중국과 가압류조약에서는 선박관련채권에서 대하여만 가압류가 허용되는데, 우리나라는 어떤 종류의 채권이든지 가압류가 가능하다.

P&I 보험에서는 선급보험료(advance call)과 추가보험료(supplementary call)이 있는데, 미납한 경우에는 채권이 발생한다. 회계연도가 발생하면 1년의 예산을 보아서 회원사에게 미리 납부를 요구하는 보험료가 선급보험료이고, 1년 회계기간이 지난 다음에 정산후 적자가 난 경우에 회원사에게 부과시키는 보험료가 추가보험료이다. 회원사가 탈퇴하여 다른 P&I 클럽에 가입한 경우에도 추가보험료를 납부할 의무를 부담하게 된다.

(2) 회원사의 채권

드물기는 하지만 P&I 클럽이 도산되는 경우도 있다. 이러한 경우 회원사는 보험금을 지급받지 못하거나 기 납부한 보험료를 돌려받아야 할 필요가 있다.

채권의 변제기가 지나게 되면 채권을 가지는 회원사는 P&I 클럽의 자산에 대하여 가압류를 하거나 승소후 강제집행을 할 수 있다. 그렇지만, P&I 클럽 자신이 선박을 소유하고 있지 않기 때문에 그러한 채권회수방법은 상당히 제한적이다.

클럽이 가지고 있는 은행의 계좌에 대한 가압류가 가능할 것이다. 만약, 회생절차에 들어가게 되면 회생채권자가 될 뿐이므로 채권의 확보는 상당히 제한되게 된다.

Ⅸ. 준거법 및 재판관할

1. 우리나라의 현상

우리나라의 선박소유자들은 전통적으로 영국계 P&I 클럽(UK, Standard, Britannia, North of England 등)에 가입하여왔다. 이외에도 노르웨이의 Gard 및 일본의 Japan P&I 클럽에도 상당수 가입한다. 이 경우 준거법은 각각 영국법, 노르웨이법 및 일본법이 된다고 약정하고 있다.

2000년부터 한국법을 준거법으로 하는 Korea P&I 클럽이 탄생하여 우리나라 선사들이 가입하는 경우가 늘어나고 있다.

2. 준거법

우리나라 선박회사와 영국의 UK 클럽 사이에 보험관련 분쟁이 발생하여 이것이 한국법원에 소가 제기된다면 여기에는 외국적 요소가 포함되게 된다. 따라서 법원은 우리나라 국제사법을 근거로 준거법을 정해야 한다.

우리 국제사법 제25조는 준거법의 경우에도 당사자 자치를 인정한다. 그러므로 위와 같이 영국법, 일본법이 준거법으로 약정된 경우 이러한 약정은 유효하다.

3. 재판관할

어느 국가에 재판을 제기할 것인가는 어느 국가의 법원이 재판관할을 가지는지를 보아야한다. 원칙적으로 피고의 주소지를 관할하는 법원이 재판관할을 가진다.

우리나라 원고가 자신의 주소지인 우리나라에 소를 제기하는 경우에도 국제사법 제2조에 따라 당사자 혹은 분쟁대상이 우리나라와 실질적인 관련성이 존재하면 우리나라의 국제재판관할이 인정된다. 실질적 관련성 판단의 요소로는 (i) 피고의 주소 (ii) 계약에 따라 실제로 채무를 이행한 이행지 (iii) 불법행위지 (iv) 당해 영업소의 업무와 관련된 소송의 경우 영업소의 소재지 등이 있다.[11)]

재판관할에 대한 약정을 체결한 경우 약정은 유효하다. 약정이 없는 경우는 민사소송법이나 국제사법상의 원칙에 따르게 된다. 우리 법은 피고의 주소지를 관할하는 법원에 소를 제기하도록 하면서도, 피고의 사무소가 있는 곳도 가능하도록 하고 있다.

이를 외국적 요소가 있는 경우에도 적용하면, 비록 영국 런던에 본사가 있는 P&I 클럽이라고 하여도 한국 서울에 사무소가 있다면 원고인 회원사는 한국 서울에서 소의 제기가 가능하다. 다만, 승소한 경우에 한국에서 채권실현을 위한 강제집행이 가능한지가 문제될 수 있다.

판례소개 > 1 부산지방법원 2009.6.17. 선고 2008나3906 판결

> 한국국적의 선원이 일본 선박소유자의 선박(파나마국적)에 승선중 재해를 입게 되었다. 일본 선박소유자는 영국의 P&I 클럽에 책임보험에 가입하였다. 재해보상금을 선박소유자의 보험자에게 청구하는 소송을 우리나라 법원에 제기하였다.
>
> 부산지방법원은 "원고가 대한민국 국민이고 피고의 연락사무소인 Britannia P&I Club Busan의 소재지와 주소지도 부산인 점을 고려하면, 이 사건에 관하여 대한민국이 재판관할권을 행사하는 것이 당사자의 공평이나 재판의 적정, 신속등 조리에 반하는 특별한 사정이 없으므로 대한민국 법원은 이 사건에 관하여 국제재판관할권이 있다."고 판시하였다.

X. 보험계약규정

1. 보험계약(제1장)

1.1 보험계약의 체결(제1조)

약관내용

1. 보험계약을 체결하려고 하는 자는 보험계약신청서(조합 가입 시에 제출하는 가입신청서를 포함한다. 이하 같다)에 보험의 목적이 될 수 있는 선박(선

11) 석광현, 국제사법(지산, 2003), 42면.

박법 및 기타 법률에서 규정하는 선박으로서 조합이 인정한 선박. 이하 '가입선박'이라 한다)의 명세 및 기타 소정의 사항을 기재하고 서명 또는 기명날인하여 조합에 신청하고 조합의 승낙을 얻은 다음 보험료의 전부 또는 약정된 일부를 납입하여야 한다.

2. 조합이 전 항의 계약신청을 승낙하고, 다른 약정이 없으면 보험료의 전부 또는 약정된 일부가 납입되었을 때 보험계약의 효력이 발생한다.
3. 조합원은 가입선박의 보험계약을 승계할 수 있다.
4. 조합은 보험계약 성립의 증거로서 보험가입증서를 발행한다.
5. 조합은 조합원의 신청에 의해 보험계약의 내용을 변경한 경우에는 그때마다 변경된 보험가입증서를 발행한다. 단, 배서의 발행으로 이에 갈음할 수 있다.
6. 가입선박은 제16조 제1항 (1)호가 규정한 선급 또는 자격을 유지하고 제17조 제1항 및 제2항 본문에 규정한 감항성을 확보하여야 한다.
7. 보험계약을 체결하고자 하는 자는 보험계약 체결 후에 가입선박에 관한 정보가 국제항해를 원활히 행하는데 필요한 경우에 조합이 이를 외부에 개시 또는 공개하는 것에 동의하는 것으로 한다.

〈해설〉

(1) 의 의

본 보험계약의 성립에 대하여 설명하고 있다.

(2) 내 용

보험계약도 청약과 승낙으로 이루어진다. 제1조에서는 청약은 조합원이 하고 조합은 승낙을 함으로써 보험계약이 성립하는 것으로 정하고 있다.

제2항에서는 보험료의 전부 또는 일부가 납입되었을 때 보험계약의 효력이 성립한다고 한다. 이는 상법의 규정과 배치되는 것이다. 상법에 의하면 청약과 승낙으로 보험계약은 성립하고 보험료의 일부납부로 보험자의 책임이 개시된다(상법 제656조). 해상보험에서는 상법 제663조가 적용되지 않으므로 위 약정은 유효하다. 보험자의 승낙이 있은 다음 보험료를 납부하기 전 보험사고가 발생해도 보험금은 지급되지 않는다. 이와 관련하여 의제승낙 등의 규정이 임의규정으로서 본 계약에도 적용된다(상법 제638조의2).

가입선박에 대하여 선급유지의무 및 감항성 확보의무를 부과하고 있다. (6항) 제1조에 이러한 내용을 넣은 것으로 보아 담보(warranty)를 피보험자가 부담하는 것으로 해석된다.

1.2 고지 및 통지의무(제2조)

약관내용

1. 보험계약체결 당시에 조합원이 보험계약에 관련한 중요한 사항에 관하여 고지를 하지 아니하거나 부실 또는 허위의 고지를 한 때에는 조합은 조합원과의 보험계약의 인수를 거부하거나, 보험계약을 체결한 경우에는 그 사실을 안 날로부터 1월내에 보험계약을 해지할 수 있다.
2. 조합원은 보험계약신청서의 기재사항에 변경이 있을 때에는 지체 없이 이를 서면으로 조합에 통지하여야 한다. 조합원은 보험계약에 관한 중요한 사항의 변경이나 사고발생의 위험이 현저하게 변경 또는 증가된 사실을 안 때에는 지체 없이 이를 조합에 통지하여야 한다. 이를 게을리 하였을 때에는 조합은 그 사실을 안 날로부터 1월내에 계약을 해지할 수 있고, 그 손해의 보상을 거부하거나 보상액을 감액할 수 있다.
3. 보험사고가 발생한 후에도 조합이 제1항 및 제2항의 규정에 따라 보험계약을 해지한 때에는 보험금을 지급할 책임이 없고 이미 지급한 보험금의 반환을 요구할 수 있다.
4. 조합원은 가입선박에 관하여 다른 보험자와 동종의 보험계약을 체결하였을 때에는 즉시 이를 조합에 통지하여야 한다.

〈해설〉

(1) 의 의

고지의무는 보험계약자나 피보험자가 보험계약 체결 당시 부담하는 의무이다. 상법에도 이에 대한 규정이 있고 상법과 다른 약정은 유효하게 적용된다.

(2) 내 용

고지의무 관련조항이다. 고지의무를 부담하는 자는 조합원으로써 보험계약자이면서 피보험자이다. 보험계약체결 당시 고지의무를 부담한다. 부실 또는 허위고지를 한 경우 조합은 (i) 보험계약의 인수를 거부할 수 있고, (ii) 사실을 안 날로부터 1월내에 보험계약을 취소할 수 있다. 우리 상법은 기한의 제한없이 해지할 수 있다는 점에서 차이가 난다.

제2항은 보험계약체결 후에 중요한 사항에 변경이 있는 경우 조합에 통지할 의무를 조합원에게 부과하고 있다.

3항에서 보험사고 발생 후 보험계약을 해지한 경우 민법의 일반원칙에 따르면 보험금은 지급되어야 한다. 해지의 효력은 장래를 향하여 발생하기 때문이다. 그러나, 약정으로 보험금은 지급되지 않는다고 정한다. 상법과 동일하다. 지급 보험금도 반납되어야 한다. 제4항은 중복보험의 경우에 통지의무를 조합원에게 부과하고 있다.

1.3 담보: Warranty(제2조의1)

약관내용

1. 보험가입증서에 조항으로 명시되어있는 담보조건이 지켜지지 않았을 경우, 조합은 위반시점 이후의 책임은 보상하지 아니한다. 단, 위반시점 이전에 발생한 책임은 이에 관계없이 보상한다.
2. 일단 담보조건이 위반되면, 조합원은 손해가 발생하기 전에 위반사실을 보완 조치하여 담보조건을 지켰다는 주장을 할 수 없다.

〈해설〉

(1) 의 의

우리 상법은 담보특약에 대한 규정이 없다. 약정으로 담보특약에 대한 규정을 둔 점에 의의가 있다.

(2) 내 용

영국 해상보험법에 특유한 담보특약을 도입한 것이다. 명시담보가 준수되지 않았을 경우, 위반 시점 이후의 책임은 전혀 보상하지 않음을 정하였다. "보험가입증서에 명시된 담보조건"에 한하므로 묵시담보조건은 이에 해당하지 않는다. 제1조의 선급유지 및 감항성담보가 명시담보조건으로 파악된다. 아무리 사소한 것이라도 보험자는 위반사항에 대하여 그것이 보험사고와 인과관계가 없다고 하더라도 책임을 부담한다. 그렇지만 담보조건위반 이전의 보험사고는 보상된다.

제2항은 한번 담보특약에 위반되면, 그 위반을 수정한 다음에 발생한 보험사고에 대하여도 조합은 면책이 된다고 한다. 그렇지만, 이는 비판받을 내용이고 영국보험법 2015년도 이를 수정하였다.

1.4 적법담보(제2조의2)

약관내용

보험계약에 의해 담보되는 해상사업의 목적은 합법적이어야 하며, 합법적인 방법으로 수행되어야 한다.

〈해설〉

적법담보는 영국 해상보험법에서 나오는 내용이다. 담보되는 해상사업의 목적은 합법적임을 담보한다는 내용이다. 그러므로 대북제재에 위반하는 화물을 수송하면 그 순간 담보위반이 된다.

1.5 보험년도(제3조)

약관내용

조합의 보험년도는 매년 한국표준시 2월 20일 21시(그리니치 표준시 2월 20일 정오)에 시작하여 다음해 2월 20일 21시에 끝난다.

〈해설〉

선주책임상호보험 조합의 년도는 매년 2월 20일부터 시작해서 2월 20일에 종료된다. P&I 보험의 전통에 따른 것이다.

1.6 보험기간(제4조)

약관내용

보험기간은 원칙적으로 한국표준시 2월 20일 21시부터 다음해 2월 20일 21시까지 1년간으로 한다. 그러나 보험기간 도중 체결한 보험계약에 관해서는 그 계약의 개시일 21시부터 그 후의 2월 20일 21시까지로 한다.

〈해설〉

보험기간은 2월 20일 21시부터 시작해서 20일 21시까지 1년으로 한다.

보험기간 도중에 늦게 체결한 보험계약은 2월 20일 21시까지로 해서 1년을 만들어준다.

1.7 보험금액(제5조)

약관내용

1. 보험계약은 조합과 조합원과의 합의에 따라 보험금액을 설정하여 체결하거나 보험금액을 설정하지 않은 방식으로 체결할 수 있다.
2. 보험금액을 설정한 보험계약의 경우 1회의 사고에 대하여 조합이 지급하는 보험금은 보험가입증서에 기재된 보험금액을 한도로 한다.

〈해설〉

(1) 의 의

보험자는 피보험자에게 지급할 보험금의 한도를 정하게 된다. 그 금액이 보험금이다.

(2) 내 용

합의에 의하여 보험금액을 설정한 경우 매 사고당 그 금액을 최고 한도로 지급 받을 수 있다. 보험금액을 설정하지 않은 경우도 있지만 이에 대한 기술은 없다. 유류오염손해에 대하여 실제로 손해가 100억원이 발생해도 보험금액을 50억원으로 한 경우 50억원만 보험금으로 보상받을 수 있다는 의미이다.

1.8 보험료(제6조)

약관내용

1. 보험금액이 설정되지 않은 보험계약에 관하여 조합원은 아래에 열거하는 선납보험료, 추가보험료 및 정산보험료를 제7조에 따라 납입하여야 한다.
   (1) (선납보험료) 조합이 보험계약 체결 시에 별도로 정한 보험료산출기준에 의하여 보험요율을 결정하고 이 보험요율에 가입선박의 톤수를 곱한 금액을 선납보험료로 한다. 다음 보험년도 이후 개별 가입선박에 적용되는 선납보험료는 전체 가입선박에 적용되는 직전 보험년도의 보험요율의 변경율과 가입선박의 보험성적 등을 고려하여 결정된다.

(2) (추가보험료)

㈎ 각 보험년도의 중도 또는 종료 후(다만 제9조 제1항에 따라 보험료가 확정된 경우를 제외한다) 당해 보험년도의 보험성적 등을 고려하여 당해 보험년도의 선납보험료에 추가하여 징수하는 보험료를 추가보험료라고 하며, 당해 보험년도의 전 가입선박((3)호의 규정에 의해 면제된 경우를 제외한다)에 대하여 적용한다.

㈏ 추가보험료는 당해 보험년도의 선납보험료에 일정 비율을 곱하여 결정된다.

(3) (정산보험료)

㈎ 가입선박의 보험계약이 해지, 해제 또는 기타 사유로 종료된 경우 조합은 당해 선박에 대한 그 이후의 추가보험료의 납입의무를 면제하기 위하여 정산보험료를 징수할 수 있다.

㈏ 정산보험료는 조합이 당해 보험계약이 종료한 보험년도에 징수할 예정인 추가보험료를 기준으로 하여 결정한다.

㈐ 조합은 조합이 적당하다고 인정하는 방법으로 정산보험료의 납입에 대한 보증을 확보할 수 있을 때에는 그 징수를 유예할 수 있다.

2. 조합은 보험금액이 설정되지 않은 보험계약에 있어서 보험년도의 종료 후 당해 보험년도의 보험성적 등을 고려하여 이미 징수한 선납보험료의 일부를 환급할 수 있다.
3. 보험금액이 설정된 보험계약에 관하여 조합원은 조합이 별도로 정한 보험료산출기준 및 전 보험년도의 정액보험료에 대한 변경율 등에 의거 각각의 가입선박에 관하여 산출된 당해 보험년도의 정액보험료를 제7조에 따라 납입하여야 한다.

〈해설〉

(1) 의 의

본 보험에 적용되는 다양한 보험료에 대하여 정하고 있다.

(2) 내 용

P&I 보험은 상호보험인 점이 일반 영리보험과 다른 점이다. 영리보험회사에서는 대수의 법칙에 따라 미리 산정된 보험료를 한번 납입하면 된다. 그런데, 상호보험에서는 수익을 목표로 하는 것은 아니므로, 선납보험료

(advance call)를 먼저 납부하고 회계연도 말에 추가보험료(supplementary call)를 납부하게 한다. 이는 보험년도의 가입된 전 선박에 대하여 일률적으로 부가된다.

중간에 탈퇴하는 선박에게는 추가보험료를 부가하기가 사실상 어려우므로, 추가 보험료의 납입의무를 면제하는 정산보험료를 납부하게 한다. 제1항에서는 이와 같은 선납보험료, 추가보험료 그리고 정산보험료에 대하여 정한다.

제2항에서는 선납보험료의 일부를 환급할 수 있다고 정한다.

1.9 보험료의 납입(제7조)

약관내용

1. 조합원은 보험기간 개시 시까지 조합에 가입선박에 대한 선납보험료 또는 정액보험료를 납입하여야 한다.
2. 조합원 또는 탈퇴한 조합원은 조합으로부터 추가보험료 또는 정산보험료의 납입을 청구 받았을 때에는 조합이 지정하는 날까지 이를 납입하여야 한다.
3. 제4조(보험기간)가 규정한 보험기간의 중도에 보험계약을 체결한 조합원은 보험계약 개시일 이후의 일수에 따라 보험료를 납입하여야 한다.
4. 조합원은 보험료 납입채무에 관하여 조합에 대한 어떠한 채권과도 상계할 수 없다.
5. 보험료가 미화로 청구되었을 경우 조합원이 보험료를 원화로 납부하고자 할 때는 납입일의 한국외환은행 최초고시 매매기준율을 적용한다.
6. 조합이 조합원에게 보험료를 환급할 때, 조합의 판단에 따라 원화 또는 미화로 지급할 수 있으며, 원화로 환급하고자 하는 경우 조합이 보험료를 환급할 날의 한국외환은행 최초고시 매매기준율에 따라 환산한다.

〈해설〉

(1) 의 의

보험료의 납입 방법에 대하여 정하고 있다.

(2) 내 용

조합원은 보험기간 개시전에 선납보험료 혹은 정산보험료를 납부해야 한다. 제4항은 조합원이 조합에 대한 채권을 가지고 자신이 납부할 보험료에 대하여 상계항변을 할 수 없도록 정하고 있다. 예컨대, 보험료를 납부하지 않은 상태에서 보험사고가 발생하여 보험금을 청구하면서 보험료 청구권상의 금전과 미납보험채권 상 금전을 상계하지 못한다.

1.10 보험료의 납입을 지연한 조합원에 대한 조치(제8조)

약관내용

1. 조합은, 보험계약기간 개시 후에 있어서도, 당해 계약에 관한 보험료(보험료를 분할 납입하기로 되어 있는 경우에는 초회 보험료) 수령 전에 발생한 조합원의 책임 및 비용에 관해서는 보상하지 아니한다. 다만, 보험료에 대한 유예기간이 정해져 있고 그 유예기간 내에 납입한 경우에는 보험기간 개시 시에 납입한 것으로 본다.
2. 전 항의 보험료 또는 초회 보험료가 납입기일(유예기간이 정해져 있는 때에는 그 유예기간) 내에 납입되지 아니한 경우에는 당해 보험계약이 해제된 것으로 본다. 다만 조합과 조합원 사이에 별도의 서면약정이 있는 경우에는 그러하지 아니하다.
3. 보험료를 분할 납입하기로 되어 있는 경우에, 초회 보험료를 제외한 분할분 보험료 전액이 납입기일까지 납입되지 않는 때에는 조합은 상당한 기간을 정하여 납입을 최고하고, 최고시 정한 납입기일까지 납입되지 아니하면 당해 보험계약은 최고시 정한 납입시한을 기하여 해지된 것으로 본다. 다만 조합과 조합원 사이에 별도의 서면약정이 있는 경우에는 그러하지 아니하다.
4. 조합은 보험료의 납입을 태만히 한 조합원에 대하여 다음에 열거한 조치를 취할 수 있다.
   (1) 미납보험료에 관하여 납입기일부터 실제로 납입되는 날까지의 기간에 대하여, 한국은행이 공시한 최근의 월간 기업일반자금대출금리에 1%를 더한 이자율에 해당하는 지연이자의 징수.
   (2) 당해 조합원의 의결권의 행사를 정지 또는 보험금의 지급을 정지하는 일. 이 경우 조합원의 보험료 납입의무는 면제되지 않는다.

〈해설〉

(1) 의 의

보험료 납입을 지연할 경우의 법적효과에 대하여 정하고 있다.

(2) 내 용

조합과 조합원사이의 보험계약이 성립하면 보험계약기간이 시작된다. 그러나, 보험료의 납부가 있어서 보험자가 책임을 부담하는 보험기간이 시작된다. 그러므로, 보험료를 납부하지 않은 사이에 보험사고가 발생해도 보험금을 지급하지 않는다(제1항). 이 경우는 보험계약이 해제된 것으로 간주된다.

보험료가 분할납부되도록 된 경우 조합은 상당한 기간을 정하여 납입을 최고하고 최고시에 통보한 기일까지 납입이 없으면 보험계약은 해지된 것으로 본다(제3항). 우리 상법에 의하면 이 경우에도 보험자는 보험계약의 해지의 의사표시를 해야 하는 것으로 되어있다(제650조 제2항). 이와 같은 규정을 실효약관이라고 부르고 이는 상법 제663조 강행규정에 위반하여 무효가 된다(대법원 1995.11.16. 선고 94다56852 판결). 그러나, P&I 보험은 해상보험이고 해상보험에는 제663조가 적용되지 않기 때문에 유효하다.

1.11 보험년도의 보험료 확정(제9조)

약관내용

보험금액이 설정되지 않은 보험계약에 대하여 보험년도의 종료 후 추가보험료의 징수 혹은 선납보험료의 환급 등을 다시 행할 필요가 없다고 결정하였을 때에는 조합은 당해 보험년도의 보험료를 확정하고 이를 조합원에게 통지한다.

〈해설〉

P&I 보험은 상호보험이므로 수지균등의 원칙에 맞추어 보험년도가 종료된 후 추가보험료의 납부가 필요하다. 추가보험료가 필요없다면 보험년도의 선급보험료로 확정되어야 할 의무를 보험자인 조합에 부과하고 있다. 이에 대한 규정이다.

1.12 보험계약의 소멸(제10조)

약관내용

보험계약은 아래에 열거한 사유로 소멸되는 경우를 제외하고는 보험기간이 만료할 때에 소멸된다. 보험기간이 만료된 때에는 보험기간 갱신에 관한 별도 합의가 없으면 보험계약은 소멸된다.

(1) 조합원이 정관 제14조의 규정에 의해 탈퇴한 경우

(2) 조합이 제2조 제1항, 제2항, 제8조 제3항 또는 제17조 제2항의 규정에 의하여 보험계약을 해지한 경우

(3) 제11조 제1항의 규정에 의하여 보험계약이 종료된 경우

(4) 앞의 각 호에 열거한 경우 이외에 조합이 보험계약을 중단하는 것이 정당하다고 판단하고 그 취지를 보험계약종료 1개월 전까지 조합원에게 통지한 경우

(5) 조합원이 보험기간이 만료되는 1개월 전까지 보험계약을 계속하지 않는다는 취지를 조합에 통지한 경우

〈해설〉

보험계약은 보험계약기간의 만료로 소멸된다. 그렇지만, 약정된 기간의 만료 이전이라도 조합원이 조합에서 탈퇴하면 회원자격을 잃게 되므로 보험계약도 효력을 잃는 것으로 했다. 선박의 양도와 같이 보험계약이 종료된 경우에도 보험계약이 소멸한다.

1.13 보험계약의 종료(제11조)

약관내용

1. 다음의 사유가 있을 때에는 보험계약은 종료한다. 그러나, 조합의 동의가 있는 때에는 그러하지 아니한다.

(1) 선박을 양도한 때

(2) 선박의 선급을 변경한 때

(3) 선박을 새로운 관리로 옮긴 때

(4) 선박이 현실전손 되었을 때

(5) 선박이 선체보험자로부터 추정전손, 협정전손 또는 타협전손의 인정

을 받거나 조합이 추정전손, 협정전손 또는 타협전손의 인정을 한 경우. 단, 전손의 원인이 된 사고로 인하여 발생한 담보해야 할 배상책임이 있는 경우는 제외한다.

(6) 선박의 위치가 마지막으로 보고된 때 또는 로이즈에 실종으로 공고된 때로부터 10일 동안 선박이 실종이면 두 날짜 중 더 빠른 때

(7) 조합을 어느 국가 또는 국제기구로부터의 제재, 금지, 제약 또는 불이익조치를 당하게 할 위험에 노출시킬 운송, 무역 또는 항해에 가입선박이 투입될 때

(8) 조합원이 개인인 경우

㈎ 조합원이 사망한 때

㈏ 파산재산의 관리명령을 조합원이 받은 때

㈐ 조합원이 파산하였을 때

㈑ 조합원이 채권자들과 화해를 하거나 협정을 맺은 때

㈒ 조합원이 그의 재산 및 업무에 대하여 경영 또는 관리하는 것을 정신장애로 할 수 없게 된 때

(9) 조합원이 기업인 경우

㈎ 조합원이 자진폐업을 한 때(회사 또는 그룹의 재편성을 목적으로 자진 폐업을 한 경우는 제외)

㈏ 조합원이 강제적인 폐업명령을 받은 때

㈐ 조합원이 해산을 한 때

㈑ 조합원의 사업 또는 업무의 전체 또는 일부에 대하여 파산관재인 또는 관리자가 선임된 때

㈒ 조합원의 채권자로부터 보호받기 위해 또는 조합원의 업무를 재조직하기 위해 회생 및 파산에 관한 법에 따른 절차를 시작한 때

(10) 앞의 각 호에 기술된 경우 이외의 사유에 의하여 피보험이익을 상실한 때

2. 다음 각 호의 경우 조합은 납입한 보험료 중 미경과 보험료를 일할 계산하여 환급한다.

(1) 전 항의 규정에 의해 보험계약이 종료된 경우

(2) 조합원이 보험기간의 중도에 보험계약을 임의 해지한 경우

(3) 조합이 제2조 제1항 및 제2항, 제8조 제3항, 제17조 제2항 등 조합원

의 책임있는 사유에 의해 보험계약을 해지하는 경우

3. 제1항 (1)호 내지 (10)호에 해당하는 사유에 따른 계약종료에 관해서는 조합원은 지체 없이 그 취지를 조합에 통지하여야 한다.

〈해설〉

(1) 의 의

보험계약은 약정에 의한 만료시까지 지속된다. 그러나 존속할 이유가 없는 경우도 생긴다. 본 조는 보험계약의 종료사유를 열거한 규정이다.

(2) 내 용

선박을 양도한 때, 선박의 선급을 변경한 때, 선박을 새로운 관리로 옮긴 때는 상법이 정한 보험계약의 종료사유이다(상법 제703조의 2). 선박이 현실전손이 된 경우, 추정전손이 인정된 경우는 피보험목적에 변화가 생긴 것으로 보험계약의 종료사유가 됨이 상당하다.

기업인 경우 조합원의 폐업, 폐업명령을 받은 때, 해산을 한 때, 보험계약은 종료되는 것으로 한다. 그러나, 회생절차에 들어간 것만으로 보험계약이 종료되는 것으로 하면 이는 무효라고 생각된다. 이러한 규정은 소위 Ipso Facto Clause(도산해지조항) 으로 관리인이 해지 혹은 이행의 선택을 통하여 기존의 계약을 관리할 기회를 박탈하고, 채무자회생법의 목적을 달성할 수 없도록 하는 것이다.

선박이 행방이 불명된 경우 10일이 지나면 보험계약이 종료되는 것으로 한 것은 너무 이른 것으로 보인다.

보험계약이 중도에 종료된 경우에는 조합원에게 미경과 보험료는 반환되어야 한다. 미경과 보험료는 일당으로(daily) 계산되어야 한다(2항).

1.14 휴항에 의한 보험료의 환급(제12조)

약관내용

1. 조합원은 아래의 경우에는 보험료의 환급을 청구할 수 있다. 이 경우 조합원은 휴항 개시 후 지체 없이 그 휴항개시 사실과 예정 휴항기간을 조합에 통지하여야 한다.

(1) 화물배상책임담보에 가입하고 있는 선박 또는 선원 및 화물 배상책임

을 제외한 위험에 대하여 배상책임담보에 가입하고 있는 선박이 화물을 적재하지 않고 동일한 안전한 장소에서 연속된 30일 이상(개시일로부터 종료일까지의 일수에서 1일을 공제한 일수) 계선하고 휴항한 때

(2) 선원 및 화물배상책임담보에 가입하고 있는 선박이 선원(보안요원 제외)을 승선시키지 않고 화물을 적재하지 않은 채 동일한 안전항 또는 안전한 장소에서 연속된 30일 이상(개시일로부터 종료일까지의 일수에서 1일을 공제한 일수) 계선하고 휴항한 때

(3) 어선이 동일한 안전항 또는 안전한 장소에서 연속된 30일 이상 계선 상태로 휴항하고(개시일에서 종료일까지의 일수에서 1일을 공제), 협회계선보험약관(Institute Time Clause(Hull－Port Risks)－1/3/85)표준약관에 부보한 때

2. 전 항에서 규정한 보험료의 환급을 청구하는 조합원은 휴항 종료 후 3개월 이내에 휴항의 사유 및 기간을 증명하는 서류를 조합에 제출하여야 한다. 이를 태만히 한 경우 조합은 보험료환급을 거절할 수 있다.

3. 조합은 제1항에서 규정한 보험료의 환급에 관하여는 납입한 보험료 중 휴항기간에 상당하는 보험료에서 조합이 필요로 하는 재보험료 및 사업경비를 공제한 다음 제1항 (1)호 및 제1항 (3)호의 경우는 그 나머지의 50% 이내에서, 제1항 (2)호의 경우에는 그 나머지의 75% 이내에서 환급한다.

〈해설〉

보험은 피보험목적이 위험에 처한 경우에 우연한 사고로 인한 경우에 보험자가 피보험자가 입은 손해를 보상하는 것이다. 그런데, 보험계약기간이 시작되었다고하여도 피보험목적이 전혀 위험에 놓이지 않은 경우 보험자는 보험료를 받을 이유가 없어진다. 그렇지만, P&I 보험에서 보험료는 1년을 기준으로 부과된 것이기 때문에 보험료는 환급되어야 한다.

1개월 이상 선박이 휴항한 경우 선원, 화물이 없는 경우에 환급사유가 된다.

1.15 상계(제13조)

약관내용

조합은 보험료를 미납한 조합원에 대해 보험금을 지급할 경우 지급보험금에서 미납보험료의 전부 또는 일부를 상계할 수 있다.

〈해설〉

(1) 의 의

변제기에 있는 같은 금액의 채권과 채무를 가지는 경우 채권자가 자신의 채권을 자동채권으로 하여 상계의 의사표시를 하면 상대방의 수동채권상 동등액이 소멸되게 된다.

(2) 내 용

보험료가 미납된 경우라도 보험사고가 발생하면 조합은 조합원에게 보험금을 지급하게 되는 경우가 있다. 조합은 조합원에 대하여 보험료채권을 가지고, 조합원은 조합에 대하여 보험금 청구채권을 가진다. 조합은 자신의 보험료채권을 자동채권으로 하고 조합원의 보험금채권을 수동채권으로 하여 상계할 수 있다.

1.16 선단 가입(제14조)

약관내용

1. 조합은 보험요율을 산출함에 있어 조합원이(복수의 조합원 포함) 2척 이상의 선박을 가입시킬 경우 이를 동일 조합원에 의한 계약으로 취급할 수 있다. (이하 이를 '선단가입'이라 한다)
2. 선단가입에 의해 계약한 조합원 중 누구든지 조합에 대하여 채무를 부담하는 경우에는 그 채무에 대하여 당해 선단을 구성하는 전체 조합원이 연대책임을 진다.

〈해설〉

통상 1척의 선박을 소유하는 자가 조합에게 보험을 가입한다. 그런데 조합원이 2척이상의 선박을 동시에 보험에 가입시킬 경우 이를 선단가입이라고 한다. 조합은 이 경우 유리한 보험요율을 제공할 수 있음을 의미한다. 선단가입에서 조합원이 복수인 경우는 두 사람은 조합에 대하여 연대책임을 부담한다.

1.17 공동계약(제15조)

약관내용

1. 조합은 1척의 가입선박에 대하여 복수의 조합원과 보험계약을 체결할 수 있다. (이하 '공동계약자'라 한다)
2. 공동계약자는 조합에 대한 일체의 채무에 대하여 연대하여 지급할 의무를 부담한다.
3. 공동계약자의 누구든지 중대한 사실의 고지 또는 통지를 태만히 하거나 허위의 고지 또는 통지를 한 때에는 공동계약자 전원에 의한 행위로 간주한다.
4. 공동계약자의 누구든지 조합이 손해보상을 거부할 수 있거나 또는 보상액을 감액할 수 있는 사유에 해당하는 행위가 있을 경우에는 공동계약자 전원에 의한 행위로 간주한다.
5. 조합이 보상의 대상으로 하는 공동계약자의 책임 등은 선박소유자가 자신의 책임으로 행하는 가입선박의 통상 운항에서 발생하는 책임 및 비용으로서 보험계약규정 및 가입증서에 기재된 계약조건의 범위 내에 한한다.
6. 공동계약의 경우에 있어 보험계약규정 및 보험가입증서에 의거하여 공동계약자에 지급되는 보상액의 합계는 당해 보험계약이 단독계약(1인의 계약자에 의해 계약된 것)으로 체결되어 있을 경우에 보상되는 금액을 한도로 한다.
7. 조합이 공동계약자의 누구에게든지 행한 통지는 공동계약자 전원에 대한 통지로 보며 공동계약자의 누구든지 조합에 대해 행한 통지는 공동계약자 전원의 승인 후에 행해진 것으로 본다.
8. 공동계약자에 대한 보상은 공동계약자 사이 또는 공동계약자와 조합원과의 사이의 어떠한 성질의 것이든 또는 어떻게 발생하든 간에 어떠한 분쟁에도 확장되지 않는다.

〈해설〉

(1) 의 의

통상의 보험계약은 보험계약자 1인에 보험자 1인으로 구성된다. 그렇지만, 선박공유와 같이 여러 명이 선박을 공유하는 경우, 2인이 소유자인 경우에는 복수의 보험계약자가 있을 수 있다. 이에 대한 법률관계를 정하고 있다.

(2) 내 용

보험계약자가 2인이라고 하여 보험금이 두배로 된다든지, 통지를 두 군데 모두에게 해야하는 것은 아니므로 이러한 내용을 담고 있다. 공동계약자는 조합에 대한 채무에 대하여 연대책임을 부담한다.

1.18 선급 등의 유지 및 법령의 준수(제16조)

약관내용

1. 조합원은 가입선박의 선급 또는 자격의 보유 또는 법령의 준수에 관하여 조합과의 별개의 서면에 의한 합의가 없는 한 다음 요건을 충족하여야 한다.
   (1) 조합이 인정한 선급협회 또는 이와 동등한 기관(이하 '선급협회 등'이라 한다)에 의한 선급 또는 자격을 취득하여 항상 이것을 유지하는 일
   (2) 선급협회 등이 수리 등을 권고할 것으로 예측되는 상황에 도달하였을 때에는 즉시 이를 당해 선급협회 등에 통지하는 일
   (3) 선급협회 등의 권고 또는 지시를 따르는 일
   (4) 선급 또는 자격 유지에 관해 조합이 필요하다고 인정한 경우 선급협회 등에 대해 조합이 직접 조회를 하는 것에 협력하는 일
   (5) 선급협회 등이 변경된 경우 조합에 통지하는 일
   (6) 구조, 장비, 비품, 인원승선, 운항, 관리 또는 보안에 관해 선적국의 법령, 국제안전관리(ISM) 코드 및 선박및항만시설보안에관한규칙(ISPS Code) 하에서 요구되는 일체의 조건을 충족하는 일. 아울러 이들 법령, ISM Code, ISPS Code에 근거하여 선적국이 발행하는 유효한 증서를 항상 보유하는 일

2. 조합원이 전 항의 요건을 충족하지 못한 때에는 조합은 보상을 거부하거나 보상액을 감액할 수 있다.

〈해설〉

(1) 의 의

선급협회는 선박의 안전을 담보하는 기능을 한다. 선급협회에서 발행하는 선급증서와 선급명부의 기록은 선박소유자는 물론 제3자에게 안전에 대한 기준과 확인을 제공한다. 선급협회에서 판정한 안전등급을 신뢰하고 거래관계가 이루어진다. 그렇기 때문에 선박소유자가 적절한 선급협회에 가입하는 것은 대단히 중요하다. 선급의 지시사항을 보험계약자인 선박소유자가 잘 준수할 것과 선급의 자질 자체도 중요하므로 선급이 변경된 경우 조합에게 통지할 것을 요구하고 있다.

(2) 내 용

선급유지약관은 담보특약으로 운용되는데, 여기서는 좀 불분명하다. 제1항 6호에서는 구조, 장비, 선박안전관리, 보안등에 대한 국제규칙을 준수할 것과 관련 증서를 비치할 것을 요구하고 있다.

이러한 내용을 지키지 않으면 보상거부 혹은 감액사유가 된다고 정하고 있다.

1.19 감항성 등의 확보(제17조)

약관내용

1. 조합은 조합의 보상대상이 되는 손해 및 비용을 방지할 목적으로 가입선박의 관리 및 감항성에 관한 검사를 조합이 지정하는 기간 내에 조합이 지정하는 검사기관에서 실시할 것을 조합원에게 요구할 수 있다. 조합원이 이 검사를 실시하지 않는 때에는 조합은 그 기간이 경과한 후에 해당 가입선박에 대하여 발생한 손해 및 비용의 보상을 거부하거나 보상액을 감액할 수 있다.
2. 조합원은 검사의 결과 검사기관에 의한 권고가 있을 때에는 조합이 지정한 기한 내에 권고된 수리 등을 실시하여야 한다. 조합원이 권고된 수리 등을 실시하지 않은 경우 조합은 당해 가입선박의 보험계약을 해지하거

나 이 권고 후에 당해 권고에 의한 수리 등을 조합이 만족하는 수준으로 이행될 때까지 그로 말미암은 손해나 비용의 보상을 거부하거나 감액할 수 있다.

3. 전 항에서의 해지는 해지해야 할 사유가 발생한 날 이후부터 장래에 대하여 효력을 발생한다.
4. 보험계약을 체결하려고 하는 선박에 관하여 제1항 및 제2항 전반부에서 규정한 요건이 충족되지 않은 경우 조합은 당해 선박의 보험계약의 인수를 거부할 수 있다.
5. 조합은 사고의 발생을 예방하기 위하여 필요하다고 판단되는 합리적이고 적절한 조치를 조합원에게 요구할 수 있으며, 조합원은 그러한 조합의 요구에 응하여야 한다. 조합은 조합원이 그러한 조치를 조합이 만족하는 수준으로 이행하지 않는 한 보상을 거부하거나 보상액을 감액할 수 있다.
6. 조합은 제2항 규정에 따라 가입선박의 보험계약을 해약하는 때 및 제4항의 규정에 따라 보험계약의 인수를 거부하는 때에는 그 사실 및 검사결과 등에 관하여 다른 조합 등에 통지할 수 있으며 이들 조합원 및 보험계약을 체결하고자 하는 자는 조합에 의한 이 조항 규정의 정보공개에 동의하는 것으로 한다.

〈해설〉

(1) 의 의

감항성은 선박이 항해를 완성함에 있어서 필수적인 요소이다. 상법 운송편에서도 감항성은 우선적 의무로서 이를 갖추지 못한 상태에서 화물에 손상이 발생하면 운송인은 손해배상책임을 부담한다(상법 제794조). 이를 갖추지 못하면 항해과실 면책도 인정되지 않는다. 상법 보험편에서도 불감항으로 인한 보험사고는 보험자가 면책된다. 이 조항은 반드시 보험사고가 고의 혹은 중과실로 발생하지 않아도 되는 것으로 대단히 엄중한 것이다.

(2) 내 용

본 조에서는 감항성으로 인한 보험사고는 보험자의 면책사유라고 정하는 것이 아니라, 감항성을 유지할 의무를 조합원들에게 부과하고 있다. 조합은 감항성검사를 조합원에게 부과하고 이를 따르지 않은 경우 검사요구기간이 종료된 다음 보험사고가 발생하여도 보험금을 지급하지 않는다고 정한다. 인과관계가 있는 손해로 한정될 것이다. 검사결과 검사기관의 시정권고가 있으면 조합원은 이를 따라야하고 이를 행하지 않으면 보험계약해지권이 조합에게 발생한다.

Korea P&I 보험계약의 준거법은 한국법이다. 그러므로 상법 해상보험규정이 적용된다. 본 약정에 불감항에 대한 특별한 효과규정이 없어도 상법상 보험자 면책규정이 적용되게 된다. 우리 상법은 영국 해상보험법과 달리 불감항 사실과 보험사고 사이에 인과관계가 있어야 보험자는 면책된다.

1.20 서기 2000년 문제의 대응(제18조)

(삭 제)

2. 보상의 범위

2.1 보상의 범위(제19조)

약관내용

조합은 조합원과 별도의 합의가 없는 한 보험기간 중 가입선박의 운항에 수반하여 발생한 본 장에서 규정하는 손상 또는 손실(이하 '손해'라 한다) 및 비용을 본 장의 규정에 따라 보상한다. 단, 제34조의 경우를 제외하고는 조합의 보상은 조합원이 법령에 의하거나 조합이 승인한 계약에 의하여 부담하는 책임 및 비용에 한한다.

〈해설〉

(1) 의 의

본 보험에서의 보상범위에 대하여 정한다.

(2) 내 용

보상의 범위를 특정하고 있다. 보험의 원리상 보험기간 중 발생한 보험사고의 경우에만 보험금을 지급해야한다. 그 보상은 본장의 규정의 절차에 따라 지급될 것이다.

보험자인 조합이 부담하는 손해보상의 책임은 조합원이 법령 혹은 조합이 승인한 계약에 의하여 부담하는 경우에 한정된다. 다만, 34조의 경우는 예외이다.

2.2 선원에 관한 책임 및 비용(제20조)

약관내용

1. 조합은 가입선박의 선원(가입선박의 정원으로 취업규칙이나 고용계약 등에 의해 고용된 자 또는 조합이 선원이라고 인정한 정원 이외의 자. 이하 같다)에 대하여 조합원이 부담하는 아래의 각 조항에서 기술하는 책임 및 비용을 보상한다.

   (1) (사상 등에 관한 책임 및 비용) 선원의 사망, 행방불명 및 상병(이하 '사상 등'이라 한다)에 관한 다음에 열거하는 책임 및 비용

   ㈎ 선원의 인명구조비 및 유해 수색비. 그러나 선박보험, 화주 또는 기타 사람으로부터 회수할 권리가 없는 경우에 한한다.

   ㈏ 선원의 사상 등에 관하여 법령 또는 사전에 조합의 승인을 얻은 근로협약, 취업규칙 혹은 고용계약 등(이하 '계약 등'이라 한다)에 의하여 부담한 책임

   ㈐ 선원의 유해, 유골 또는 유품을 유족에게 인도하기 위하여 합리적으로 지출된 비용

   ㈑ 선원이 사망한 경우 장례를 치루기 위해 합리적으로 지출된 비용

   (2) (실업수당) 가입선박이 해난에 의하여 전손이 되어 또는 감항성 상실로 운항을 할 수 없게 되어 선원고용계약을 해지함으로써 조합원이 법령이나 계약 등에 의하여 실업중인 선원에게 지급한 임금 또는 수당

   (3) (소지품의 손해보상금) 가입선박의 해난에 의하여 선원의 소지품에 손해가 발생하여 법령 또는 계약 등에 근거하여 지급되는 소지품상실수당 혹은 보상금으로 조합이 인정한 금액. 단, 선원소지품 중 현금, 채권, 유통증권, 미술품, 골동품, 귀금속, 기타 선원의 필수품이라고 인정되지 않는 물품은 보상에서 제외된다.

   (4) (교체선원 파견비용) 선원이 사상 등 또는 조합이 인정한 기타 사유에 의하여 승선이 불가능해짐으로써 이를 위하여 필요한 교체선원의 파견비용

(5) (우회비용) 가입선박이 전적으로 상병선원의 치료나 상륙, 실종선원의 수색 또는 이들 선원의 교체, 또는 해상에서의 인명구조를 위하여 우회함으로 인해 발생한 연료, 항비, 보험료, 임금, 비품 및 식량의 추가비용. 단, 우회 또는 지연이 없었더라도 발생하였을 비용은 보상하지 아니한다.

(6) (송환비용)

㈎ 선원이 상병, 가입선박의 해난 또는 조합이 인정한 기타 사유로 승선하지 못하여 그 선원을 송환하기 위하여 소요된 비용.

㈏ 선원이 승선 중, 선원의 배우자, 부모 또는 배우자의 부모, 자녀가 사망하거나 위독한 상황으로 인하여 선원의 참석이 반드시 필요한 경우 그 선원을 송환하기 위하여 소요된 비용

(7) (선원이 귀선하지 않은데 따른 비용) 선원의 탈선, 파업, 기타 사유에 의하여 당해 선원이 가입선박에 승선하지 못하고 육상에 체류한 경우 그 선원에 관하여 발생한 비용 중 조합원이 법령에 근거하여 부담한 비용으로서 그 선원 또는 책임 있는 당사자로부터 회수할 수 없게 된 부분. 그러나 조합원은 그 비용을 회수하기 위하여 모든 적절한 수단을 강구하여야 한다.

(8) 조합원이 (1)~(7)의 책임을 이행하지 못할 때 조합은 조합원을 대신하여 선원 또는 선원유족에게 직접 그 책임을 보상한다. 단 조합이 선원 또는 선원유족에게 직접 보상하는 금액은 조합과 조합원 간의 보험계약에 따른다.

2. 조합은 전 항의 규정에도 불구하고 다음에서 열거하는 책임 및 비용을 보상하지 아니한다.

(1) 법령에 의하여 조합원 또는 선원이 선원의 사망, 상해 및 질병에 관한 비용을 담보하는 보험에 가입하는 것을 의무로 하고 있는 경우, 당해 보험 등의 부보여부에 관계없이 그 보험 등 급부의 대상이 되는 부분 (단, 사전에 조합의 승인을 얻은 경우에는 그러하지 아니하다.)

(2) 조합의 사전 승인이 없는 계약 등에 의하여 법령상 책임보다 가중된 책임 및 비용

(3) 다음에 열거된 사유에 의하여 발생한 것

㈎ 계약 등의 규정이나 당사자의 합의에 의한 선원의 승선기간의 종료

㈏ 조합원에 의한 계약 등의 위반
㈐ 가입선박의 매각, 기타 조합원의 형편

〈해설〉

(1) 의 의

제20조 제1항은 조합이 보상하는 가장 전형적인 선주의 책임과 비용인 선원관련 보상이다.

(2) 내 용

보상은 조합의 법률 또는 계약으로 조합원인 선주가 부담하는 책임 또는 비용이어야 한다. 선원이 재해로 사망한 경우 선박소유자는 선원법에 의하여 재해보상금을 지급할 의무를 부담한다. 선원의 사상 등에 관한 책임 및 비용, 실업수당, 교체선원, 파견비용, 송환비용 등이 그 대상이다. 제1항 8호는 먼저 조합원이 이행할 것을 조건으로 한다. 그러나, 우리 상법은 피해자에게 책임 보험자에 대한 직접 청구권을 인정하고 있으므로 유효한지 다툼이 있다.

제2항은 보상하지 아니하는 비용을 열거하고 있다.

합의에 의한 선원승선기간의 종료에 따른 경우는 보험의 본질인 우연성이 없으므로 보상범위에서 제외된다.

2.3 여객에 관한 책임 및 비용(제21조)

약관내용

1. 조합은 가입선박의 여객에 관하여 조합원이 부담하는 아래에 열거한 책임 및 비용을 보상한다.
   (1) 여객의 사상 등에 관한 책임 및 비용 (이로비용 및 강제출국 명령에 따른 송환비용을 포함)
   (2) 가입선박에 승선한 여객과 관련하여 다음에 열거한 사유로 발생한 책임 및 비용 (이런 여객을 최종목적지 또는 승선지에 이송하는 비용 및 이런 여객의 육상에서의 체재비용을 포함한다)
      ㈎ 충돌, 좌초, 폭발, 화재, 기타 원인으로 인해 가입선박 자체의 손상에 따라 목적지까지의 안전한 항해가 불가능해진 사고

(나) 모든 여객의 생명, 건강, 안전에 위협을 수반하는 사고

(3) 여객의 수화물의 손해에 관한 책임 및 비용. 단, 귀중품은 보상하지 아니한다.

(4) 여객의 인명구조비. 그러나 선박보험자, 화주 또는 기타 관련자로부터 회수할 권리가 없는 경우에 한한다.

2. 조합은 전 항의 규정에도 불구하고 다음에서 열거하는 책임 및 비용을 보상하지 아니한다.

(1) 조합원이 사용하는 여객운송약관이 적용 가능한 법령 또는 조약 하에서 조합원이 원용할 수 있는 한도 내의 항변사유를 포기함으로 인하여 가중된 책임 및 비용

(2) 항공에 의한 수송수단을 이용 중인 여객에게 발생한 사상 등과 수화물 등의 손해 및 지연으로 발생한 손해에 관한 책임 및 비용. 그러나 사상 등이 발생한 여객을 항공이송 중 혹은 가입선박의 해난의 결과 가입선박상의 여객을 항공수송 중에 발생한 책임 및 비용 또는 가입선박을 떠나 유람에 참가한 여객의 항공 이용 중에 발생한 사상 등에 관한 책임 및 비용 (다만 (3)호에 해당하는 경우는 제외한다)은 이에 해당하지 아니한다.

(3) 가입선박을 떠나 유람에 참가중인 여객에게 발생한 사상 등에 관하여 다음의 사유에 의해 부담한 계약상의 책임 및 비용

(가) 당해 유람의 참가와 관련하여 승객이 별도의 계약을 체결한 경우

(나) 당해 유람에 관해 그 하청업자(Sub-Contractor) 또는 제3자에 대한 구상권을 포기한 경우

〈해설〉

(1) 의 의

조합원이 여객운송인인 경우 여객의 사상 등에 대한 책임 및 비용을 조합원이 부담하게 된다. 이 경우 조합이 부담하는 책임과 비용에 대하여 기술하고 있다.

(2) 내 용

여객의 사망 · 부상으로 인한 손해, 가입선박이 여객운송 중 충돌 등으로 여객이 이송될 경우 발생비용, 수하물손해, 여객의 인명구조비 등이

보상되는 손해이다.

2.4 선원 및 여객이외의 사람에 관한 책임 및 비용(제22조)

약관내용

1. 조합은 가입선박의 선원 및 여객 이외의 인명에 관하여 조합원이 부담하는 아래의 각 항에 열거된 책임 및 비용을 보상한다.
   (1) 선원 및 여객이외의 인명의 사상 및 질병 등에 관한 책임. 그러나 노동자의 재해보상에 관한 법령에 의하여 조합원이 하역노동자의 사상 및 질병 등에 대하여 사용자책임을 부담하고 이것을 보상하는 보험에 가입할 의무가 정해져 있는 때에는 조합이 달리 승인하지 않는 한 당해 보험의 부보여부에 관계없이 이러한 사상 및 질병 등에 관한 책임은 제외한다.
   (2) 조합원의 가입선박에 승선한 조선소 기사 등에게 발생한 상병의 치료를 목적으로 그러한 자를 상륙시키기 위하여 가입선박이 이로함으로 인하여 발생한 추가비용. 그러나 법령이나 계약에 의하여 이로 등의 추가비용을 그러한 기사 등의 고용자측이 부담하는 경우는 제외한다.
   (3) 가입선박의 선원 및 여객 이외의 인명구조에 관한 이로로 인하여 발생한 추가비용으로 조합이 인정한 금액
   (4) 본 항 (1)호의 담보와 관련하여 선원가족 또는 공무감독, 조선소기사 등 조합원의 지시 또는 계약에 의하여 승선한 자에 대한 조합원의 책임 및 비용은 제20조에 따라 보상한다.
   (5) (1)호의 담보는 가입선박의 과실 있는 항해 또는 관리, 또는 가입선박의 과실 있는 작위 또는 부작위로 인한 책임에 한한다.
2. 조합원은 전 항 (3)호의 비용을 회수하기 위하여 모든 적절한 수단을 강구하여야 한다.

〈해석〉

(1) 의 의

선박에는 선원이나 여객이 아닌 사람이 승선하는 경우가 있다. 선박을 도선하기 위한 도선사, 선박을 수리하기 위한 조선소의 기사, 하역업자

등이 대표적이다.

(2) 내 용

이들의 사망, 부상 등에 대하여 조합원이 책임을 부담하는 경우 보상한다. 이들에 대한 상병치료목적의 이로로 발생한 비용도 보상한다.

2.5 밀항자 또는 난민 등에 대한 비용(제23조)

약관내용

1. 조합은 가입선박이 전적으로 밀항자 또는 난민 등의 감호, 하선, 이송 및 송환을 위해 불가피하게 발생한 비용을 보상한다. 단, 이를 위해 우회를 하였을 경우에는 발생한 연료, 항비, 임금, 비품, 식량의 추가비용을 보상하되, 우회가 없었더라도 발생하였을 비용은 보상하지 아니한다.
2. 조합원은 이러한 비용을 회수하기 위하여 모든 적절한 수단을 강구하여야 한다.
3. 밀항자 또는 난민으로 인한 운임 및 용선료의 멸실 등을 포함하는 영업손실 혹은 감가 및 본선 지연 등으로 인한 결과손해에 대해서는 보상하지 아니한다. 또한, 밀항자의 경우 밀항자의 승선 예방조치나 또는 허가 없이 탈주/상륙을 방지하기 위한 적절한 조치를 취하지 아니함으로 인해 발생한 책임에 대해서는 보상을 거절 또는 감액할 수 있다.

〈해설〉

(1) 의 의

선박에는 밀항자가 승선 혹은 난민을 구조하여 승선시키는 경우가 있다. 이 때 발생하는 비용을 조합에서 보상한다는 내용이다. 일반적으로 영업손실 등과 같은 간접(결과)손해는 보상하지 않는다.

(2) 내 용

밀항자 및 난민의 승선이나 이송에 발생한 비용을 보상한다. 이로 인한 영업손실은 보상하지 않는다.

2.6 타선과의 충돌에 의한 책임 및 비용(제24조)

약관내용

1. 조합은 가입선박이 타선과 충돌한 결과 당해 타선에서 발생한 손해로 조합원이 부담하는 아래에 열거된 책임 및 비용을 보상한다.
   (1) (충돌책임) 조합에 가입된 선박과 관련하여 발생한 조합원의 책임 중 선박보험협회약관(ITC－Hull, 1983) 제8조 또는 조합으로부터 승인받은 다른 형태의 선박보험에서 보상되지 않는 4분의 1 (또는 별도로 조합과 합의한 비율이 있는 경우에는 그 비율) 상당액
   (2) (초과충돌책임) 전호의 책임 및 비용의 총액이 선박보험(선박보험가액을 초과한 부분을 담보한 보험(이하 '초과액 특별보험'이라 한다)이 있는 경우에는 이러한 보험을 포함한다)의 보험가액을 초과한 경우의 초과액. 그러나 조합은 그 가입선박의 선박보험금액(초과액 특별보험이 부보되어 있는 때에는 보험금액으로 한다)이 부당하게 낮다고 인정할 때에는 충돌사고 발생시의 가입선박의 시장가액을 기준으로 적정한 평가액을 결정하고 그 평가액을 초과한 부분만을 보상한다.
   (3) (가입선박에 적재된 화물에 대한 충돌손해배상책임) 가입선박과 타선이 쌍방의 과실에 의하여 충돌하고 가입선박의 적하에 손해가 발생한 경우에 그 손해에 대한 책임은 연대책임이며 동시에 '쌍방과실충돌약관'은 무효라는 법원의 판결이 확정됨으로써 조합원이 부담한 책임, 다만 제30조(화물에 관한 책임 및 비용)에서 정한 책임 등에 관한 보험계약을 체결하고 있는 경우에 한한다.
   (4) (기타 충돌책임) 타선에서 발생한 제20조, 제21조, 제22조, 제25조 및 제26조가 규정하는 책임 및 비용
2. 전 항에 대하여는 아래 (1)호 및 (2)호를 적용한다.
   (1) 가입선박이 조합원 자신이 소유하거나 임차한 다른 선박과 충돌한 때에도 제3자의 소유 또는 임차한 다른 선박과 충돌한 경우와 동일하게 취급한다.
   (2) (교차책임원칙의 적용) 충돌이 가입선박 및 다른 선박의 과실에 의하여 발생한 때에는 일방 또는 쌍방의 선박소유자의 책임이 법률 및 합의에 의해 제한되는 경우를 제외하고는 각 선박의 과실 비율에 따라,

상계 없이, 가입선박이 타 선박 또는 그 선박 상에 적재되어 있는 재산의 손해에 대하여 배상한 금액을 충돌손해배상금으로 한다.

〈해설〉

(1) 의 의

P&I 클럽의 대표적인 담보위험이다. 선박충돌로 인한 자신의 손해는 선박보험에서 담보된다. 그런데, 상대선박에 대한 손해는 책임보험자가 부담하는데, 전통적인 선박보험의 충돌약관(RDC)조항에 의거하여 3/4이 보상된다. 나머지 1/4에 대하여 조합에서 보상한다는 취지이다. 경우에 따라서는 4/4를 모두 P&I 클럽이 담보한다(제1항).

(2) 내 용

ITC(Hull, 1983) 제8조에 따라 조합원이 상대선에 대하여 부담하는 1/4 손해의 상당액을 조합이 보상한다. 다른 선박이 조합원이 소유하는 선박이나 임차한 경우에도 동일하게 적용한다. 이는 책임자가 동일한 경우 혼동이 일어나면 상계하면 아무것도 지급할 것이 없게 되는 법원칙을 회피하여 보상하기 위한 것이다(제2항).

A 선박과 B 선박이 충돌하여 A선박의 화주 X가 손해 100이 발생했을 때, 과실비율이 50:50인 경우라도 연대책임제도가 적용되면 X는 100을 B 운송인으로부터 수령할 수 있다. B운송인은 A운송인에게 50을 회수할 수 있다. A는 X에게는 항해과실면책으로 자신은 원래 면책임에도 50을 지급한 것이므로 X에게 50을 청구할 수 있다는 내용이 선하증권 상의 쌍방충돌약관이다. 이것이 국가에 따라서는 무효가 되는 경우가 있다. 이렇게 되면 운송인(조합원)에게는 손해가 발생한다. 이 손해를 보상한다는 것이 제24조 제1항 3호의 내용이다.

2.7 재산 등에 관한 책임 및 비용(제25조)

약관내용

조합은 가입선박의 접촉 등에 의해 재산 등(권리침해를 포함한다. 이하 같다) 에 발생한 손해에 관하여 조합원이 부담하는 아래에 열거하는 책임 및 비용을 보상한다. (1)호 내지 (3)호에서 열거하는 책임 및 비용 중 조합원

자신의 재산 등에 발생한 손해로서 타 보험에 의해 회수할 수 없는 것은 이 것을 제3자에게 속한 것으로 보고 보상한다.

(1) (항만설비 등에 발생한 손해에 관한 책임) 가입선박의 접촉에 의하여 교량, 안벽, 부표, 비이컨 및 케이블 등의 항만설비, 기타의 건조물, 정착물, 가동물, 어구, 양식시설 또는 그 위에 있는 물건 기타의 재물 등에 발생한 손해에 관한 책임. 그러나 당해 가입선박 또는 타 선박에 발생한 손해 및 그런 선박 상에 있는 적하나 재산에 발생한 손해에 관한 책임은 제외한다.

(2) (접촉 및 충돌 이외의 원인에 의하여 제3자의 선박, 적하 및 재산에 발생한 손해에 관한 책임) 가입선박의 접촉 및 충돌 이외의 원인에 의하여 제3자의 선박, 적하 및 재물에 발생한 손해에 관한 책임. 그러나 당해 가입선박상에 있는 적하 또는 재물에 발생한 손해에 관한 책임은 제외한다.

(3) (선체잔해 철거 등의 비용) 법령상으로 강제화되어있는 가입선박의 잔해, 연료, 적하 및 기타 재물의 인양, 이동, 철거 및 파괴 및 등화표지 등의 설치에 관한 법령 등에 의해 부담한 책임(가입선박 이외의 선박 등에 부담한 같은 종류의 책임을 포함한다) 및 비용. 그러나 이러한 책임의 부담에 관하여는 사전에 조합의 승인을 얻지 않으면 아니되며, 또한 회수한 선체, 연료, 적하 또는 기타 재물의 잔존가액은 보상금에서 제외한다. 그리고 이 (3)호에 따른 보상은 이사회가 달리 결정하지 않는 한 가입선박이 침몰선이 된 때로부터 2년이 경과한 이후에 발생한 책임 및 비용은 담보하지 않는다.

(4) (가입선박에 있는 재산에 발생한 손해에 관한 책임) 가입선박에 있는 연료유 및 다른 재산에 발생한 손해에 관한 책임으로서 조합이 그 보상을 인정한 것. 그러나 아래에 열거하는 것에 발생한 손해를 제외한다.
㈎ 제20조 제1항 (3)호에 규정한 선원의 소지품
㈏ 제21조 제1항 (3)호에 규정한 여객의 수하물
㈐ 제30조에 규정한 가입선박의 적하
㈑ 조합원이나 조합원과 특별한 관계에 있다고 조합이 인정한 자가 소유 또는 임차한 재산

〈해설〉

(1) 의 의

가입선박과 선박 사이의 접촉은 선박충돌이 되어 제24조의 약관이 적용된다. 그렇지만, 선박과 선박 이외의 물체와의 접촉사고가 발생하는 경우도 있다. 이 경우 선박이 입은 손해는 선박보험의 담보범위이지만, 어떤 물체가 입은 손해는 P&I 클럽의 담보범위이다. 예를 들면, 항만, 교량, 항로 부표, 정치망 어장의 어구 등에 가한 손해이다.

(2) 내 용

부표, 안벽, 교량 등을 가입선박이 접촉하여 발생한, 그들 소유자가 입은 손해를 조합이 보상한다.

가입선박은 난파물이 되는 경우도 있다. 침선이나 부유물은 선박의 안전항해에 큰 지장을 초래한다. 난파물의 소유자 혹은 임차인은 제거의무를 부담한다. 이들이 제거하지 않는 경우에는 국가가 제거하고 구상을 선박소유자등에게 하게 된다. 이러한 경우 발생한 비용을 담보한다는 것이 제3항의 내용이다. 난파물제거협약상 선박소유자는 제거비용을 담보하는 책임보험에 강제로 가입하도록 되어있고, 그 비용을 담보하는 기능을 P&I 클럽이 한다.

A선박이 (i) B선박과 충돌한 경우, (ii) 교량과 접촉한 경우, A선박이 입은 손해는 선박보험에서, B선박의 소유자와 교량의 소유자가 입은 손해는 P&I보험에서의 담보범위이다. B선박에 대한 A선박의 소유자의 책임은 본 약관 제24조에서, 교량에 대한 책임은 본조에서 보상한다.

2.8 오염에 관한 책임 및 비용(제26조)

약관내용

1. 조합은 가입선박으로부터의 유류 또는 다른 물질의 유출 또는 배출의 위협으로 인하여 조합원이 부담하는 아래에 열거한 책임 및 비용을 보상한다. 그러나 1994년 요오크 · 앤트워프 규칙 하에서 공동해손으로 인정되는 비용은 조합이 사전에 승인한 경우를 제외하고는 보상하지 아니한다. 또한 유류오염이 있거나 또는 그 가능성이 있는 물질 및 폐기물(가입선박이 과거에 화물, 연료, 비품으로 운송한 물질인지 아닌지를 불문한다.)

이 투기장소, 보관 장소 또는 폐기시설로부터 유출, 배출되거나 그러한 우려 또는 그러한 것들의 존재로 인해 발생한 손해에 관한 책임 및 비용은 조합이 사전에 승인한 경우를 제외하고는 보상하지 아니한다.

(1) (제3자에게 발생한 손해에 관한 책임) 오염에 의해 제3자에게 발생한 손해에 관한 책임

(2) (청소비용 등) 유출, 배출에 따른 유탁손해를 방지, 경감하기 위해 필요한 청소 등의 비용 및 이러한 조치를 취함에 따라 발생한 손해에 관한 책임

(3) (유류오염책임에 관한 협정에 의한 책임) 조합이 사전에 승인한 유류오염책임에 관한 협정의 당사자로서 조합원이 부담하는 책임 및 비용

(4) (정부의 명령에 의한 조치비용) 정부 또는 관청의 명령이나 지시에 의하여 조합원이 오염을 방지 또는 경감하기 위하여 취한 조치에 소요된 비용. 그러나 아래에 열거된 것은 제외한다.

㈎ 가입선박의 통상적인 운항, 구조 또는 수리에 따른 명령 또는 지시에 따른 결과 발생한 것

㈏ 가입선박의 선박보험의 보상대상이 되는 것

(5) (구조계약 등에 의한 책임)

가입선박의 해난구조에 관해, 1989년 해난구조협약 (International Convention on Salvage 1989) 제14조 및 조합이 승인한 구조계약에 근거하여 환경손해를 방지 또는 경감하기 위해 취해진 조치에 따라 조합원이 부담한 특별보상

(6) (오염방지비용)

절박한 오염의 위험을 방지, 경감하기 위해 필요한 비용

2. 오염손해에 관하여 보상된 금액의 총액은 가입증서에 기재된 보험금액을 한도로 한다.

〈해설〉

(1) 의 의

유류오염손해는 P&I 클럽이 담보하는 대표적인 손해이다. 유조선의 운항과 관련하여 발생하는 오염손해 혹은 일반선박의 선박연료유로부터 발생하는 오염손해는 선박소유자가 부담하는 손해배상책임을 발생시킨다.

이를 소유자가 보험에 가입하려면 책임보험으로 구성이 되어야 한다.

유류오염손해배상 및 보상은 CLC와 IOPC FUND에 의하여 규율된다. 유조선의 선박소유자는 책임제한액을 한도로 하는 보장계약을 체결하여야 하는데, 대부분 선박소유자는 P&I 클럽이 제공하는 이러한 위험에 가입한다.

(2) 내 용

담보하는 손해의 범위는 어민 등이 유류오염으로 인하여 직접 입은 피해(예컨대, 양식 중이던 어류가 폐사한 경우), 청소비용등 제거비용, 정부의 명령에 따라 지출된 비용 등이다. 화물로서 운송 중이던 원유의 배출이나 선박연료유의 배출로 인한 것이나 모두 포함한다. 구조계약의 경우 조합원은 환경손해 방지를 위해 취해진 구조자의 특별보상도 보상하는바 이것도 보상의 범위가 된다.

2.9 예인상의 책임(제27조)

약관내용

1. 조합은 가입선박의 예인 또는 가입선박에 의한 다른 선박 등의 피예인물(이하 '피예선'이라 한다)의 예인과 관련하여 조합원이 부담하는 제20조 내지 제32조에서 열거된 책임 및 비용을 보상한다. 단, 다음 각 호의 요건을 충족하여야 한다.

(1) (다른 선박에 의한 가입선박의 예인) 가입선박이 아래의 어느 것에 의하여 타선에 예인될 경우에 그 예인조건에 따라 조합원이 부담하는 책임. 그러나 다른 보험에 의해 담보되지 않는 것에 한한다.

㈎ 통상의 운행과정에서 출입항 또는 항내의 이동을 위해 체결된 예인조건

㈏ 전 항 ㈎이외의 예인으로서 아래에서 열거된 예인조건의 하나에 해당하거나 조합이 요구하는 예인구역, 예인조건의 재판관할, 중재, 적용 법령 기타 사항에 관하여 예인 개시 전에 신고하고 조합의 승인을 얻은 예인조건

㈀ 항에서 항, 또는 어떤 장소에서 다른 장소로 상시 예인되는 것을 통상의 운행으로 하고 있는 가입선박으로서 그 통상의

운행으로서 행하여지는 예인을 위하여 체결된 예인조건

(ㄴ) 가입선박의 조합원, 예인선의 소유자 등이 가입선박이나 예인의 손해에 관하여 또는 가입선박이나 예선상의 승무원 등의 사상 등에 관한 책임 및 비용에 관하여 과실의 유무에 상관없이 자기 책임 및 비용을 자신이 부담하고 서로 구상권을 포기하는 자손자변의 원칙(Knock for Knock의 원칙)을 채용하고 있는 예인조건

(ㄷ) 로이즈 해난구조계약 표준서식(1995년) 또는 동등한 내용의 해난구조 계약서식

(2) (가입선박에 의한 예인) 아래에 열거된 어느 예인조건에 해당하거나 조합이 요구하는 예인구역, 예인조건의 재판관할, 중재 및 적용법령 기타의 사항에 관하여 예인개시 전에 사전에 신고하고 조합의 승인을 얻은 예인조건에 의하여 피예선을 예인하는 경우 그 예인조건에 근거하여 조합원에게 발생한 책임 및 비용. 그러나 다른 보험에 담보되어 있지 않은 것에 한하며, 또한 예인계약상의 책임인지 여부에 무관하게 피예선 또는 피예선상의 적하물 기타 재물의 손해 및 피예선의 선체 잔해 철거 비용 및 피예선상의 적하물 기타 재물의 잔해 처리에 관한 조합원의 책임 및 비용은 조합이 사전에 승인한 경우를 제외하고 보상하지 아니한다.

(가) 영국표준예인조건, 네덜란드예인조건 또는 스칸디나비아 표준예인조건

(나) Towcon 또는 Towhire 예인조건

(다) 로이즈 해난구조계약 표준서식(1995년) 또는 동등한 내용의 해난구조계약서식

(라) 가입선박의 조합원, 피예선의 소유자 및 피예선상의 적하물 등 재산의 소유자 등이 가입선박 또는 피예선의 손해 및 피예선상의 적하물 등의 재산의 손해에 관하여 또는 가입선박이나 피예선상의 선원 등의 사상 등에 관한 책임 및 비용에 관하여 과실의 유무에 상관없이 자기 책임 및 비용을 자신이 부담하고 상호 구상권을 포기하는 자손자변의 원칙을 채용하고 있는 예인조건

(마) 가입선박이 정기용선 하에 있고, 가입선박의 조합원과 피예선의 소유자와의 사이에 예인계약이 체결되어 있지 않은 경우, 피예선의 손해 및 피예선상의 적하물 등의 재산의 손해 및 피예선의 선박잔해 및 피예선상의 적하물 등 재산의 잔해처리에 관한 조합원의 책임 및 비용은 당해 용선계약에 용선자 자신의 재산 및 각 용선자 등 기타 사람의 재산에 관하여 자손자변의 원칙(Knock for Knock 원칙) 또는 그 원칙에 비하여 불리하지 않은 별도의 예인조건이 포함되어 있는 것으로서 조합이 사전에 승인한 경우에 한하여 보상한다.

2. 전 항의 규정에도 불구하고, 보험금액을 약정하여 보험계약을 체결하고 있는 가입선박이 한국의 각 항구간 혹은 호수, 하천 또는 항내에서 예인하거나 예인되는 경우에는 조합이 별도로 정한 바에 따른다.
3. 제1항에 의한 조합의 승인을 얻을 수 없는 예인조건에 의하여 또는 어떤 예인조건에 의할 것인지를 정하지 않고 조합원이 다른 선박에 의한 가입선박의 예인 또는 가입선박에 의한 피예선의 예인을 하려고 하는 때에는 조합은 할증보험료를 징수하거나 또는 보상범위를 한정한 보험계약내용에 의하여 그 예인에 관한 조합원의 책임을 보상할 수 있다.

〈해설〉

(1) 의 의

본 조항은 예인관련 손해에 대한 보상에 대하여 정하고 있다.

(2) 내 용

제1항은 가입선박을 다른 선박이 예인하는 경우이다. 이 경우 가입선박이 다른 선박에 대하여 부담하는 책임을 담보한다. 가입선박 자체에 대한 손해는 선박보험의 담보범위에 속한다. 선박의 입출항, 항내운항의 경우에는 조건없이 보상한다. 위 이외의 경우 즉, 대양항해의 경우는 조합이 승인하는 예인조건이 붙은 경우에만 보상가능하다. TOWCON을 기본약정으로 하는데, 자손자부담원칙을 담고 있다. 예를 들면, 가입선박이 끌려가는 경우에 어장을 손상입힌 경우에 과실은 예인선에 100%있는 경우라도 피예인선(가입선박)에 부딪친 경우라면 가입선박이 모두 부담해야 한다.

제2항은 가입선박이 예인하는 경우이다. 즉, 가입선박이 예인선이 되는 경우이다. 자손자부담원칙을 채택하고 있는 예인계약 등 조합이 인정하는 계약을 바탕으로 한 경우에 가입선박에 가하여진 책임이나 비용을 보상한다. 예인 중에 발생한 충돌사고의 경우 상대선이 입은 손해를 보상한다.

2.10 제3자와의 계약에 관한 책임(제28조)

약관내용

조합은 조합원이 제3자와의 계약에 의하여 선원 및 여객 이외의 사람의 사상 또는 적하 및 기타 재물의 손해에 관하여 부담하는 책임을 보상한다. 그러나 계약의 내용에 관하여 사전에 조합의 승인을 얻어야 한다.

〈해설〉

조합원이 선박소유자이지만, 선박을 선체용선을 준 경우에 선원의 사용자는 선체용선자이지만 계약을 통하여 자신이 선원의 재해보상 등의 책임을 부담하는 경우도 가능하다. 또한 자신은 운송인이 아니지만 약정(운송인특정약관)을 통하여 책임을 부담하는 경우도 있다. 이러한 경우 사전에 조합의 승인을 얻으면 보상이 가능하다는 점을 밝히고 있다.

2.11 검역에 관한 비용(제29조)

약관내용

조합은 전염병의 발생에 의하여 조합원이 가입선박, 그 적하 또는 선원 등의 소독 및 검역을 위하여 지출한 특별비용(단, 화물의 적・양하비용, 보험료, 선원의 급여, 항비, 선원, 선원외 승선원 또는 여객의 식비와 선용품 및 체류기간 동안의 연료비와 같은 통상적인 비용은 제외)을 보상한다. 그러나 가입선박이 항해에 관한 계약에서 정한 기항지 이외의 항 혹은 다른 곳에 기항한 경우에 그 항 혹은 다른 곳에서는 검역이 필요하다는 것을 예견하거나 또는 당연히 예견할 수 있는 경우를 제외한다.

〈해설〉

선박의 검역은 입국을 위하여 행해지는 중요한 절차이다. 경우에 따라서는 검역 중 비용이 발생하게 된다. 특별하게 지출된 비용은 담보된다는 취지이다. 이것은 책임보험의 영역이 아니다.

2.12 화물에 관한 책임 및 비용(제30조)

약관내용

1. 조합은 가입선박의 화물(가입선박에 선적예정인 것 또는 가입선박에서 양하된 것을 포함한다)의 선적, 취급, 적부, 운송, 보관, 양하 또는 인도에 관한 운송계약상의 의무위반 및 이에 준하는 사유로 조합이 인정하는 것에 의해 조합원이 부담하는 아래에 열거한 책임 및 비용을 보상한다. 또한 조합원 자신의 화물의 손해로서 다른 보험에 의해 회수할 수 없는 것은 이것을 제3자의 소유물로 보고 보상한다.
   (1) 화물에 발생한 손해에 관한 책임. 그러나 통운송계약에 의한 경우는 (4)호의 규정에 따른다.
   (2) 손상을 입은 화물의 하역, 처분 또는 재적부에 필요한 비용 중 통상적으로 발생하는 비용을 초과한 부분으로서 화주 또는 기타 관련자로부터 회수할 권리가 없는 금액. 단, 공동해손의 일부를 구성하는 경우와 과적 또는 부적합한 적부로 인한 경우는 제외한다.
   (3) 해난으로 인해 안전한 항해의 계속에 지장이 있는 화물의 하역, 처분 또는 재적부를 행하고 그에 합리적으로 사용된 비용 중 화주 또는 기타 사람으로부터 회수할 권리가 없는 금액. 그러나 공동해손 비용의 일부가 되는 경우를 제외한다.
   (4) 가입선박 및 이것에 접속하는 육상, 수상, 항공의 운송수단에 의한 통운송계약에 의거 운송된 화물의 손해에 대한 책임. 그러나 사전에 당해 통운송계약에 관해 조합의 승인을 얻어야 하며, 조합원은 책임 있는 당사자로부터 그 비용을 회수하기 위하여 모든 적절한 수단을 강구하여야 한다.
   (5) 수하인이 인수를 거부한 화물 또는 인수하러 나타나지 아니한 화물의 양하, 보관 및 처분에 필요한 비용 가운데 통상 발생하는 비용을 초과하는 부분의 금액. 단, 그러한 사유가 조합원 또는 다른 사람이 운송인으로서의 의무와 책임에 대한 위반 없이 발생한 경우에도 보상하나, 수하인 이외의 관련자(송하인, 항해용선자 등)에게 구상청구권을 갖

는 경우와 공동해손의 일부가 되는 경우는 제외하고, 그러한 추가비용이 화물을 판매한 수익금을 초과할 때에만 보상한다.

보관비용은 양하 후 30일까지는 담보되지 않으며, 수하인이 인수를 거부했거나 인수하러 나타나지 아니하였다는 통지가 조합에 접수되기 전에 발생한 어떠한 비용(보관비용 포함)도 담보되지 않는다.

2. 조합은 전 항의 규정에도 불구하고 아래에 열거한 책임 및 비용은 보상하지 아니한다.
   (1) 1924년 8월 25일 브뤼셀에서 서명된 선하증권에 관한 규칙의 통일을 위한 국제조약(Hague Rules), 1968년 2월 23일에 브뤼셀에서 서명된 헤이그 룰의 개정의정서(Hague Visby Rules) 또는 이것과 동등한 법령 및 조약에 규정되어 있는 운송조건보다도 운송인에게 불리한 조건으로 화물을 운송함으로 인하여 가중된 책임 및 비용. 또한, 한국 국내만을 항해하는 선박에 대하여는 한국 법령에 규정되어 있는 운송조건보다도 운송인에게 불리한 조건으로 화물을 운송함으로 인하여 가중된 책임 및 비용. 그러나 가중된 책임 및 비용에 관하여 사전에 조합의 승인을 얻은 경우에는 그러하지 아니하다.
   (2) 이로(운송계약으로부터의 일탈을 포함)에 의한 책임 및 비용. 그러나 조합원이 이로를 인지한 후 즉시 조합에 통지하고 승인을 얻은 경우는 제외한다.
   (3) 가입선박이 선적지에 도달 불능 또는 지연되거나 기 발행된 선하증권하에 화물의 전부 혹은 일부의 선적불능 또는 선적지연에 따른 책임 및 비용
   (4) 운송계약에서 정해진 항 또는 그 장소 이외의 곳에서 화물을 양하한 데 따른 책임 및 비용
   (5) 선하증권 또는 유사한 권리증권에 의해 운송된 적하에 대해 인수인으로부터 이러한 증권류 등을 제출받지 않고 화물을 인도함으로써 발생한 책임 및 비용
   (6) 선적일자를 앞당기거나(선일자), 또는 늦춘(후일자) 선하증권이나 화물운송장(Way Bill) 또는 운송계약을 증명하는 기타 서류를 발행한 데 따른 책임
   (7) 선하증권, 화물운송장(Way Bill) 또는 운송계약을 포함하거나 증명하

는 기타 서류에 사실과 다른 것을 조합원 또는 선장이 알면서도 적하의 종류, 수량, 상태 또는 그 선적항 혹은 양하항에 대해서 사실과 달리 기재하고 이를 발행한 데 따른 책임 및 비용

(8) 종가선하증권이나, 기타 권리증서, 운송계약 또는 화물운송장(Way Bill) 하에 화물이 운송되고 단위가액 또는 포장당 가액이 미화 2,500달러를 초과하는 금액으로 기재된 경우에는 단위당 또는 포장당 미화 2,500달러를 초과하는 책임. 그러나 사전에 이것을 초과한 책임의 보상에 관련하여 조합의 승인을 얻은 경우는 그러하지 아니하다.

(9) 용지를 사용하지 않는 거래로 인한 손해 및 책임

(가) 해운 또는 국제무역거래에서 조합이 인정한 시스템 이외의 전자거래시스템, 기타 용지를 사용하지 않는 어떠한 시스템을 포함하는 전자메시지로 용지사용을 기본으로 하는 문서시스템을 대체하는 것을 주된 목적으로 한 어떤 시스템이나 계약제도를 사용하거나 그에의 참여로 인해 직·간접적으로 발생하는 모든 형태의 책임 또는 비용

(나) 용지를 사용하지 않는 시스템하에 생산되거나 전송된 운송계약을 포함하거나 증명하는 서류

(다) 그러한 운송계약에 따른 화물의 운송

단, 조합원이 용지를 사용하지 않는 시스템에 참여하지 않았거나 이를 사용 하지 않았거나 그리고 어떤 운송계약이 용지 서류에 포함되었거나 증명 되었더라면, 그러한 책임 또는 비용이 발생하였을 것인지 그래서 조합이 보상하였을 것인지 전적으로 조합이 판단한 범위는 제외한다.

(10) 비유통선하증권, 화물운송장(Waybill)또는 유사한 서류에 의거 운송된 화물을 서류상 지정한 수하인이 아닌 자에게 인도한 경우 또는 서류에 규정된 방법에 따르지 않은 방법으로 인도함으로써 발생한 책임 및 비용

단, 화물운송장 상 송하주가 적법하게 지명한 자에게 인도한 경우, 운송계약상 원본서류 회수 없이도 화물을 인도하는 것이 적법한 경우, 원본의 회수 없이도 적법한 화물 인도가 입증되는 경우 그리고 원본의 회수 없이도 화물의 보관, 관리의무가 소멸되는 경우는 제외

한다.

〈해설〉

(1) 의 의

본조는 책임보험자로서 P&I클럽이 담보하는 대표적 위험인 화물에 관한 책임과 비용에 대하여 규정한다.

선박소유자가 운송인인 경우 운송 중 발생한 화주의 손해에 대하여 손해배상책임을 상법 혹은 약정에 의하여 부담하게 된다. 이 손해는 선박보험으로 담보될 수 없다. 왜냐하면 운송인이 부담하는 손해배상 책임은 선박보험이 보상하는 손해가 아니기 때문이다.

화주는 먼저 적하보험에 가입한 다음, 운송 중 발생한 손해에 대하여 배상을 하게 된다. 통상 적하보험자가 화주의 운송인에 대한 청구권을 대위하여 운송인에게 구상청구를 하는 형식이 된다(상법 제682조). 우리 상법상 책임보험계약이 있는 경우 피해자는 책임보험자에게 직접청구권이 주어진다(상법 제724조 제2항). 화주 혹은 적하보험자는 운송인의 책임보험자에게 직접청구를 하게 된다.

(2) 내 용

제1항에서는 가입선박의 화물 운송 중 본 보험에서 보상하는 손해에 대하여 정하고 있다. 운송인이 운송 중 화물이 비를 맞아 사용불능이 된 손해가 대표적이다.

제2항에서는 1항에서의 담보책임에도 불구하고 담보되지 않는 손해 10가지를 나열하고 있다. 선하증권을 발행한 경우 이와 상환하지 않고 운송물이 인도된 경우에 발생한 손해는 담보범위에서 제외된다. 운송인이 창고업자와 결탁한 경우에는 이 조항이 적용되어야 하지만, 운송인이 단순한 과실만 있는 경우에는 담보되어야 할 것이다. 아니면 조합은 특별약관을 두어 추가보험료를 받고 담보시켜줄 수도 있을 것이다. 선하증권에 사실과 다른 기재를 선장에 한 경우 그로 인하여 발생한 운송인의 선하증권소지인에 대한 책임도 보상하지 않는다. 이 경우 통상 선장과 운송인은 송하인으로부터 보증장을 받아 처리한다.

2.13 공동해손(제31조)

약관내용

조합은 공동해손분담액에 관하여 조합원이 부담하는 아래에 열거된 비용을 보상한다.

(1) (회수 불능의 공동해손 적하 등의 분담액)

공동해손, 특별비용 및 구조비중 가입선박의 불감항 등 조합원의 운송계약위반으로 법률상 회수가 불가능하게 된 화주 기타 이해관계자의 분담액. 단, 전조(화물에 관한 책임 및 비용) 제2항의 규정을 적용하며, 전조(화물에 관한 책임 및 비용)에서 정한 책임 등에 관한 보험계약을 체결하고 있는 경우에 한하는 것으로 한다.

(2) (공동해손의 선박분담액)

공동해손, 특별비용 및 구조비의 선박분담액으로서 분담액 결정을 위하여 평가한 가입선박의 무손상 상태의 가액이 선박보험의 보험금액(초과액 특별보험이 부보되어 있는 경우는 보험금액으로 한다)을 초과함으로 인하여 선박보험에서 회수가 불가능한 경우의 그 분담액. 단, 조합은 가입선박의 선박보험금액이 부당하게 낮다고 인정된 때에는 사고 발생시의 가입선박의 시장가액을 기초로 적정한 평가액을 결정하고 그 평가액을 기초로 하여 그 보상액을 결정한다.

〈해설〉

(1) 의 의

공동해손이란 선박과 화물에 공동으로 처한 위험을 피하기 위한 선장의 자발적인 조치로 발생한 손해를 공동위험을 피한 자들에게 분담시킬 수 있는 청구권을 부여하는 제도를 말한다. 공동해손 분담금 중에서 선박소유자가 부담하는 것은 선박보험에서, 화주가 부담하게 되는 것은 적하보험에서 부담하게 된다. 이는 약정이 없어도 상법에 의하여 부과된다. P&I 보험에서는 위의 적하보험과 선박보험에서 담보되지 않는 손해를 보상한다.

(2) 내 용

제1항은 선박소유자가 선장의 공동해손에 의하여 손해를 입었지만 특

별한 이유로 화주로부터 분담을 받지 못하는 경우 그 비용을 조합이 보상한다는 취지이다. 이 경우 조합은 적하에 대하여 구상권을 가지게 될 것이다.

적하가 손해를 입은 경우 선박소유자가 부담하는 공동해손 손해 분담금은 선박보험자가 부담해주는데, 보험금액을 초과할 수 없다. 초과한 분담액에 대하여 조합에서 보상한다는 취지이다.

2.14 벌금 및 과태료(제32조)

약관내용

1. 조합은 출입국관리소, 검역소 기타 관청 및 세관 등 정부나 공공기관 및 법원이 가입선박과 관련하여 조합원이나 선원에 대하여 부과한 다음에 열거하는 위반에 대한 벌금 및 과태료를 보상한다. 그러나 선원에 대한 벌금 및 과태료에 관하여는 조합원이 법률상 부담할 의무가 있는 경우 또는 부담하는 것이 상당하다고 조합이 인정한 경우에 한하여 보상한다.
   (1) 화물의 부족인도(short delivering) 또는 초과인도(over delivering) 및 가입선박이나 화물에 대한 신고나 기록에 관한 규칙의 위반. 그러나 제30조 제1항이 정한 책임 등에 관한 보험계약을 체결한 경우에 한한다.
   (2) 가입선박으로 운송되는 화물과 무관한 관세법이나 규칙의 위반
   (3) 출입국관리에 관한 법률 위반
   (4) 유류 또는 유해물의 우발적(accidental) 배출 또는 유출. 다만 제26조(오염에 관한 책임 및 비용)가 정한 책임 등에 관한 보험계약을 체결한 경우에 한한다.
   (5) 선원이나 조합원의 사용인 또는 대리인(대리인이 법인일 때에는 그 이사, 대표이사 또는 법인의 업무를 집행하는 기관. 이하 같다)의 업무상과실 또는 태만 등에 의해 발생한 위반으로 조합이 인정하는 것
   (6) 선장, 선원 등에 의한 밀수와 관련된 법령의 위반.
2. 조합은 전 항의 규정과는 상관없이 아래의 사유에 의한 벌금 및 과태료는 보상하지 않는다.
   (1) 과적

(2) 불법어로, 불법전재
(3) 조합원(대리인 포함)이 당연히 알고 있었던 것 혹은 알고 있어야 할 것을 태만히 한 경우 또는 방지를 위해 적절한 수단을 강구하는 것을 태만히 한 경우
(4) 가입선박의 몰수
(5) (삭제)
(6) 아래의 사유로 부과된 벌금 및 과태료
  (가) 유수분리장치 또는 기타 유류오염방지를 위한 유사한 장치 또는 설비의 고장 또는 무작동
  (나) 유수분리장치 또는 기타 유류오염방지를 위한 유사한 장치 또는 설비에 가지관(보조관)의 설치
  (다) 해양환경관리법, 1973년 선박으로부터의 오염방지를 위한 국제협약 및 1973년 선박으로부터의 오염방지를 위한 국제협약에 관한 1978년 의정서상의 제 규정의 위반
(7) ISM Code 또는 ISPS Code 위반
(8) 안전항해에 관한 규칙(최신의 해도를 비치하지 않는 것을 포함)의 위반. 다만, 조합원이 규칙의 준수를 위한 노력을 충분히 행했다고 조합이 인정한 경우에는 그러하지 아니하다.
(9) Bunker Convention 증명서

〈해설〉

선박을 운항 중 발생하는 벌금에 대하여 보상한다는 취지이다. 각종 법률 위반에 의한 경우에 발생하는 벌금 등이 보상의 범위안에 속한다. 그러나, 안전을 위하여 반드시 지켜져야하는 사항은 범위에서 제외하고 있다.

2.15 책임방어 등을 위한 비용(제33조)

약관내용

조합은 보상대상이 되는 손해 및 비용이 발생한 사고와 관련하여 조합원이 그 책임을 방어 또는 경감하기 위해 필요한 아래에 열거한 비용 또는 손실을 보상한다. 그러나 이러한 비용 또는 손실의 보상에 관해서는 사전에 조합의 승인을 얻었거나 또는 조합이 필요 또는 유익하다고 인정한 경우에

한한다.

(1) 변호사, 감정인 등의 비용 및 소송에 관한 제비용, 단 손해방지를 위해 사용한 비용이 불필요하거나 유익하지 않는 경우(공제액 미만 등) 조합원이 부담하게 할 수 있다.
(2) 사고 발생에 수반해서 조합원이 합리적으로 지출한 비용
(3) 조합사업의 목적에 비춰 유익하다고 판단하여 조합의 특별한 요청에 의하여 발생한 조합원의 추가손실 또는 비용

〈해설〉

(1) 의 의

선박소유자는 선박운항과 관련하여 선박충돌, 유류오염, 선원과 관련하여 P&I 클럽이 담보하는 손해에 대하여 이를 줄이도록 노력해야한다. 이러한 비용을 담보한다는 취지이다.

(2) 내 용

상대방에 대한 청구를 하기 위하거나 상대방으로부터 제기되는 비용청구를 줄이기 위한 변호사 비용, 검정인 비용, 손해사정인 비용 등이 이에 속한다. 해상사고의 경우 이와 같은 변호사 비용 등이 P&I보험에서 처리되기 때문에 클럽은 신속하게 변호사를 선임한다. 재판에 사용되는 전문가의견 비용도 여기서 담보된다. 조합의 승인을 조건으로 한다.

2.16 조합이 승인한 특례(제34조)

약관내용

1. 조합은 가입선박의 운항에 따라 발생한 손해 및 비용으로서 각각 사건에 대해 이사회가 조합의 보험계약규정 제2장 보상의 범위에 해당한다고 인정할 때에는 그 전부 또는 일부를 보상할 수 있다.
2. 이사회는 대표이사 또는 상임이사에게 그 권한을 위임할 수 있다.

〈해설〉

(1) 의 의

이는 규정되지 않은 담보사항도 이사회에서 승인하면 보상하겠다는 취지이다. 이는 P&I 클럽의 성질을 잘 반영한 내용이다.

(2) 내 용

선하증권과 상환하지 않은 운송물의 불법인도는 원칙적으로 P&I 보험의 담보범위가 아니다. 그렇지만, 운송인이 자신이 전혀 개입없이 불법인도가 발생한 경우는 보상을 해줄 필요가 있다. 이러한 경우 이사회의 승인을 득하면 가능하게 된다.

3. 공제금액, 제외위험, 보상책임의 제한 및 특별조항(제3장)

3.1 공제금액(제35조)

약관내용

1. 조합은 보험금액이 설정되지 않은 보험계약 하에서 보험금을 지급할 때에는 손해배상금 및 비용에서 사전에 조합원과 합의한 금액을 공제한다.
2. 조합은 보험금액이 정해져 있는 보험계약 하에서 보험금을 지급할 때에는 손해배상금 및 비용에서 사전에 조합원과 합의한 금액을 공제한다.
3. 전 항 각 호의 규정은 제33조 (1)호의 규정에 의하여 조합이 보험금을 지급할 때에는 적용하지 아니한다.

〈해설〉

보험사고를 예방하기 위하여 사고예방을 위한 주의를 보험계약자에게 부여할 필요가 있다. 그래서 작은 금액의 공제를 약정하는 경우가 있다. 이에 대한 규정이다.

3.2 일반제외규정(제36조)

약관내용

1. 조합은 아래에 열거한 손해 및 비용을 보상하지 아니한다.
   (1) 조합원(대리인을 포함한다)의 고의 또는 중과실, 손해발생의 염려가 있음을 알면서 무모하게 한 작위 또는 부작위로 인하여 발생한 손해 및 비용
   (2) 이 조 제2항에 규정된 사항을 제외하고 조합은 아래의 원인에 의하여 발생한 손실, 손상, 상해, 질병, 사망 또는 다른 사고에 따른 책임 및 비용은 (그러한 사고가 조합원이나 조합원의 고용인 또는 대리인의 태만

으로 인하여 발생하였는지 여부와 관계없이)보상하지 아니한다.

㈎ 전쟁, 내란, 혁명, 폭동, 반란, 정치 또는 사회혼란, 테러(테러리즘) 행위 및 기타 유사한 사변 및 교전국에 의한 또는 교전국에 대한 적대행위, 단 어떠한 행위가 테러(테러리즘)행위에 해당하는 지의 여부에 대한 분쟁이 발생할 경우, 조합 이사회의 결정에 따른다.

㈏ 나포, 포획, 강유, 억지 또는 억류(해적행위 및 선원의 악행은 제외) 및 이러한 것을 목적으로 한 행위

㈐ 기뢰, 수뢰, 폭탄, 로켓트, 포탄 또는 이와 유사한 무기의 사용 단, 아래사항 만이 원인이 되어 발생한 책임 및 비용에 대해서는 적용하지 아니한다.

㈀ 조합의 보상범위에 속하는 책임이나 비용을 회피 또는 경감하기 위한 무기의 사용이나, 정부 지시하의 또는 조합사무국이나 조합 이사회의 서면 동의하의 무기사용 또는

㈁ 무기의 수송(가입선박에 선적되었는지의 여부와는 관계없음)

㈑ 화학, 생물학, 생화학, 전자기무기의 사용

㈒ 위해를 가할 수단으로서의 컴퓨터, 컴퓨터시스템, 컴퓨터 소프트 프로그램, 악의적인 코드, 컴퓨터 바이러스, 또는 기타 전자시스템의 사용 또는 작동에 의한 싸이버 전쟁위험

(3) 조합원(그의 사용인, 대리인을 포함한다)의 기여과실 유무를 불문하고, 아래에 열거한 사유가 직접 또는 간접을 묻지 않고 기인하여 또는 기여한 바로 인하여 발생한 손해 및 비용. 다만, 화물로서 영국의 1965년 원자력 시설법 및 동법에 근거한 규칙에서 정하고 있는 '적용외 물질'을 운송하는 경우에는 그러하지 아니하다.

㈎ 핵연료, 핵폐기물 또는 핵연료의 연소로부터의 방사능에 의한 오염 또는 그로 인한 이온화 방사능.

㈏ 여하한 핵시설, 원자로, 또는 여타의 원자력 시설 또는 그러한 구성품의 방사능, 유독성, 폭발성, 여타 위험 및 오염성 있는 물질

㈐ 원자 또는 원자핵의 분열, 융합 도는 이들과 동종의 핵반응, 방사능 또는 방사능 물질을 사용한 여하한 병기 또는 기기

㈑ 기타 어떠한 방사능 물질의 방사성, 유해성, 폭발성 또는 다른 위험 또는 오염성 있는 물질

(4) 가입선박에 의한 금제품의 수송, 봉쇄 구역의 출입(blockade running) 또는 불법무역에 의해 발생한 손해 및 비용

(5) 조합이 모든 상황을 고려하여 판단할 때 적절하지 못하고 매우 위험하며 신중함이 부족했다고 판단한 항해에 의하여 발생한 손해 및 비용

(6) 가입 선박에 의한 구조작업에 의해 생긴 손해 및 비용. 단, 인명구조를 시행하는 경우는 제외한다. 또한 구조작업 중 책임 또는 구조자의 오염에 관한 책임에 대하여 조합과 조합원간에 특약이 체결되어 있는 경우에 한하여 구조목적으로 건조된 선박에 의하여 시행된 구조작업의 경우는 제외한다.

(7) 조합원이 준설, 폭파, 항타, 굴삭, 케이블 또는 파이프부설, 건설, 설치 또는 관리작업, 채굴조사, 토사폐기, 전문업자로서의 유류오염처리 또는 유류오염 대응훈련 및 가입선박 이외에서의 탱크청소 및 그와 유사한 특수작업(화재진화는 제외)을 수행하는 동안 발생한 손해 및 비용으로서 다음의 결과로 발생한 손해 및 비용을 보상하지 아니한다.

(가) 특수 작업의 성격과 관련하여 작업을 이행함에 따라 이익을 갖게 되는 당사자 또는 작업의 이행으로 이익을 갖게 되는 당사자인지 여부와 무관한 제3자에 의해 제기된 청구 또는

(나) 조합원이 특수 작업을 불이행하거나 조합원의 작업, 결과물 또는 서비스 결함을 포함하여 품질 및 목적에 부합하지 않은 경우

(다) 계약 작업에 끼친 어떠한 손해 또는 손실

단, 조합원에게 발생한 손해 및 비용의 보상에 대하여 다음의 사유에 의해 발생한 손해 및 비용은 제외한다.

(ㄱ) 가입선박에 승선한 선원 및 기타 인명의 사상

(ㄴ) 가입선박의 선체잔해 철거

(ㄷ) 가입선박으로부터 유출로 인한 유류오염 또는 그러한 유출에 대한 위협

이러한 손해 및 비용은 보험가입조건에 의해 담보되는 것에 한한다.

(8) 시추선 또는 바지형 굴착선 또는 석유 또는 가스의 탐사 또는 생산과 관련하여 굴착 또는 생산 작업을 수행하기 위하여 사용되는 기타 선박 또는 부선(굴착 또는 생산 작업에 필수적인 요소로 현장에 계류 또는

고정된 거주설비를 포함)에 의해 발생한 손해 및 비용. 이러한 손해 및 비용은 시추 또는 생산 작업 중 발생한 손해 및 비용에 한한다. 선박이 저장 유조선 또는 석유를 저장하는 용도로 생산 작업 사용되거나 아래에 열거한 용도로 사용되는 경우, 생산 작업을 수행하는 것으로 간주된다.

㈎ 석유가 유정에서 저장 선박으로 이송되는 경우

㈏ 저장 선박이 석유와 가스의 분리설비를 갖추고 있고 가스가 자연 배기가 아닌 방식으로 석유로부터 분리되어 선적되는 경우

(9) 폐기물의 소각 또는 처리 그 외의 특수 작업에 의해 생긴 손해 및 비용

(10) 잠수정 또는 잠수장비(예를 들어 잠수종)에 의한 잠수작업으로 생긴 손해 및 비용. 단, 조합이 사전에 인정한 경우는 제외한다.

(11) 해치카바를 개방상태로 운항함으로 인해 직접 혹은 간접적으로 발생하거나 증가한 어떠한 책임이나 비용에 대해서도 보상하지 아니한다. 단, 해치카바를 폐쇄상태로 운항하였더라도 발생하였을 것이라고 조합이 판단한 경우에는 보상할 수 있다.

(12) 반잠수식 중량물 수송선(Semi-submersible heavy lift vessel) 또는 중량물 운반용으로 설계된 선박에 선적된 화물의 손해 및 철거 비용. 단, 해당적하물을 Heavycon조건 또는 조합에 의해 사전 승인된 조건에 따라 수송하는 경우에는 보상할 수 있다.

2. 조합은 이 조 제1항 제2호 ㈎, ㈏ 및 ㈐의 제외규정에도 불구하고 조합원을 대신하여 발급된 다음의 증서하에서 요청되는 책임 또는 비용을 이행하고 지급한다.

(1) 조합의 추가적 담보 또는 다른 보험계약에 의하여 조합원이 보상 받을 수 없는 책임 및 비용에 한하여 1969년이나 1992년 또는 그 이후 개정된 「유류오염에 대한 민사책임에 관한 국제협약(CLC협약)」 제7조에 따라 조합에서 발행한 증서 또는

(2) 2001년의 「연료유에 의한 오염손해에 대한 민사책임에 관한 국제협약(Bunker Convention)」의 제7조에 따라 조합에서 발행한 증서(Blue Card)

(3) 「2007년 난파물 제거에 관한 나이로비 국제협약(Nairobi Convention)」의 제12조에 따라 조합에서 발행한 증서(Blue Card)

(4) 「2002년 해상여객과 수하물운송에 관한 아테네협약」의 제4bis조에 따라 조합에서 발행한 증서(Blue Card) 또는

(5) 「2006년 해사노동협약 (Maritime Labour Convention, 2006)」의 Regulation 2.5 Standard A2.5.2 Appendix A2-1와 Regulation 4.2 Standard A4.2.1 Appendix A4-1에 따라 조합에서 발행한 증서

단, 항시 아래의 전제조건에 따른다.

(가) 보증서, 이행각서 또는 증서(Blue Card)에 근거하여 부담하게 된 책임 및 비용에 대하여 조합원은 표준 P&I 전쟁위험보험에서 부분적으로 또는 전반적으로 회수가능하거나 가능했을 금액까지 조합에 보상하여야 한다.

(나) 조합원은 다음과 같이 동의한다.

(ㄱ) 보증서, 이행각서 또는 증서(Blue Card)에 근거하여 조합이 지급하는 금액은, 다른 보험증권이나 조합에 의하여 제공되는 담보확장에 의하여 회수되는 금액의 범위내에서, 조합이 조합원을 대신하여 대부금으로 지급하는 것이다.

(ㄴ) 조합원이 가지는 모든 보험계약에 따른 권리 또는 조합원이 제3자에 대하여 가지는 모든 권리 중 조합이 실행가능하다고 판단한 모든 권리를 조합원은 조합에게 양도한다.

2-1. (1) 이 조 제1항 제2호 (가), (나) 및 (다)의 제외규정에도 불구하고 보험가입증서에 달리 명시되지 않는 경우 동 담보는 아래의 조건에 따라 보상된다.

(가) 보험가입증서에 명기된 보상한도액을 초과하지 않는 범위내에서

(나) 아래 (ㄱ), (ㄴ)중 높은 금액을 초과하는 금액을 보상한다.

(ㄱ) 가입선박의 선체 및 전쟁보험증권과 이에 첨부된 P&I 포함약관 하에서 보상 가능한 금액 또는

(ㄴ) 한 사고당 가입선박의 적절한 선가(용선자로서 조합에 가입한 경우를 제외)

(다) 조합이 조합원에게 통보되는 금지구역과 관련되지 않은 클레임이어야 한다.

(2) 단 이 조 제1항 2호의 (가), (나) 또는 (다)에 열거된 사항들에 기인하는 책임 및 비용과 관련하여 항시 다음 조건에 따른다.

(가) 적절한 선가란 가입선박의 아무런 구속없는 상태의 시장가격에 합리적으로 근접한 금액을 말한다. 적절한 선가가 미화 1억불을 초과하는 경우에는 적절한 선가를 1억불로 본다.

(나) 담보는 조합의 7일전 통지에 의해 해지될 수 있다. (해지통지는 그 통지가 발송된 날의 자정부터 7일 이후에 효력이 발생한다.)

(다) 그와 같은 해지통지의 발송 여부와는 무관하게, 담보는 아래의 경우 자동으로 종료된다.

(ㄱ) 아래 국가들간의 전쟁이 발발하는 경우(선전포고 여부와는 무관함): 영국, 미국, 프랑스, 러시아, 중국. 따라서 이 전쟁으로 부터 발생하는 책임과 비용을 보상하지 아니한다.

(ㄴ) 가입선박이 소유권이나 사용권을 징발당하는 경우. 따라서 그 징발시로부터 발생하는 책임과 비용을 보상하지 아니한다.

(라) 이 청약을 승인한 때로부터 담보를 개시하기로 한 때 사이에 이 규정에 의하여 담보가 자동적으로 종료될 사건이 발생하면 담보는 발효하지 아니한다.

(마) 조합은 아래의 사항에 직접적이거나 간접적으로 기인하는 손실, 책임 및 비용을 보상하지 아니한다.

(ㄱ) 화학, 생물학, 생화학 또는 전자기 무기

(ㄴ) 악영향을 미칠 목적의 컴퓨터 바이러스의 사용 또는 작동

3. 조합은 다음에 열거한 것에 관하여는 보상하지 아니한다.

(1) 조합과의 보험계약에 의해 담보되는 위험과 동일한 위험의 전부 또는 일부를 담보하는 다른 보험계약이 있고 조합이 중복보험으로 간주한 부분

(2) 런던 보험자협회 제정의 협회기간보험약관－선박(충돌손해배상금 보상조항을 포함하는 모든 위험 담보 조건)을 포함하여 이와 동등한 보상범위가 있다고 조합이 인정한 보험약관에 기초하여 선박보험계약이 체결되어 있지 않음으로 인하여 또는 체결되어 있지만 당해 선박보험계약의 보험금액이 적정하지 않음에 따라 선박보험으로부터 회수할 수 없는 부분

〈해설〉

(1) 의 의

이 규정은 보험자의 면책사항에 해당한다. 보험계약에서 책임면제사항(exemption)과 담보제외사항(exclusion)을 구별해야 한다. 전자는 보험자의 보상대상이지만 특별한 사유로 인하여 발생한 보험사고에 대하여 보험자가 책임을 부담하지 않는다는 것이다. 후자는 아예 담보범위에 속하지 않는 손해를 말한다. 여기에서는 보험사고로 인한 손해 담보범위 내이지만 보험자가 면책되는 사항에 대하여 정한다.

(2) 내 용

제36조 제1항 1호는 보험계약자 혹은 피보험자의 고의 혹은 중과실로 인한 보험사고에 대하여는 보험자가 면책이 된다는 상법 제652조와 동일한 내용이다. "손해발생의 염려가 있음을 알면서 무모하게 한 작위"라는 주관적 요소는 중과실과 고의 사이에 있는 개념이므로 고의 혹은 중과실로 인한 피보험자의 행위를 보험자 면책사유로 정했다면 불필요한 내용이다. 전쟁위험에 의한 사고는 보상하지 않는다. "조합이 모든 상황을 고려하여 판단할 때 적절하지 못하고 매우 위험하며 신중함이 부족했다고 판단한 항해에 의하여 발생한 손해 및 비용(제5호)"의 의미가 제1호와 충돌된다. "신중함이 부족한 경우"란 중과실에 이르지 못할 경우도 있다. P&I 보험은 기업보험의 일종이므로 상법 제663조가 적용되지 않는다. 그러므로 제6호가 비록 중과실에 이르지 않더라고 조합의 면책은 가능하다. 선창덮게를 개방한 채로 운항하는 경우는 중과실로 볼 수 없을 수도 있는데, 이를 보험자의 면책사유로 정하고 있다.

제2항에서는 제1항 2호의 전쟁위험으로 인한 손해의 책임 및 비용은 보상하지 않지만, 선박연료유협약, 난파물제거협약 등을 위한 Blue card가 발급된 경우 이에 따른 것은 보상한다.

3.3 특별제외규정(제37조)

약관내용

조합은 아래에 열거한 손해 및 비용을 보상하지 아니한다. 그러나 제33조 (3)호에 의한 경우는 제외한다.

(1) 가입선박 자체의 손해 및 조합원 또는 조합원과 특별한 관계에 있다고 조합이 인정한 자가 소유 또는 임차한 가입선박상의 장치, 속구, 비품, 저장품, 연료유 또는 컨테이너의 손해
(2) 가입선박의 수리에 관한 일체의 비용(공동해손분담액을 구성하는 부분을 제외한다)
(3) 가입선박의 운임 또는 용선료의 손실. 그러나 이것이 적하에 관한 책임의 일부를 구성하는 경우는 제외한다.
(4) 가입선박에 대한 구조비(인명구조비, 1989년 해난구조협약(International Convention on Salvage, 1989) 제14조 및 조합이 인정한 구조계약하의 특별보상을 구성하는 구조비분담액 또는 공동해손분담액을 구성하는 부분을 제외한다)
(5) 가입선박의 체선료, 체박손해 또는 지연손해. 그러나 이것이 적하에 관한 책임의 일부를 구성하는 경우를 제외한다.
(6) 회수불능 채권, 도산 및 대리인이나 제휴회사나 대리인으로 활동하는 조합원의 피고용인의 사기행위로 발생한 손해
(7) 가입선박의 용선, 기타 계약의 해약으로 발생한 손해
(8) 가입선박의 예인 또는 가입선박에 의한 타선, 기타 피예인물의 예인에 관한 손해 및 비용(제27조에 의하여 보상책임을 지는 경우는 제외한다)
(9) 통운송 계약하에 가입선박이 아닌 다른 운송수단에 의한 화물 운송중 발생한 책임 및 손해. 단, 제30조 제1항의 제1호에 따라 조합의 확장담보 동의가 있을 경우 제외한다.
(10) 재보험자가 재보험금을 지급하면 어느 국가 또는 국제기구로부터의 제재, 금지 또는 불이익조치를 당하거나 당할 우려로 인하여 조합이 재보험자로부터 보상받지 못하는 부분이 발생하는 책임, 손해 및 비용. 이 조항의 '보상받지 못하는 부분'이란 어느 국가 또는 국제기구의 요구 때문에 재보험자가 지정 계좌로의 송금을 이행하지 못하거나 송금이 지연되는 경우를 포함한다.

〈해설〉

당연한 것이지만, 이를 분명히 하기 위하여 선박보험에서 담보하는 손해는 보상하지 않는다고 정하고 있다. 선박자체의 손해는 선박보험에서

담보하는 사항이다. 가입선박의 수리비 및 용선료의 상실 등도 마찬가지이다. 체선료, 구조비, 용선의 해약으로 인한 손해 등도 그러하다.

3.4 보상책임의 제한(제38조)

약관내용

1. 조합은 법령 하에서 조합원이 부담하는 책임 한도 내에서 보상한다. 그러나 조합원의 책임이 손해배상책임을 제한하는 법률에 의해 제한된 경우는 그 책임제한액을 한도로 한다.
2. 조합원이 법률 하에서 인정된 책임제한의 절차를 이행하지 않은 경우에도 조합은 그 책임제한액을 한도로 보상한다.
3. 정기용선자 등의 책임에 대한 보상에 대하여는 조합이 별도로 정한 바에 의한다.
4. 보험금액이 설정된 보험계약의 경우에는 조합은 전 각 항에 의거 조합원이 부담하는 금액 또는 보험금액 중 적은 금액을 한도로 보상한다.

〈해설〉

(1) 의 의

보험자의 보상책임이 보험법이나 보험원리에 따라 제한됨을 설명한다.

(2) 내 용

조합은 책임보험자로서 조합원이 입은 손해를 보상할 의무를 부담한다. 우리 법상 피해자도 조합에 대하여 직접청구권을 가진다. 이 경우 조합은 조합원이 제3자에게 부담하는 만큼만 부담하게 된다. 즉, 피보험자인 조합원의 항변사유가 있으면 조합도 이를 원용할 수 있다(상법 제724조 제2항 단서). 예를 들면 1,000억원의 손해가 발생한 경우 조합원의 책임제한액이 100억원이라면 제3자가 조합에게 손해액의 전액을 청구한 경우에도 조합의 지급액은 100억원이 된다. 선박소유자 책임제한절차에서 처리된다. 조합원이 그 절차를 따르지 않은 경우에는 피해자에게는 전액을 배상했을지라도 책임제한액만큼만 조합이 보상한다.

조합은 약정된 지급액의 최대상한선인 보험금액이상을 지급할 수 없기 때문에 비록 조합원이 제3자에게 보험금액이상을 지급할 책임을 부담하고 실제로 지급을 했다고 하더라고 보험금액만큼만 지급하게 된다.

3.5 귀금속 등에 관한 조합의 책임 제한(제39조)

약관내용

조합은 가입선박상에 있는 화폐, 금은, 귀금속, 보석, 은행권, 채권, 기타 유가증권 및 유사한 재산의 손해(공동해손의 분담액 및 구조비를 포함한다)에 대한 조합원의 책임에 대해서는 보상하지 않는다. 그러나 조합과 별도의 합의를 한 경우에는 그러하지 아니하다.

〈해설〉

(1) 의 의

상법상 고가물의 책임에 상응하는 내용이다.

(2) 내 용

화폐, 귀금속, 유가증권은 고가물이다. 고가물은 선적시 운송인에게 고지하지 않으면, 운송인은 손해배상 책임이 없다(상법 제136조, 815조). 만약 고지한 경우 운송인은 고가의 운임을 받게 되고, 높은 금액의 손해를 배상해야 한다. 조합이 일반 화물보다 많은 위험을 안기 때문에 특별한 약정이 있을 때에만 보상한다.

3.6 특별조항(제40조)

약관내용

조합은 이사회의 결의에 의하여 보험계약규정의 운용에 맞춰 처리방법을 정하는 특별조항을 만들 수 있다.

〈해설〉

보험계약규정의 처리방법은 얼마든지 내규로 만들 수 있는데 이사회의 권한으로 했다.

4. 사고발생 경우의 처리(제4장)

4.1 사고발생 경우의 처리(제41조)

약관내용

1. 조합원은 조합의 보상대상이 되는 손해 및 비용을 발생시키는 사고의 발생을 인지했을 때 아래의 조치를 취하여야 한다.
   (1) 신속하게 조합에 사고발생 통지를 한다.
   (2) 조합원의 책임을 방어하고 손해의 경감 및 가해자로부터 손해전보를 받기 위하여, 조합의 승인을 얻어 검정인의 수배, 변호사의 선임, 소송의 제기 등 채권보전을 위한 적절한 조치를 취하여야 한다.
   (3) 조합이 요구하는 경우 조합원 또는 그 대리인이 소지하고 있는 어떤 사고에 관한 필요한 정보와 서류를 조합에 제공한다.
   (4) 조합이 사고에 관해 필요하다고 판단한 경우에는 조합이 조합원의 사용인 또는 대리인에 대한 면담 등 조사에 협력한다.
   (5) 조합원이 책임을 인정하거나, 조합의 보상에 영향을 미치는 중요한 조치를 취하거나, 손해배상금 또는 비용을 지급하는 때에는 사전에 조합의 서면동의를 받아야 한다.
2. 조합원이 보험계약규정 제2장의 보상의 범위에 해당하는 손해사고가 발생한 것을 인지하거나 배상 또는 보상청구를 받은 경우에는, 최초로 손해사고를 인지하거나 청구를 받은 때로부터 1년 이내에 조합에 통보하여야 하며, 소송, 중재, 조정 등이 개시되었을 때는 소송, 중재, 조정 등이 개시되었다는 송달을 받은 날로부터 30일 이내에 조합에 통보하여야 한다.
3. 조합원은 제1항 및 제2항의 규정을 준수해야 조합에 보상을 청구할 수 있다. 단, 전 항의 규정에 대한 위반에도 불구하고, 조합은 조합의 전적인 재량에 의해 34조의 규정을 준용하여 청구의 전부 또는 일부를 인정할 수 있다.

〈해설〉

(1) 의 의

보험계약에서 보험계약자나 피보험자는 보험자가 보상하는 손해가 늘어나지 않도록 해야 하는 소위 손해방지의무가 있다.

(2) 내 용

조합원이 보험사고가 발생한 경우 부담하는 주의의무를 기술하고 있다. 사고발생사실을 조합에게 지체없이 알려야한다. 변호사를 선임하고 검정인을 붙이는 일도 조합원이 해야한다. 다만, 사전에 조합의 사전승인을 받아야한다.

통지를 실효성있게 하기 위하여 1년과 1개월의 기한을 두었다. 이 기한을 넘기면 조합에 대한 보상청구권을 잃는 것으로 하였다. 다만, 조합의 재량에 의하여 보험금의 전부 혹은 일부의 지급이 가능하다. 상법상 보험금 청구권의 소멸시효는 3년인데, 이를 단축하여 1년으로 한 것이 유효한지가 문제된다.

4.2 사고처리에 관한 조합의 권한(제42조)

약관내용

1. 조합은 전 조에 규정한 사항에 관하여 서면으로 달리 합의하지 않는 한 아래의 조치를 취할 수 있다. 그러나 조합이 어떠한 조치를 취하더라도 정관에서 정한 조합의 권리를 포기하는 것으로 간주되지 아니한다.
   (1) 조합은 소송 및 기타 사건의 처리에 대해 통제 또는 지시할 수 있으며, 특히 특정 변호사나 전문가를 선임하도록 지시할 수 있다.
   (2) 조합이 적당하다고 판단한 방법과 조건으로 해결하는 것을 조합원에게 요구한다.
   (3) 조합은 언제나 통지로써 전조 1항 2호에 따른 선임을 취소할 수 있다. 이 경우 조합원은 그러한 변호사 및 전문가의 보수에 대한 보상을 더 이상 청구할 수 없다.
   (4) 조합은 언제라도 조합원을 대리하는 변호사 및 전문가를 선임할 수 있다. 그러나 이러한 경우에도 조합원에 의하여 임명된 것으로 간주한다.
   (5) 조합은 오로지 조합의 전적인 재량에 의해 필요하다고 인정된 경우에 한하여 조합원을 위해 보증을 제공할 수 있다. 따라서 조합이 모든 경우에 보증의 의무를 부담하는 것은 아니며 또한 보증제공에 의하여 그 사고에 관하여 조합이 보상책임을 인정하는 것으로 간주되지 아니

한다.

2. 조합원은 전 항의 규정을 준수해야 조합에 보상을 청구할 수 있다. 단, 전 항의 규정에 대한 위반에도 불구하고, 조합은 조합의 전적인 재량에 의해 34조의 규정을 준용하여 청구의 전부 또는 일부를 인정할 수 있다.

〈해설〉

(1) 의 의

피보험자는 조합원인 선박소유자이지만 소송이나 법률처리는 전문가나 조합이 처리할 수 있다는 내용이다. 책임보험의 성격이 잘 나타나있다.

(2) 내 용

보험사고가 발생한 경우 검정인을 붙이고 변호사를 수배하는 것은 조합의 권한임을 정했다. 보증의 제공도 모든 경우가 아니라 조합이 인정한 경우로 한정하고 있다. 보험금을 지급해야 할 자는 실무상 보험자이기 때문이다. 이러한 조합의 지시와 통제를 따르지 않고 조합원이 독자적으로 보험사고처리를 한 경우 보상을 청구할 수 없다고 한다.

5. 보험금의 청구 등(제5장)

5.1 보험금의 청구(제43조)

약관내용

1. 조합원은 손해배상금 또는 비용을 청구인에게 지급완료한 때에 보험금을 청구할 수 있다. 조합에 보험금을 청구를 할 때 조합원은 조합원의 책임 및 비용이 발생한 사실을 입증하는 서류 및 손해배상금 또는 비용의 지급완료를 증명하는 증서를 조합에 제출하여야 한다. (이사회가 별도로 정하는 경우를 제외한다.)
2. 전 항의 서류에 사실과 다른 것이 기재되거나 고의로 사실을 은폐, 또는 누락하였을 때에는 조합은 보험금을 지급하지 아니한다.
3. 제1항의 청구는 조합원이 지급일로부터 3년 이내에 동항의 서류를 첨부하여 하여야 한다. 그러나 조합원에게 정당한 사유가 있고 사전에 그 사유를 서면에 의하여 조합에 통지한 경우는 그러하지 아니하다.
4. 조합원에게 손해배상금을 청구할 제3자의 조합에 대한 직접청구는 인정

하지 아니한다.

5. 조합에 보험금을 청구할 때 손해배상금 또는 비용이 원화로 발생한 경우에는 원화로 청구하고, 기타 통화로 발생한 경우에는 청구일의 한국외환은행 최초고시 매매기준율에 따라 환산한 미화로 청구하여야 한다. 단 지급기한이 있는 손해배상금 또는 비용에 관해 조합원이 특별한 사정없이 기한 내에 지급하지 아니한 경우 조합원은 기한 내에 지급하였으면 적용되었을 환율보다 유리한 환율로 보상을 청구할 수 없다.

〈해설〉

(1) 의 의

보험금의 지급방법과 청구에 대하여 정한다. 가해자이면서 피보험자인 조합원이 먼저 배상한 다음에야 비로소 조합에게 보험금을 청구할 수 있다고 정한다.

(2) 내 용

제43조 제1항은 우리 상법 제724조 제1항과 같은 취지이다. 책임보험의 원칙은 피보험자가 실제로 입은 손해를 보상함에 있다. 그리하여 피보험자인 조합원이 자신이 피해자인 제3자에게 손해도 배상하지 않은 상태에서 보험자에게 보험금을 청구하는 것은 허용되지 않는다. 손해보험은 보상보험인데, 아직 손해를 입지 않았기 때문이다. 2항은 지급완료를 증명하는 서류를 제출하라는 취지이다.

제4항은 소위 선지급항변(pay-to-be-paid)규칙의 변형이다. 아예, 피해자의 직접청구권을 봉쇄하고 있다. 영국계 P&I 클럽이 가지는 선지급항변은 조합원이 먼저 피해자에게 지급한 경우에 조합의 보험금 지급의무가 비로서 발생한다는 것이다. 영국대법원은 이는 유효한 것으로 보고 있다. 우리 법은 조건없는 직접청구권을 인정하고 있는데, 조합은 이런 직접청구권을 아예 부인하고 있다. 우리 상법 제724조 제2항은 피해자에게 책임보험자에 대한 직접청구권을 인정하고 있다. 다만, 보험자와 피보험자 사이의 항변사유로 피해자에게 대항이 가능한지에 대한 규정이 없어서 선지급항변의 유효성은 다툼이 있다. 상법 제724조 제2항을 강행규정으로 본다면 제43조 제4항은 무효의 여지가 있다.[12)]

5.2 보험금의 지급(제44조)

약관내용

1. 조합은 보험금을 조합원에게 지급한다. 그러나 조합이 조합원과 특별한 관계에 있다고 인정되는 자가 본래 조합원이 부담해야 할 책임 또는 비용을 부담한 경우에는 그 자에게 보험금을 지급할 수 있다.
2. 전조 제1항 및 제3항의 규정에 의거하여 보험금 지급청구가 된 때에는 조합은 해당 청구서류를 접수한 날로부터 기산하여 30일 이내에 보험금을 지급한다. 그러나 조합은 위 기간 내에 필요한 손해사정이 종료되지 않은 때에는 손해사정 종료 후 지체 없이 지급하여야 한다.
3. 조합은 조합원이 청구한 보험금을 지급할 때 조합의 판단에 따라 원화 또는 미화로 지급할 수 있으며 조합이 보험금을 지급할 날의 한국외환은행 최초고시 매매기준율에 따라 환산한다.
4. 조합은 조합원이 손해배상금 및 비용을 전부 지급하고 당해 사건을 종결한 때에 보험금을 지급한다. (이사회가 별도로 정하는 경우를 제외한다.)
5. 조합원이 조합에 지급하여야할 채무가 있는 경우, 조합은 보험금에서 이를 공제할 수 있다.
6. 사전에 조합원과 합의한 공제금액을 타 화폐로 환산하여 공제하고자 할 때에는 조합원이 보험금을 청구한 날의 한국외환은행 최초고시 매매기준율에 따라 환산한다.

〈해설〉

(1) 의 의

보험금의 지급에 대하여 정하였다. 조합원이 피보험자이기 때문에 원칙적으로 보험금은 조합원에게 지급되어야 한다. 그렇지만, 특별한 관계에 있는 경우, 예를 들면 저당권자인 경우에는 그 자에게 지급할 수 있다는 것이 제1항의 내용이다. 선박보험의 경우에도 loss payable 조항이 있다.

(2) 내 용

보험금의 지급은 지급신청일로부터 30일 이내에 해야하지만, 손해사정

12) 김인현, "한국과 미국의 선주책임상호보험에서의 직접청구권에 대한 비교법적 연구－선지급규정을 중심으로", 한국해법학회지, 제28권 제1호(2006), 35면 이하.

이 종료되지 않은 경우에는 당연히 미루어질 수 있다.

조합은 조합원이 피해자에게 배상을 하여 종결한 다음에 보험금을 지급한다고 한다. 그러나, 이것은 직접청구권을 인정하지 않는 내용이므로 우리 법의 경우에는 무효가 될 가능성이 높다. 직접청구권은 법률에 의하여 인정된 것으로 당사자들이 개폐할 수 없기 때문이다.

조합원이 조합에게 지급할 채무가 있는 경우, 예를 들면 보험료를 납부하지 않은 것이 있다면, 이를 공제할 수 있다고 한다. 법률적으로는 상계가 된다. 조합은 자신의 조합원에 대한 채권을 자동채권으로, 조합원이 조합에 대하여 가지는 보험금 채권을 수동채권으로 하여 상계의 의사표시를 하면 효력이 발생한다.

5.3 이 자(제45조)

약관내용

조합은 조합의 책임 있는 사유로 보험금 지급이 지연될 때에는 지연된 기간에 대하여 한국은행이 공시한 최근의 월간 기업일반자금 대출금리에 1%를 더한 이자율에 해당하는 이자를 보험금에 가산하여 지급한다.

〈해설〉

보험금 지급이 지연될 경우에 대비한 규정이다. 이자를 지급해야하는데, 지연의 기준은 보험금 청구에서 1개월이 된다.

5.4 보험금 지급에 의한 권리의 이전(제46조)

약관내용

1. 조합은 조합원의 손해배상금 및 비용을 보상한 때에는 보상한 한도 내에서 조합원의 권리를 취득한다.
2. 전 항의 손해배상금 및 비용이 제3자의 행위에 의해 발생한 경우에 조합이 그 제3자에 대해 구상권을 행사하려고 하는 때에는 조합원은 조합의 요구에 응하여 권리의 이전에 필요한 일체의 서류를 조합에 제출하여 조합의 구상에 협력하여야 한다.

〈해설〉

(1) 의 의

조합이 조합원을 대신하여 손해배상이나 비용을 지급한 경우 구상권행사에 대하여 정한다.

(2) 내 용

조합은 책임보험자로서 제3자에게 지급한 경우에 제3자가 조합에 대하여 가지는 권리를 보험자대위에 의하여 대위한다. 이와 같은 책임보험의 구조에서는 가해자가 피보험자인 조합원이기 때문에 구상권이 발생하지 않는다.

그렇지만 책임보험의 성격을 가지지 않는 경우, 예컨대 선원의 송환비용이 발생한 경우, 이것이 제3자의 행위 즉, 충돌사고로 인한 경우는 선원의 선주가 가지는 제3자에 대한 권리를 조합이 대신 가지고 이를 가해선박의 선주에게 행사하게 된다.

5.5 중 재(제47조)

약관내용

1. 조합의 담보에 관한 조합과 조합원 및 모든 공동계약자 사이의 분쟁은 우선 이사회에 상정되어 판단되어야 한다. 이사회의 판단은 서면심리에만 의하며 이사회는 재량으로 판단을 포기할 수 있다.
2. 조합원 및 모든 공동계약자가 전 항에 따른 이사회의 판단에 불복할 경우 또는 이사회가 재량으로 판단을 포기할 경우, 그러한 분쟁은 서울을 중재지로 하여 사단법인 대한상사중재원의 중재규칙에 따라 해결한다. 중재인은 조합과 조합원이 각 1인씩 선정하고 이들의 합의에 따라 1인을 선정하여 총 3인으로 한다. 사단법인 대한상사중재원의 중재판정은 최종적이며 관련당사자를 구속한다. 그러나 관련당사자의 합의가 있는 경우에는 런던해사중재인협회에 등록된 중재인에 의한 중재로 해결할 수 있다.
3. 조합원 및 공동계약자는 본 조에 따른 중재 판정문을 받기 전에는 조합을 상대로 어떠한 법적 조치도 취할 수 없다.

〈해설〉

(1) 의 의

분쟁을 해결하는 방법으로는 소송과 중재가 일반적이다. 중재는 국가의 사법기관이 행하는 소송과 달리 사인들이 합의에 의하여 처리하는 분쟁해결 절차이다. 영국의 LMAA, 싱가포르의 SCMA, 일본의 TOMAC해사중재가 유명하다.

(2) 내 용

조합과 조합원 사이의 분쟁해결절차에 대하여 정하고 있다. 조합원과 제3자와의 분쟁해결절차는 각각의 운송계약 등에 의하여 처리된다. 이들의 분쟁은 먼저 조합의 이사회에서 서면심리절차를 거친다. 대한상사중재원의 중재에 의함을 원칙으로 한다. 다만, 당사자가 약정하면 런던해사중재에 의할 수 있다.

중재의 효력은 중재법에 의하지만, 본 약관에서 한번 더 주의적으로 기술하였다. 최종적이기 때문에 법원에 항소가 허용되지 않는다.

임의중재기구로서 서울해사중재협회가 2018.2.22.성립되었기 때문에 동 분쟁은 서울해사중재협회에서 처리될 수도 있다.[13)]

5.6 보험계약규정에서 정하지 않은 사항(제48조)

약관내용

보험계약규정에서 규정하지 않은 사항에 관하여는 대한민국 법령에 의한다.

〈해설〉

본 계약과 관련된 준거법은 한국법으로 한다는 취지이다. 따라서 보험계약의 성립, 취소 등은 민법에 의하여 약정이 유효인지 무효인지의 여부는 상법에 의하여 규율된다.

13) 김인현 · 문광명, "서울해사중재협회의 임의중재의 법적 쟁점과 발전방향", 한국해법학회지 제41권 제1호(2019), 291면 이하가 있다.

제5장 선박건조보험

Ⅰ. 의　　의

건조자는 발주자의 의뢰를 받아 선박을 건조하게 된다. 선박건조 계약에 의하면 건조자는 발주자에게 선수금을 받아 건조를 해줄 의무를 부담한다. 건조중인 선박이 화재가 발생하거나 시운전 중에 침몰하는 등의 사고가 발생하게 된다. 건조의 목적물인 건조중인 선박이 사라졌다고 해도, 건조자가 발주자에 대하여 건조해 줄 의무가 면제되는 것은 아니다. 건조자는 다시 건조를 해주어야 한다. 재건조시 다시 발주자에게 건조대금을 요구할 수 없다. 건조자는 과실있는 자에게 손해배상을 받는 것은 별론으로 하고, 자신의 비용으로 건조를 계속하여야 한다. 결국 화재 등의 우연한 사고로 인하여 건조자는 추가된 건조비만큼의 손해를 보게 되는 것이다.

건조자는 그러한 손해를 보험에 가입함으로써 보험자로부터 보험금을 지급받아 건조를 계속하여 자신의 건조에 대한 의무를 다할 수 있게 된다. 이러한 목적으로 필요한 것이 선박건조보험이다.

Ⅱ. 선박건조보험 일반론

1. 보험계약의 관련자

(1) 계약의 당사자

선박건조보험의 계약 당사자는 건조자와 보험자이다. 발주자가 계약의 당사자가 되는 경우도 있을 것이다. 계약의 당사자는 계약에 따른 권리와 의무를 부담하게 된다.

보험계약자인 건조자는 보험료를 지급하여야 하고, 보험계약체결 시 고지의무를 부담한다. 보험계약을 취소하거나 해지할 권리를 가지는 자도 건조자이다.

보험자는 보험금을 지급할 의무를 부담한다. 보험법상 설명의무(교부설명의무)를 부담한다.

(2) 피보험자 – 건조자

선박건조보험은 손해보험의 일종이다. 손해보험에서 피보험자는 보험금을 수령할 자격이 있는 자를 말한다. 피보험자는 피보험이익을 가져야한다. 선박건조보험에서 피보험이익을 갖는 자는 건조자인가 발주자인가? 선박건조에서 선수금을 받는 경우에 건조자는 발주자로부터 선금을 받아서 선박을 건조한다. 건조를 못하는 경우나 건조 중 선박이 멸실된 경우에는 발주자는 선박건조를 취소하거나 해제하고 선수금을 돌려받게 된다. 그리고 잔존물은 건조자가 가지게 된다. 선수금을 돌려주기 위한 장치로서 은행이 선수금 환급보증(RG, Refund Guarantee)를 발행한다.[1] RG의 의무에 따라 선수금을 환급한 은행은 건조자에게 구상청구를 하게 된다. 이와 같이 건조자는 건조중인 선박의 멸실에 대하여 손해를 입게 된다.

선박건조의 실무를 보게 되면 대형조선소에서 하는 건조는 도급의 성격을 강하게 가진다. 건조자는 발주자의 대금으로 선박을 건조하는 것이므로 매매의 성격보다 도급의 성격을 가진다고 생각한다. 우리 법원은 선박건조 계약은 제조물공급계약으로 본다. 제조물의 재료를 누가 제공하였느냐에 따라서 소유권을 달리 본다. 선박건조의 경우 비록 선수금을 받기는 하였지만 건조자인 조선소가 재료를 공급한다고 보아야한다. 특히 heavy tail 지급방식[2]의 경우에는 건조자가 자신의 금전으로 먼저 건조를 진행하여야 한다. 따라서 건조중인 선박의 소유권은 건조자에게 있다고 보는 것이 정당하다(SAJ 서식 제7조 제5항).

그렇다면 건조중인 선박에 대하여 피보험이익을 가지는 건조자가 피보험자가

1) RG에 대하여는 김인현, "독립적 보증으로서의 선수금환급보증과 권리남용(대법원 2015. 7. 9. 선고 2017다6442 판결)", 국제거래법연구 제24집 제2호, 145면 이하.

2) 선박건조 후반기 또는 인도시에 선박대금 지급이 집중되는 지급방식을 말한다. 예를 들면 선주들이 조선사에 RG 발급과 착공, 탑재, 진수시에는 각각 잔금의 10%를 지급하고 마지막 인도단계에서 60%를 몰아서 주는 것이다. 2008년 금융위기 이전에는 선박대금이 공정단계별로 균등하게 20%씩 분할지급되었으나, 이후 조선경기 불황에 따라 선주들의 선박지급 방식이 heavy tail로 바뀌었다.

되어야 한다.[3] 실무에서도 건조보험에서 피보험자는 건조자가 된다. SAJ 서식에서도 피보험자는 건조자가 되도록 하고 있다(제12조).[4]

보험계약자와 피보험자가 서로 다른 경우, 예를 들면 보험계약은 발주자가 체결하면서 보험금은 건조자가 수령하도록 구조가 되었다면 이는 "타인을 위한 보험"이 된다. 보험계약자가 파산선고를 받거나 보험료의 지급을 지체한 때에는 2차적으로 피보험자가 그 권리를 포기하지 않는 한 보험료를 납부하여야 한다.

(3) 공동피보험자 – 저당권자

신조되는 선박의 가액은 수천억원에 이른다. 그렇기 때문에 발주자는 전액을 모두 자신의 자본으로 충당할 수가 없다. 발주자인 선박소유자는 은행을 찾아가서 건조자금을 대출받게 된다. 은행은 대출금에 대한 확실한 회수가 필요한데, 통상 건조중인 선박자체를 저당물로 잡게 된다. 발주자와 은행은 자금대출 약정을 체결하면서 발주자는 채무자가 되고 은행은 채권자가 된다. 채무자인 발주자는 자신의 대금변제를 담보하기 위하여 건조중인 선박에 저당권을 설정하게 된다. 은행은 저당권자가 되고 발주자는 저당권 설정자가 된다. 대출금을 약정일자에 변제하지 못하면 은행은 저당권자로서 임의경매를 신청하여 저당물을 매각하여 자신의 대금을 회수하게 된다.

그런데, 저당권자는 저당목적물인 선박이 멸실되는 경우에는 그의 대용물인 전손보험금에서 대출금을 회수해야 한다. 이러한 목적으로 선박건조보험에도 저당권자인 은행을 공동피보험자로 넣기도 한다. 혹은 Loss Payable 조항을 두어서 선박이 전손된 경우에도 저당권자가 먼저 보험금을 지급받을 수 있도록 약정을 체결하게 된다.

(4) 발주자

발주자는 원칙적으로 보험계약의 당사자도 아니고 피보험자도 아니다. 다만, 건조자를 피보험자로 하는 타인을 위한 보험계약의 보험계약자가 될 수 있다.

---

3) Simon Curtis, The Law of shipbuilding Contracts, informa, 2012, p.223.

4) SAT 선박건조계약에 대하여는 김인현, "선박건조표준계약서(SAJ)에 대한 연구", 한국해법학회지 제34권 제2호(2012), 151면 이하.

2. 보험자의 권리와 의무

(1) 보험계약체결전과 체결단계

보험계약은 보험자의 보험설계사나 대리점이 보험계약자를 방문하여 보험계약 체결을 유인하게 된다. 이를 청약의 유인이라고 한다. 비록 설계사나 대리점이 서류를 작성하기는 하지만, 건조자는 보험자에게 건조보험에 대한 청약을 하게 된다. 보험자가 이에 대하여 승낙하게 된다.

보험계약을 체결할 때에 보험자는 보험약관에 대한 설명의무를 부담한다. 보험약관과 관련된 중요한 사항에 대하여만 설명의무가 있다. 기존에 알려진 공지의 사실이나 법률규정의 내용은 설명의무의 대상이 아니다. 보험자의 설명의무는 상법 보험편(제638조의3) 및 약관규제에 관한 법률(제3조 제4항) 모두의 적용을 받게 된다.

(2) 보험계약기간 중

보험계약이 성립된 다음에도 보험계약자 혹은 피보험자가 고지의무를 위반한 사실을 알게 되면 보험계약의 해지를 할 수 있다.

(3) 보험사고 발생시

보험사고가 발생하면 보험자는 보험금을 지급할 의무를 부담한다. 통상 사고의 보고를 접하게 되면 보험자는 면책사유가 있는지 살피게 된다. 고지의무위반, 담보특약의 위반 등이 있는지 본다.

보험금의 지급거절사유가 있음에도 피보험자가 이를 받아들이지 않으면 보험금채무 부존재 확인의 소를 제기하게 된다.

일정한 기간내에 보험금을 지급하지 않으면 보험법상 책임을 부담하게 된다.[5)]

3. 보험계약자 및 피험자의 권리와 의무

(1) 보험계약 체결 전 및 체결 당시

보험계약자는 보험계약 체결 전과 당시에 중요한 사실에 대하여는 보험자에게

---

5) 상법상 보험금액의 지급에 관해서 지체없이 보험금액을 정하고 그 정하여진 날부터 10일 이내에 피보험자 또는 보험수익자에게 보험금을 지급하여야 한다(제658조). 화재보험 표준약관상으로는 7일이내 결정된 보험금을 지급하고, 기일내 지급하지 않았을 경우 규정상의 지급기일 다음날부터 지급일까지 기간에 대하여 '보험금을 지급할 때의 적립이율'에 따라 연단위 복리로 계산한 금액을 보험금에 더하여 지급한다.

모두 고지할 의무를 가진다. 이에 위반한 경우 보험자는 보험계약을 해지할 수 있다.

(2) 보험계약기간중

보험계약자인 건조자는 보험계약기간 중에 변경된 위험이 있으면 이를 보험자에게 알려야 한다. 이를 알리지 않으면 역시 보험자는 보험계약을 해지할 수 있다.

(3) 보험사고 발생시

보험사고 발생시 발생사실에 대한 통지의무를 보험계약자가 부담할 수 있다. 보험사고시 보험금을 지급받을 자는 피보험자이다.

4. 기타 보험행정법

우리나라 보험법은 우리나라에서 발생하는 보험계약은 모두 우리나라 보험사와 체결하는 것을 원칙으로 하고 있다. 세계화 및 개방화의 추세에 맞추어 우리나라도 선박보험에 대하여는 보험계약자가 외국보험사와 직접 보험계약의 체결이 가능하도록 하였다(보험업법 시행령 제7조(보험계약의 체결) 제1항 제1목).

그런데, 선박건조보험에 대하여는 명문의 규정이 없다. 그래서 이를 현존규정으로 해석을 해야하는 바, 만약 건조중인 선박도 상법상 선박[6]이라면 이도 역시 역외보험 가입이 가능한 해석이 나오게 된다. 만약 건조중인 선박은 상법상 선박과 구별되는 다른 개념으로 본다면, 역외보험가입은 불가하고 한국보험자와 보험계약을 체결하여야 한다.

금융감독원은 건조중인 선박은 상법상 선박이 아니라는 학계의 의견을 수용하여 유권해석을 이와 같이 하였다. 이에 건조중인 선박은 반드시 한국의 손해보험사에 건조보험을 가입하게 되었다. 이는 외국의 선박소유자(발주자)가 한국의 건조자(조선소)에게 선박건조를 의뢰하는 경우에도 같다.

6) 해상법상의 선박은 상행위 기타 영리를 목적으로 항해에 사용하는 것을 말한다(상법 제740조). 항해용 선박에 대하여는 상행위나 그 밖의 영리를 목적으로 하지 아니하더라도 상법 제5편 해상에 관한 규정을 준용한다(상법 제741조 제1항, 선박법 제29조). 단정 또는 주로 노 또는 상앗대로 운전하는 선박에는 적용하지 아니한다(동법 제2항)

Ⅲ. 적용법률

1. 국제사법

외국적 요소가 있는 경우에 보험계약에 적용되어야 할 법률은 국제사법에 의하여 정하여진다. 우리 국제사법은 당사자의 약정의 효력을 인정한다. 선박건조계약에서도 영국 준거법을 보험계약의 당사자들이 미리 약정해둔다. 우리 대법원은 영국 준거법약관의 효력을 인정하고 있다.

당사자의 약정이 없는 경우는 “가장 밀접한 관련”이 있는 국가의 법률이 적용된다.[7]

2. 실질법

국제사법을 통하여 정하여지는 보험계약에 적용될 국가의 법률을 실질법이라고 한다. 대한민국의 법률이 준거법으로 정해지면 대한민국의 상법이나 민법이 실질법이 된다.

이러한 실질법에는 임의규정과 강행규정이 있다.[8]

3. 약관의 내용

당사자의 약정은 보험계약에서는 보험약관으로 나타난다. 보험약관의 내용은 당사자 자치의 원칙에 따라서 상법의 임의규정보다 우선적으로 적용된다.

Ⅳ. 선박건조보험 표준 약관

협회건조자위험보험약관(Institute Clauses for Builders’ Risks Insurance (1/6/1988) CL.351) <이 보험은 영국법과 관습에 따른다>

피보험목적(피보험목적의 한 부분 이상이 아래 제1구간(A), (B) 또는 제2구간에 표

7) 국제사법 제26조(준거법 결정시의 객관적 연결)

8) 국제사법 제7조(대한민국법의 강행적 적용) 입법 목적에 비추어 준거법에 관계없이 해당 법률관계에 적용되어야 하는 대한민국의 강행규정은 이 법에 의하여 외국법이 준거법으로 지정되는 경우에도 이를 적용한다.

기된 경우에 각 담보내용은 각 부분별로 적용한다)

1. 담보구간(Section I & II)

■ 제1구간

가보험기간은 ____________이다. 그러나 가보험기간 이전에 종료된다면, 선주에게 인도시 보험이 종료된다.

(1) 건조자의 건조장에서 건조중인 선체(블록을 포함함) (A)

본 제1구간 A에 표기된 피보험목적은 건조자의 건조장 및 기타 구내에 소재 혹은 그 사이를 운송하는 경우에 담보된다.

(2) 하청업자에 의해 건조중인 기관 (B)

본 제1구간 B에 표기된 피보험목적은 (i) 하청업자의 공장 및 기타 구내에 소재하거나 그 사이를 운송하는 경우 (ii) 하청업자 공장에서 건조자의 건조장을 운송하는 경우 (iii) 건조자의 건조공장 및 기타 구내에 소재 하거나 그 사이를 운송하는 경우에만 적용된다.

■ 제2구간의 기관(건조자에게 인도된 경우)

가보험기간은 ____________ 부터이다. 그러나 가보험기간 이전에 종료된다면, 선주에게 인도시 보험이 종료된다.

본 제2구간에 기재된 피보험목적은 그것이 건조자에게 도착된 이후에는 건조자의 건조장 또는 건조자의 다른 구내에 있는 동안 및 이들 사이의 운송기간 동안 담보된다.

〈해설〉

(1) 의 의

선박건조보험이 부보되는 구간에 대하여 정한다. 선박은 점차 완성되면서 건조된다. 복수의 물품이 있으므로 개별적으로 기재하여 보험적용과 보험적용기간을 정하고 있다.

(2) 내 용

제1구간 A는 건조자가 자신의 조선소에서 건조하는 선체와 기관에 대하여, 제1구간 B는 하청업자가 자신의 공장에서 제작하는 기관에 대하여, 제2구간은 이미 제작된 기관이 건조자에게 인도된 다음의 보험기간을 정하고 있다. 각 구간간 운송에도 보험이 적용된다.

2. 보험가액(insured value)(제1조)

약관내용

1.1 본 약관에 표기된 가액은 피보험 목적물의 최종 계약가격 또는 총 건조비용에 _________ %를 가산한 비용 중, 큰 금액을 본 보험가액으로 한다.

1.2 상기와 같이 결정된 보험가액이 만일

1.2.1 가계약 가액을 초과한다면 피보험자는 그 초과금액을 보험자에게 고지하여 추가보험료를 지불할 것을 동의하고 보험자는 할당된 증액분을 인수할 것을 합의한다. 또는

1.2.2 가계약가액 미만일 경우에는 본 보험증권의 보험가액은 비율로서 감액되며 각각 분담된 금액에 대한 보험료 환급에 합의한다.

1.3 그러나 만일 보험가액이 가계약가액의 125%를 초과한다면 본 보험하에서 보상 한도는 동일 사건 중에 발생한 단일사고이든 연속사고이든 간에 가계약 가액의 125%이다.

1.4 상기 조항에도 불구하고 선박의 설계 또는 의장(fittings)에서의 중요한 변경 또는 원래 기획했던 선종의 변경으로 인한 보험가액의 변경은 본 약관의 범주에 속하지 아니하며 그러한 변경은 보험자의 특별한 동의를 필요로 한다.

〈해설〉

(1) 의 의

제1조에서는 보험사고시 보험자가 보상기준이 되는 보험가액(협정보험가액)을 정한다. 보험금액은 스케줄(보험가입명세)에 기입된다. 전손사고시 보험금액 전액을 수령한다. 분손시는 협정보험가액과 보험금액의 비율에 따라 일부 보상된다.

(2) 내 용

보험계약체결시에 건조계약서상의 최종계약가격(Final Contract Price) 혹은 총건조비용(Total Building Cost)을 기준으로 잠정적인 협정보험가액이 정해진다. 선박의 건조 완료시 건조기간 동안의 물가 또는 선박 가격 변동을 고려한 최종보험가액을 정한다. 잠정 협정가액(1.1)과 최종보험가액의 비율로 보험료를 추가 또는 감액할 수 있으며, 최종보험가액의 증액 한도는 잠정 협정가액의 125%까지 인정한다. 선주와 조선소간 고정가액(Full Contract Value)으로 건조계약이 이루어지는 경우에는 보험료 지급이나 보상처리는 가액 정산 없이 고정가액 기준으로 이루어진다.

3. 운송(transit)(제2조)

약관내용

상기 Ⅰ, Ⅱ절에서 사전에 제공되지 않은 운송에 대하여는 협정될 추가보험료를 납부하면 계속 담보한다.

〈해설〉

(1) 의 의

추가보험료를 납부하면 선박건조보험이 계속하여 담보된다.

(2) 내 용

선박건조보험은 담보구간이 정해져 있다. 블록은 건조자의 건조장 내나 건조장 사이를 운송하는 경우에 담보되지만, 이 범위를 벗어나는 경우는 추가보험료를 납부하면 계속하여 담보가 가능하다.

4. 인도지연(delayed delivery)(제3조)

약관내용

상기 언급한 가담보기간을 초과하여 지연되어 선주에게 인도하는 경우에는 협정될 추가보험료로 계속 담보한다. 그러나 어떠한 경우에도 추가담보기간은 건조자의 시운전이 종료한 날로부터 30일을 초과하여 연장되지는 않는다.

〈해설〉

(1) 의 의

상기 인도지연에 따른 자동종료 약관은 통상 시운전 종료후 30일내에 건조작업이 마무리 되는 것을 전제로 한다. 따라서 건조공정이나 인도후 활용일정 등을 고려하여 필요시 상기 조항을 건조보험자와 보험계약자인 조선소간 합의에 따라 변경 혹은 삭제하기도 한다.[9] 시운전 및 건조공정 완료 후 선박의 인도가 장기간 지연되는 경우는 건조보험을 종료하고 선박계선보험(port risks)으로 전환하는 경우가 많다.

(2) 보상사례

인도를 하루 앞둔 LNG 운반선의 마무리 건조작업 중 70% 부하로 운전중이던 디젤엔진 발전기가 갑자기 멈추면서 손상되었다. 사고조사 결과 발전기의 여자기라는 부품의 볼트를 덜 잠궈 발생한 사고로 판명되었고, 우선 발전기 메이커측에서 무상보증 수리를 진행하였다. 사고 일주일 후에 영구수리를 완료하고 예정보다 7일 지연하여 선박이 인도되었다. 공제액 미만의 일부 비용만 발생하여 보험보상은 이루어지지 않고 종결되었다. 건조보험은 기간이 아닌 구간보험으로 약관상 시운전 종료후 30일 미만의 인도지연은 추가보험료 납입 조건으로 자동담보 된다.

5. 이로 혹은 항해변경(deviation or change of voyage)(제4조)

약관내용

이로 또는 항해변경의 경우에는 사실을 인지한 후 즉시 그 취지를 보험자에게 고지하여 변경된 담보조건과 필요한 추가 보험료에 합의가 이루어지는 경우에 한하여 본 계약은 계속 부보된다.

〈해설〉

상기 담보구간(Section I, II), 제2조 운송(Transit) 및 시운전 기간에 적용되는 조항이다. 이로와 항해변경의 위험이 달라지는 것이므로 보험계약의 효력이 문제된다. 계속 담보되기 위해서는 추가보험료 납부가 필요하다.

---

9) 김지선, 전게논문, 66면.

6. 담보위험(perils)(제5조)

약관내용

5.1 항상 본 보험의 담보조건과 제외조항의 적용을 받는다. 이 보험은 이 보험기간 동안 발생되고 발견된 담보목적에 대한 손실과 손해에 대한 모든 위험을 담보한다. 이 보험기간 동안 잠재하자의 발견된 결과로서 전적으로 야기된 하자부분의 수리, 교체 혹은 신환비용을 포함한다. 어떤 경우에도 본 보험은 조악한 용접을 재시공하는 비용은 담보하지 않는다.

5.2 진수가 실패한 경우 보험자는 진수를 완성하기까지 소요되는 모든 부대비용까지도 담보한다.

〈해설〉

(1) 의 의

선박건조보험에서 가장 중요한 보험의 담보위험에 대하여 정하고 있다.

(2) 내 용

보험기간 동안 발생하고 발견된 사고에 대하여만 보상범위에 들어간다. 선박건조를 완료하고 시운전을 마치고 발주자에게 인도된 다음에 충돌사고가 발생한 경우 본 보험의 보험기간 동안 발생한 사고가 아니므로 보상받지 못한다.[10)]

담보목적물은 건조중인 선박을 말한다. 모든 위험(all risks)이라고 하고 있으므로 포괄적이다(제1항). 선박건조보험에서 대표적인 보험사고는 화재로 인한 사고이다. 건조 중 용접공의 용접잘못으로 불똥이 튀어 화재가 발생하여 건조중인 선박이 멸실된 것이 대표적인 예이다. 시운전중도 여전히 선박건조보험의 보험기간이다. 시운전중 도크 마스터(dock master)의 과실로 횡단하는 선박과 충돌사고가 발생하여 건조중인 선박이 침몰하거나 일부 수리비가 발생한 경우 충돌사고는 모든 위험에 포섭될 수 있다. 태풍이 와서 건조중인 선박의 일부(예컨대, 크레인)가 무너져 내린 경우 태풍은 모든 위험에 해당한다.

선박보험의 경우 ITC 약관에는 해상고유의 위험을 포함한 6.1.의 항목

10) 김지선, 전게논문, 67면.

과 선원의 과실을 포함한 6.2.의 항목이 있다. 6.2.의 항목은 피보험자의 주의의무 위반이 없었을 것을 조건으로 한다. 그렇지만, 선박건조보험에는 이러한 조건이 붙어있지 않고 모든 위험을 담보하므로, 조선소의 수리공이 용접을 잘 못한 것에 대하여 사용자로서 조선소가 주의의무 위반이 있어도 보험사고에 해당하여 보험금이 지급되는 사유가 된다.

보험기간동안에 잠재하자가 발견되어 교체하는 경우 교체비 혹은 수리비를 지급한다. 그렇지만 처음한 용접이 조악한 경우 이 용접을 다시 하는데 소요되는 비용은 담보하지 않음을 분명히 하고 있다.

진수하였다고하여 건조자의 의무가 모두 종료된 것은 아니다. 진수를 한 다음 시운전을 하고 인도를 하게 된다. 진수에 실패한 경우 추가비용을 들여서 재진수를 시도하여야 한다. 이 때 소요되는 모든 비용은 이 보험에서 지급하는 손해가 된다(제2항).

(3) 보상사례

115K 원유운반선 건조 후 시운전 항해 중 윤활유 경로에 이물질이 유입되어 윤활유 공급이 중단되는 바람에 메인엔진 1번 크랭크 핀 및 베어링이 손상되는 사고가 발생하였다. 협회선박건조보험 약관상 시운전중 메인엔진 손상사고는 면책위험에 해당하지 않는다. 보험자는 공제금액을 제외하고 수리비 전액을 보상하였다.

7. 지진 및 화산분화 면책(earthquake and volcanic eruption exclusion)(제6조)

약관내용

이 보험은 어떠한 경우에도 지진 또는 화산폭발로 인하여 발생한 손상, 손해, 책임 혹은 비용을 전혀 보상하지 않는다. 이 배제사항은 제13조, 제17조, 제19조 그리고 제20조하의 손해배상청구를 포함한 모든 청구에 적용된다.

〈해설〉

(1) 의 의

선박건조보험계약에서 면책에 대하여 설명한다.

(2) 내 용

건조중인 선박은 아직 완성되어 바다에서 항해할 수 있는 상태가 아니고 조선소의 도크 등에 고정된 형태로 있기 때문에 지진이나 화산폭발 등의 경우에 스스로 피할 수 없다. 따라서 일반 선박이나 다른 자동차 등 기동성이 있는 물건에 비하여 보험사고의 위험이 높다.

본 조항에서는 이러한 위험은 보험의 담보범위에서 제외하고 있다. 지진이나 화산폭발로 인한 손해, 비용, 책임 등은 전혀 보상하지 않는다고 한다. 건조중인 선박이 멸실된 경우 피보험자의 손해는 물론, 지진으로 인하여 건조중인 선박이 해일로 밀려서 제3자에게 손해를 야기한 경우에도 피보험자의 책임에 대하여는 담보하지 않는다.

제13조의 공동해손에도 적용된다. 건조중인 선박의 소유자가 공동해손을 선포한 경우에 공동해손분담금은 지진이나 화산폭발로 인한 경우는 면책이라는 취지이다.

8. 오염위험(pollution hazard)(제7조)

약관내용

이 보험은 이 보험에서 보험자가 책임을 부담하는 선박손상의 직접결과로 발생한 오염 위험 혹은 그로 인한 위협을 방지하거나 완화하기 위하여 권한을 가진 정부 당국이 취한 조치로 인하여 선박이 멸실 또는 손상된 경우 그 멸실과 손상을 담보한다. 다만, 피보험자, 선박소유자 및 선박관리자가 오염의 위험을 방지 또는 완화 하는데에 상당한 주의를 기울이지 못한 결과로 정부당국의 그러한 행위가 발동된 경우 담보하지 않는다. 선장, 고급선원, 보통선원 또는 도선사가 선박에 지분이 있는 경우는 모두 제7조의 해석상 선박소유자로 간주되지 않는다.

〈해설〉

(1) 의 의

선박건조중 발생하는 오염위험을 방지하기 위한 정부당국의 조치에 따른 선박의 멸실 혹은 손상도 담보범위로 하고 있다.

(2) 내 용

본 선박건조보험은 건조중인 선박 자체의 수리비나 전손시 보험금을 보험자가 지급하는 것이다. 선박이 시운전 중 좌초를 한 경우 좌초로 인한 선박의 수리비는 본 보험의 지급사항이다. 그런데, 좌초로 인하여 오염이 발생한 경우 오염손해는 피보험자의 제3자에 대한 책임의 문제로서 본 보험의 부보사항이 아니다. 본 조항은 이러한 경우에 정부가 오염의 우려 때문에 본선에 취한 조치, 예를 들면 본선에 대한 폭파조치와 같은 경우에 피보험자의 손해를 보상한다는 취지이다.

정부의 그러한 조치를 불러온 것에 대하여 선박소유자의 주의의무 위반이 있었다면 보험금은 지급되지 않는다. 선박소유자가 고용한 선원의 과실에 의하여도 보험자는 면책이 되는가? 선박보험에서와 같이 피보험자의 주의의무를 요구하는 것이기 때문에 선장 등은 선박소유자에 포함되지 않는다.

오염으로 인한 방제비용 혹은 배상책임 손해는 다른 책임보험에 가입하여야 한다.[11]

9. 조악한 설계(faulty design)(제8조)

약관내용

본 보험증권 혹은 첨부약관의 반대규정에도 불구하고, 본 보험은 본 보험기간동안 발생되고 발견된 것으로 피보험 목적물의 어느 부분 또는 일부의 조악한 설계로 인하여 피보험목적물에 발생한 멸실 또는 손상을 보상한다. 다만, 어떠한 경우에도 그 부분을 수선, 교정, 교체 혹은 대체하는 비용은 담보하지 아니한다.

〈해설〉

(1) 의 의

설계 잘못으로 발생한 손해에 대하여 정하고 있다.

11) 김지선, 전게논문, 69면.

(2) 내 용

건조중인 선박의 설계는 건조 이전 단계에 이루어진 것이지만, 보험기간 중에 설계의 잘못으로 인하여 피보험목적물인 건조중인 선박에 야기된 손해는 보상의 범위에 속한다. 그러나, 조악한 설계로 잘못된 현재의 장비 등을 교체하는 것이나 재설계 비용은 담보범위가 아니라고 정하고 있다.

예를 들면, 설계의 잘못으로 시운전 중 조타기가 고장나서 선박이 좌초되어 선체에 손해가 발생한 경우, 선체수리비는 보상되지만 설계가 잘못된 조타기 교체비용은 담보되지 않는다.

10. 항해(navigation)(제9조)

약관내용

9.1 건조 항구 또는 건조 장소에서 습거(wet dock) 또는 건거(dry dock), 항구, 항로, 조선대와 주교를 계속하여 왕래하는 것, 적재선이든 공선이든 자력으로 건조 항구 또는 건조 장소로부터 250해리 수역내에서 번번히 소요되는 의장, 입거, 시운전 또는 인도를 위하여 왕래하는 것은 자유이며 그러한 거리가 초과되는 경우에는 협정 보험료로 추가납부하고 계속 담보한다.

9.2 건조 항구 또는 건조를 벗어나 피보험선박을 예인하여 이동하는 경우 협정보험료를 추가납부하면 계속 담보된다. 다만, 사전에 그 취지를 보험자에게 고지하여야 한다.

〈해설〉

(1) 의 의

건조보험이 적용되는 지리적 범위에 대한 것이다.

(2) 내 용

건조보험의 지리적 적용범위는 건조장소를 기본으로 한다. 그런데, 시운전 등으로 건조중인 선박이 이동하는 경우도 발생하게 된다. 한 장소에 고정되어있는 경우에 비하여 이동을 하게 되면 사고의 발생빈도가 높아진다. 그렇지만, 건조장소를 중심으로 한 시운전 등을 위한 이동은 불가피하기 때문에 그로부터 250해리까지는 추가보험료의 납부없이 보험을 받아준다. 그보다 더 벗어나게 되면 위험은 더 증대하므로 추가보험료를 납부하여야 할 것이다.

건조 항구 또는 건조 장소에서 예인은 기본적으로 담보된다. 그런데, 이들 장소 이외에서 예인이 이루어진다면 위험요소가 더 커지기 때문에 추가보험료의 납부가 필요하고, 그러한 조건하에서 보험의 담보는 계속된다.

11. 공제액(deductible)(제10조)

약관내용

10.1 이 보험에서는 독립된 1사고로 인하여 발생한 손해액의 합계(약관 13,17,19, 및 20에 따른 보상청구 포함)가 ________ 을 초과하지 아니하면 피보험위험으로 인하여 발생한 손해는 보상되지 아니하며, 그 경우 이 금액을 공제하여 보상한다. 다만 좌초 후의 선저 검사비용은 특히 그 목적을 위하여 합리적으로 지급된 것이라면 손상이 발견되지 않았어도 이를 보상한다. 이 약관 10.1은 선박의 전손이나 추정 전손보상의 경우에는 적용하지 아니하며 이 경우 동 사고로 인하여 발생된 약관 20에 관련된 보상청구에도 적용하지 아니한다.

10.2 두 개의 계속적인 항구 간에서 편도 항해 중 일어난 황천으로 인한 손해는 1회의 사고로 처리한다. 그러한 황천이 본 보험에서 부보되는 기간을 넘어서 지속된 경우, 보상액에 적용되는 공제액은 전항의 공제액에 대하여 보험기간 중의 황천일수가 위의 편도 항해중의 전 황천일수에 정하는 비율로 한다. 이 약관 10.2에서 황천이라는 용어는 유빙과의 접촉을 포함한 것이다.

10.3 위의 공제액이 적용된 손해의 구상금은 이자를 제외하고는 구상금을 고려하지 않은 보험금의 합계와 위의 공제액과의 차액의 범위 내에서 전액 보험자에게 귀속한다.

10.4 회수금에 포함된 이자는 보험자가 지급한 보험금과 지급일자를 감안하여 피보험자와 보험자가 서로 분배한다. 이 경우 보험자는 이자를 합산함으로써 지급한 보험금을 초과해서 회수할 수 있다.

〈해설〉

(1) 의 의

공제액에 대하여 정한다.

(2) 내 용

선박기간보험약관(ITC－Hulls, 1/10/83) 제12조의 내용과 동일하다. 여기서 말하는 deductible 공제 방식은 지급 보험금이 합의한 deductible 금액을 초과하면 그 금액을 제하고 초과한 금액 부분만을 보상하는 방식이다. 참고로 excess 방식은 excess로 합의한 금액을 초과하는 경우에만 보험보상이 가능하며, 보상가능한 최대한도인 보험금액을 표시할 때 deductible과 달리 excess로 정한 금액을 초과한 부분만 표시한다.

Deductible 공제는 전손과 전손시 발생한 손해방지비용, 좌초후의 선저검사비용에는 적용하지 않는다.

황천(악천 후)에 의한 사고는 하나의 사고를 구분하여 확정하기 어려우므로 항해를 단위로 하되 총 악천 후 일수와 당해보험기간중의 악천후 일수의 비율로 공제금액을 나누어 산정한다.

12. 미수리 손상(unrepaired damage)(제11조)

약관내용

11.1 미수리 손상에 대한 보상청구와 관련된 보상액의 산정은 그러한 미수리 손상이 발생했던 보험 종료시점에서의 선박시장가액의 합리적인 감가액으로 정한다. 합리적인 수리비를 초과할 수 없다.

11.2 이 보험의 담보기간 중에 또는 담보연장 기간 중에 전손된 경우에는 (이 보험에서 담보되건 안되건 간에) 보험자는 미수리 손상에 대하여 어떠한 경우에도 책임을 지지 아니한다.

11.3 보험자는 미수리손상에 대하여 이 보험 종료시점에서의 보험금액 이상은 책임을 지지 아니한다.

〈해설〉

(1) 의 의

미수리된 상태로 두면 현실적 비용손해가 피보험자에게 발생하지 않았으므로 보험금을 청구할 수 없다. 그러나 선가는 하락하므로 이에 대한 처리에 대하여 정하였다.

(2) 내 용

선박기간보험약관(ITC－Hulls, 1/10/83) 제18조의 내용과 동일하다. 1906년 영국 해상보험법 제69조 제3항에 따르면 '선박이 수선되지 아니하고 위험기간중에 손상상태로 매각되지 않았을 경우에는, 피보험자는 미수리손상으로부터 발생하는 합리적인 감가에 대하여 손해보상을 받을 권리가 있다. 단 그 금액은 제1호에 의하여 계산된 손상의 합리적인 수리비를 초과하지 아니한다.'고 규정되어 있다. 여기서 '합리적인 감가'의 기준을 상기 제11조1항에서 '이 보험 종료시점의 선박시장가액'으로 정하고 있다. 선박보험의 설명을 참고하면 된다.

판례소개 >

A조선소에서 건조중인 35,000톤급 여객선의 비즈니스 라운지에서 화재사고가 발생하였다. 사고원인은 누전에 의한 화재사고로 추정되었다. 협회선박건조보험약관(ICBR)을 계약의 내용으로 정하였고, 약관상 인도전 화재에 의한 손상은 면책사항에 포함되지 않으므로 보상되는 손해에 속한다. 손상된 비즈니스라운지, 로비 등은 긴급히 신환 및 수리작업을 실시하였으나, 인도일자가 사고일로부터 2주후로 임박하여 일부 집기류 및 부착물 등은 미수리상태로 인도되었다. 인도 후에 엔지니어가 동승하여 기항지인 유럽에서 자재를 공급받아 수리를 완료하였다.

이 경우 피보험자는 미수리 손상으로부터 발생하는 합리적인 감가 또는 합리적인 수리비 중 적은 금액을 보상받을 권리가 있다. 약관 11조 1항에서는 미수리 손상에 대한 보험자의 책임을 보험계약 종료시의 선박시장가액에서 손상상태에서의 가액을 공제한 잔액으로 확정한다.

13. 추정전손(constructive total loss)(제12조)

약관내용

12.1 추정전손 여부의 결정에는 보험금액을 수리완료 후의 가액으로 간주하고 선박 또는 난파물의 손상가액 또는 해체가액은 이를 고려하지 않는다.

12.2 선박의 회복 및 수리비용을 근거로 한 추정전손의 청구는 그 비용

이 보험금액을 초과하지 않으면 보상되지 아니한다. 추정전손의 결정에 있어서는 1회의 사고 또는 동일사고로 인한 연속된 손상에 관련된 비용만을 고려한다.

〈해설〉

(1) 의 의

현실전손의 경우에 피보험자는 보험금의 전액을 수령할 수 있다. 분손임에도 불구하고 보험금 전액을 수령할 수 있는 제도로서 추정전손이 있다. 이에 대하여 정하고 있다.

(2) 내 용

선박기간보험약관(ITC－Hulls, 1/10/83) 제19조의 내용과 동일하다.

해상보험에서 피담보목적물의 손해에는 분손과 전손이 있다. 전손에는 다시 현실전손과 추정전손이 있다. 전손이 되면 보험금액 전부를 수령하게 된다. 현실적으로 선박이 침몰하여 멸실된 경우가 대표적인 현실전손이다. 그런데, 분손의 경우임에도 수리비가 너무 많이 들어가서 오히려 새로운 선박을 건조하거나 매입하는 것이 유리한 경우에는 이를 수리할 이유가 없다. 이러한 경우에는 추정전손으로 처리하여 현실전손과 동일한 효과를 부여하는 것이 영국법의 입장이다.

① 추정전손의 요건 (MIA 제60조 제2항)[12)]

(i) 보험목적물이 현실적으로 멸실하지 않았어도 피보험자가 선박 또는 화물의 점유를 박탈당하여 회복할 수 있을 것 같지 않은 경우

(ii) 회복하는 데 소요되는 비용이 회복되었을 때의 선박 또는 화물의 가액을 초과하리라고 예상되는 경우

(iii) 선박의 훼손을 수리하는 데 소요되는 비용이 수리되었을 때의 선박가액을 초과하리라고 예상되는 경우

12) 상법 제710조 (보험위부의 원인) 다음의 경우에는 피보험자는 보험의 목적을 보험자에게 위부하고 보험금액의 전부를 청구할 수 있다. 1. 피보험자가 보험사고로 인하여 자기의 선박 또는 적하의 점유를 상실하여 이를 회복할 가능성이 없거나 회복하기 위한 비용이 회복하였을 때의 가액을 초과하리라고 예상될 경우 2. 선박이 보험사고로 인하여 심하게 훼손되어 이를 수선하기 위한 비용이 수선하였을 때의 가액을 초과하리라고 예상될 경우 3. 적하가 보험사고로 인하여 심하게 훼손되어서 이를 수선하기 위한 비용과 그 적하를 목적지까지 운송하기 위한 비용과의 합계액이 도착하는 때의 적하의 가액을 초과하리라고 예상될 경우

(iv) 화물의 훼손을 수리하여 목적지까지 운송하는 데 소요되는 비용이 도착하였을 때의 화물가액을 초과하리라고 예상되는 경우

② 예상수리비의 산정방법(MIA 제60조 제2항의 ii)

기발생된 비용은 수리비에 대하여 다른 이해관계자가 지불할 공동해손분담금을 수리비에서 공제해서는 아니 된다.

장래의 구조작업의 비용과 선박이 수리될 경우에 선박이 부담하게 될 일체의 공동해손분담금은 고려해야 한다.

③ 추정전손의 판단시점

보험금 청구소송이 제기된 때, 영국에서는 소송영장(writ)이 발행된 때이다.

④ 추정전손의 효과(MIA 제61조)

추정전손이 있으면 100% 분손으로 처리할 수도 있고, 보험의 목적을 위부하고 현실전손으로 처리할 수 있다. 선택권은 피보험자에게 있다. 기평가보험증권은 확정되어있는 보험금액, 미평가보험증권은 보험목적의 부보가액을 보상한도로 한다.

⑤ 위부

위부란 피보험자가 추정전손의 요건을 갖춘 경우 현실전손과 같이 처리하기 위하여 보험목적에 대하여 자신이 가지는 권리를 무조건 포기한다는 일방적 의사표시이다.[13]

피보험자가 보험자에게 보험목적을 위부하기 위하여는 위부의 통지가 필요하다. 위부의 통지가 없었다면 분손으로 취급된다. 보험자가 위부를 승인한 경우 그 보상청구는 현실전손으로 취급된다. 보험자가 위부를 불승인한 경우 추정전손의 요건에 해당하는지 여부 및 위부가 정당하게 행하여졌는지를 살펴보아 그에 해당하는 경우에 비로서 현실전손으로 취급된다.[14]

위부의 효과로서 보험자는 보험목적에 대한 피보험자의 모든 권리를 취득한다(상법 제718조).

---

13) 이기수 외 2인, 282면.

14) 상법에서는 위부에 대한 보험자의 승인과 불승인은 추정전손의 성립과 무관하고, 이의 여부 및 위부원인증명과 연결된다(상법 제716조, 제717조).

14. 공동해손 및 구조(general average and salvage)(제13조)

약관내용

13.1 이 보험은 구조, 구조비 및 공동해손의 선박 분담분을 보상하며 일부 보험에 관하여는 감액된 비율로 보상한다. 그러나 선박의 공동해손 희생손해의 경우에는 다른 당사자에 대해 공동해손분담 청구권을 행사하기 전에 손해 전액을 보상한다.

13.2 정산은 해상 화물 운송계약에 그 정산에 관해 하등의 특약이 규제되어 있지 않은 경우에 준해, 해상운송사업이 종료되는 지역에서 행해지는 법률 및 관례에 따라 행해지는 것으로 한다. 그러나 해상화물운송계약에 「요크－앤트워프」 규칙에 따른다고 규제되어 있을 경우에는, 그 정산은 동 규칙에 의거하지 않으면 아니된다.

13.3 선박이 용선되지 않고 공선으로 출항하는 경우에는 1974년 「요크－앤트워프」 규칙의 각 규정(제20조 및 제21조 제외)을 적용하는 것으로 하며, 이 목적을 위해서 항해라고 하는 것은 출항항 및 해역으로부터 피난항 및 해역 또는 연료보급을 유일한 목적으로 하는 기항시의 항구 및 해역으로부터 피난항 및 해역 또는 연료보급을 유일한 목적으로 하는 기항시의 항구 및 해역을 제외한 출항 후 최초로 기항하는 항구 또는 해역에 도착할 때까지 계속되는 것으로 간주한다. 만약 최초에 기도한 해상운송사업을 위의 중간항 또는 해역에서 중지한다면 항해는 그때부터 중지된 것으로 간주한다.

13.4 담보위험을 피하기 위하여 또는 담보위험을 피하는 것과 관련하여 발생한 손실이 아닌 경우에는 이 약관 13 하에서 여하한 보상 청구도 허용하지 아니한다.

〈해설〉

(1) 의 의

건조 중 발생할 구조와 공동해손에 대하여 정한다.

(2) 내 용

선박기간보험약관(ITC－Hulls, 1/10/83) 제11조의 내용과 동일하다. 본서 60면을 참고하기 바란다.

15. 사고통지(notice of claim)(제14조)

약관내용

본 보험증권하에서 보상될 수 있는 멸실, 손상 배상책임에 대한 비용이 발생한 경우, 신속한 고지가 수리 이전에 보험자에게 행하여져야 하며 만일 피보험목적물이 해외에서 건조중이라면, 보험자가 그렇게 요구하는 경우, 가장 가까운 로이드 대리점에 고지하여 보험자를 대리하는 검정인이 임명될 수 있도록 해야 한다.

〈해설〉

(1) 의 의

사고시 보험자에게 통지해야 보험처리가 원만하게 진행된다. 피보험자에게 이러한 의무에 대하여 정하고 있다.

(2) 내 용

선박기간보험약관(ITC－Hulls, 1/10/83) 제10조 제1항의 내용과 동일하다. 선박보험에서는 사고통지를 피보험자가 게을리한 경우의 법률효과는 확정된다. 보상금액의 15%를 공제한다.

16. 권리의 변경(change of interest)(제15조)

약관내용

피보험 목적물에 있어 여하한 권리의 변경은 본 보험증권의 효력에 영향을 미치지 아니한다.

〈해설〉

(1) 의 의

보험목적의 소유권변경에 대한 것이다.

(2) 내 용

피보험 목적물에 대한 소유권이 변경되어도 보험은 유효하다는 취지이다.

원래는 소유자의 변경은 피보험이익의 변화를 가져오므로 보험계약이 무효가 되도록하는 법제도 있지만, 당사자 자치의 원칙상 이와 다른 약정을 체결해도 유효하다.

17. 양도(assignment)(제16조)

약관내용

본 보험에 의해 지불될 수 있는 또는 지불되어질 모든 금전이나 보험에 관한 양도 또는 권리취득은 보험자를 구속하거나 보험자에 의해 승인되는 것은 아니다. 다만 피보험자 및 재양도의 경우에는 양도인이 서명한 그러한 양도 또는 권리취득일자가 붙은 통보가 본 보험증권에 배서되며 그러한 배서가 첨부된 보험증권이 보험금 또는 환급보험료의 지급 이전에 제출된 경우에는 그러하지 아니한다.

〈해설〉

(1) 의 의

보험에 관한 양도시 효력에 대한 것이다.

(2) 내 용

선박기간보험약관(ITC－Hulls, 1/10/83) 제5조의 내용과 동일하다. 보험증권의 양도가 있을 경우, 통보에 따라 보험증권에 배서되어야 하며, 이에 따라 향후 보험금 및 환급보험료를 수취할 자가 정해진다.

18. 충돌배상책임(collision liability)(제17조)

약관내용

17. 충돌배상책임

17.1 보험자는 피보험선박이 다른 선박과 충돌로 인하여 그 결과로 피보험자가 법률상 손해배상을 책임을 부담하고 지급한 금액을 한도로 아래 손해에 대하여 피보험자에게 지급할 것에 합의한다.

17.1.1 다른 선박에 대한 손해 혹은 다른 선박에 있는 재물

17.1.2 다른 선박 혹은 다른 선박에 있는 재물에 대한 지연 혹은 사용이익의 상실

17.1.3 다른 선박 혹은 다른 선박에 있는 물건에 대한 공동해손, 임의구조 혹은 계약구조

17.2 본 약관 제17조에 규정된 보상은 이 보험의 다른 규정과 조건에서 정해진 보상에 추가하는 것이며 아래 조건을 충족하는 경우에 그러하다.

17.2.1 피보험선박이 다른 선박과 쌍방과실로 충돌하여 일방 또는 쌍방 선박의 배상책임이 법률에의해 책임제한이되지 않는 한, 이 약관 제17조에 의한 보상액은 이 충돌결과 피보험자가 지급하여야할 또는 수령하여야할 상계차액이나 금액을 확정하는데에 적정하게 승인된 쌍방의 과실비율에 따른 손해배상액을 해당 선박소유자가 상대방에게 각각 지급하여야 하는 것으로 간주하여 교차책임의 원칙에 따라 산출한다.

17.2.2 이 약관 17.1.과 17.2에서 보험자의 총배상책임액은 어떠한 경우에도 매 충돌사고당 피보험선박의 보험가입금액에 대한 보험자의 인수비율을 초과하지 아니한다.

17.3 피보험자가 보험자의 사전 서면동의를 얻어 배상책임을 다투거나 배상책임제한 조치를 취하는 경우, 보험자는 피보험자가 지급한 또는 지급하여야 할 법적 비용도 지급한다.

◇ **면책사항**

17.4 다만 이 약관 17조에서 피보험자가 아래에서 정한 사항에 대하여 지급하여야할 일체의 금액은 어떠한 경우에도 보상하지 아니한다.

17.4.1 장애물, 난파물, 적하 또는 그 밖의 일체의 물체에 대한 제거 또는 처분

17.4.2 다른 선박 또는 다른 선박에 적재된 재물 이외의 부동산, 동산 그 밖의 일체의 물체

17.4.3 피보험선박에 적재된 적하 또는 그 밖의 재물 및 피보험선박의 계약상의 채무

17.4.4 사망, 신체상해 또는 질병

17.4.5 부동산, 동산 그 밖의 일체에 대한 오염 또는 오탁사고(피보험선박과 충돌한 다른 선박 또는 그 선박에 적재된 재물은 제외함)

〈해설〉

(1) 의 의

선박기간보험약관(ITC－Hulls, 1/10/83) 제8조의 내용과 동일하다. 다만 충돌배상책임액의 3/4(75%)의 제한없이 전액(100%)을 보상하는 점만이 다르다.

원래 선박보험이나 건조보험은 피보험자가 피보험이익을 가지는 물건에 대하여 그 물건이 전손이나 분손된 경우 손해를 보험금으로 수령하는 것이다. 그러므로, 제3자에 대한 손해배상책임을 담보하는 것이 아니다. 이러한 손해는 책임보험에서 처리가 가능하다.

S.G. Policy에서는 선박충돌로 인한 피보험자의 손해배상책임을 담보하지 않았지만, 1836년 De Vaux v. Salvador 판결[15]의 영향으로 선박소유자의 불법행위에 따른 충돌배상책임을 선박보험에서 보상하기 위해 1883년 Running Down clause가 추가되었으며, ITC(Hull) 1983에서 3/4충돌배상조항으로 변경되었고 이것이 선박건조보험약관(ICBR 1988)에 계승되었다.

(2) 내 용

① 선박충돌의 의미

선박건조보험약관상 선박충돌이 아니라면 동 조항의 적용이 없게된다. 선박과 선박사이의 접촉만이 선박충돌이 된다. 선박과 부두와의 접촉은 선박충돌은 아니다. 이와 같은 손해는 제19조에서 보상하는 손해이다.

② 손해보상 범위

(i) 제17조 제1항에서 인정하는 손해

다른 선박 자체의 멸실 또는 손상, 혹은 다른 선박에 실린 재물의 멸실 또는 손상이 모두 보상하는 손해이다(제1호). 다른 선박 자체의 지연 또는 불가동 손실, 혹은 다른 선박에 실린 재물의 지연 또는 불가동 손실은 보상하는 손해이다(제2호). 다른 선박 자체의 공동해손 혹은 구조비, 혹은 다른 선박에 실린 재물의 공동해손 혹은 구조비가 보상하는 손해이다(제3호).

피보험담보선박(A)가 다른 선박(상대선)(B)와 충돌한 경우 B가 침몰하

15) [1836]4 Ad&E 420.

였다면 B의 선박소유자가 입은 손해를 청구하게 되는데, 선가는 제1호에, B가 입은 불가동손실은 제2호에서 보상된다. B를 살리기 위하여 예인선을 사용한 경우에 공동해손이 선포되면 B호에 실린 화물의 화주는 공동해손분담금을 지급하여야 한다. 이를 A가 부담하게 된다는 것이다.

선박보험의 경우에는 책임보험(P&I 보험)이 따로 있으므로 1/4만 선박보험에서 지급하고 3/4은 책임보험에서 지급하지만, 선박건조보험에서는 P&I 보험이 따로 없기 때문에 전액을 보상한다는 점이 이와 다른 점이다.

(ii) 다른 손해와의 관계

A 선박도 충돌로 인하여 수리비가 발생하였다면 수리비를 수령하게 되는데 이것과 본조 제17조의 상대방 손해의 보상은 전혀 별개의 것으로 피담보선박의 수리비등 보험금은 별개로 그대로 지급된다는 것을 천명한다(제17조 제2항).

충돌당사자 사이에는 단일책임주의를 취하여 정산하나, 선박소유자와 보험자 사이에는 교차책임주의에 따라서 정산한다. 다만, 선주책임제한의 적용에서는 단일책임주의이다. 단일책임주의하에서는 상호간에 지급해야 할 금액과 수령할 금액을 먼저 계산하여 상계한 후 남은 차액을 어느 일방이 타방에게 지급하는 형식이다. 이에 비하여 교차책임주의는 상계하지 않고 각각 지급하게 된다. 전자는 선박충돌이 하나의 사건에서 발생하는 하나의 법률관계라는 것이고, 후자는 사건은 하나에서 발생하였지만, 두 개의 법률관계가 존재한다고 보는 것이다.

(iii) 보상하지 않는 손해

상대선이 충돌로 인하여 난파물이 된 경우 그 제거비용은 보상하지 않는 손해가 된다. 이는 그 선주책임상호보험에서 커버하기 때문이다.

상대선에 실린 적하가 멸실된 경우 그 손해도 보상하지만, 적하와 관련하여 상대선주가 계약상 부담하는 채무는 손해배상의 범위에서 제외된다.

선박건조보험도 손해보험의 일종이기 때문에 인명의 사상에 대한 손해는 보상하지 않는다.

19. 자매선(sistership)(제18조)

약관내용

피보험선박의 전부 또는 일부가 동일 소유자에 소유되거나 동일 관리하에 있는 타선박과 충돌하거나 또는 그러한 타선박으로부터 구조되었을 경우에는 피보험자는 타선박이 피보험선박에 전혀 이해관계가 없는 소유자의 재산이었더라면 피보험자가 의당 가질 수 있는 권리와 동일한 권리를 본보험증권상 갖는 것으로 한다. 그러나 어떠한 경우에도 충돌에 대한 책임 또는 구조를 받았을 경우의 구조행위에 대해 지불해야 할 금액은 보험자와 피보험자와의 합의하에 선정된 1명의 중재인의 결정에 따라야 한다.

〈해설〉

(1) 의 의

피보험선박의 충돌시 가해선이 피보험자가 동일한 소유자일 때 보험관계에 대하여 정하고 있다.

(2) 내 용

선박기간보험약관(ITC－Hulls, 1/10/83) 제9조의 내용과 동일하다. 마치 전혀 다른 소유자가 소유하는 2척의 선박 사이의 충돌과 같이 처리된다는 취지이다.

20. 선주배상책임(protection & indemnity)(제19조)

약관내용

19.1 보험자는 이 보험기간 중 사고 또는 사건으로부터 발생된 다음 사항의 결과로 피보험자가 선박의 소유자로서 제3자의 보상, 청구, 손상 또는 비용에 대한 법적 배상책임을 부담하고 지급한 금액을 피보험자에게 보상할 것을 합의한다.

19.1.1 어떠한 원인으로 발생한 것이건 제17조에 의하여 담보되지 않는 것으로서 피보험선박 이외의 모든 고정 또는 이동식 물체, 재물, 그 밖의 일체의 물체 또는 이익에 대한 멸실 또는 손상

19.1.2 피보험선박의 난파물의 포함하여 고정 또는 이동식 물체, 재물 또는 그 밖의 물체의 인양, 제거, 해체나 그러한 시도, 또는 위

물체를 인양, 제거, 해체함에 있어서의 태만이나 실패

19.1.3 통상적인 항해과정 중에 입항, 출항, 또는 그 항구내에서의 이동을 목적으로 체결된 관습적인 예인에 관한 계약하에서 피보험자에게 부과된 배상책임

19.1.4 사망, 신체상해, 질병 또는 인명구조를 위해 지급된 금액

19.2 보험자는 이 보험기간 중 사고 또는 사건으로부터 발생한 다음 사항에 대하여 피보험자에게 보상할 것에 합의한다.

19.2.1 질병이 들거나 신체상해를 입은 사람이나 밀항자, 피난자 또는 해상구조자를 피보험선박에서 하선시킬 것을 목적으로 하는 경우에만 정당하게 발생된 연료, 보험, 급료, 저장품, 식량에 대한 추가비용 및 항비

19.2.2 선상 또는 해안에서의 전염병 발생으로 야기된 추가비용

19.2.3 여하한 행위, 태만 또는 선박운항과 관련된 법령이나 규정을 위반함으로써 피보험선박, 피보험자에게 부과된 벌과금 또는 피보험선박의 선장, 고급선원, 보통선원 또는 피보험선박 대리인에게 부과되어 피보험자가 보전한 벌과금, 단, 보험자는 선장, 고급선원, 보통선원 이외의 피보험자, 그 대리인 또는 고용인의 여하한 행위, 태만, 실수 또는 불이행으로 인하여 발생한 벌과금은 피보험자에게 보상하지 아니한다.

19.2.4 피보험자가 소유하거나, 임차하거나, 점유하는 장소로부터 피보험선박의 난파물을 제거하는 비용

19.2.5 보험자의 사전 서면동의를 얻어 배상책임을 피하거나 경감시키거나 다루는 데 있어서 피보험자가 지급한 혹은 지급하여야할 법적 비용

◇ **면책사항**

19.3 위 약관 19.1 및 19.2에도 불구하고 이 약관 제19조하에서 아래에서 발생하는 여하한 배상책임, 경비, 비용은 부담하지 아니한다.

19.3.1 피보험선박, 그 선박의 적하, 자재, 수리작업에 관계하여 어떠한 형태로든지 피보험자 또는 다른 사람에 의하여 고용된 근로자나 여타 사람에게 발생한 사고 또는 그 질병에 대하여 근로자

재해보상법, 고용주 배상책임법 및 기타 배상책임에 관한 법령 또는 보통법에 의하여 피보험자가 직접 또는 간접적으로 지급한 금액

19.3.2 용역 또는 도제계약하에 협정 상대방이 고용한 피고용인의 사망, 질병 또는 신체상해에 대하여 피보험자가 명시적 또는 묵시적 협정하에 부담하는 배상책임

19.3.3 명칭여하를 불문하고 징벌적 손해배상금

19.3.4 피보험선박에 적재되어 운송되거나 운송될 또는 운송된 적하 또는 기타 재물. 단, 이 약관 19.3.4에서는 피보험선박의 난파물로부터 적하를 제거하기 위한 부대경비에 대한 어떠한 보상청구를 배제하는 것은 아니다.

19.3.5 피보험선박에 적재되어있으며, 건조자 또는 수리자가 소유하거나 책임이 있는 재물의 멸실 또는 손상

19.3.6 피보험선박에 적재되어있으며, 피보험자가 소유하거나 임차한 콘테이너 장비, 연료 또는 타 재물에 대한 보상 또는 계약상 발생하는 배상책임

19.3.7 피보험선박에 승선한 사람이 소유한 현금, 유가증권, 귀금속이나 보석, 고가품 또는 희귀품이나 귀중품 및 선장, 고급선원 및 보통선원의 불요불급한 개인 소지품

19.3.8 선장, 고급선원 또는 보통선원의 교체를 대기 동안 지연으로 선박에 발생한 연료, 보험료, 급료, 저장품, 식량 및 항비

19.3.9 과적 또는 불법어로로 인한 벌과금 또는 과태료

19.3.10 부동산, 동산 혹은 일체의 물건의 오염 혹은 오탁

19.4 이 약관 제19조에 규정된 보상은 이 보험의 다른 조건에 규정된 보상에 추가되는 것이다.

19.5 피보험자나 보험자가 그들의 배상책임을 제한하는 경우 이 약관 제19조하에서의 보상은 그러한 제한금액중에서 보험사의 비례분담부분을 초과하지 않는다.

19.6 어떠한 경우에도 이 약관 제19조하에서 보험자의 책임은 개별적인 사고 또는 동일사건으로부터 발생된 연속적인 사고에 때한 피보험선박의 보험가입금액 중 비례분담분을 초과하지 않는다.

19.7 다만,

19.7.1 이 약관 제19조하에서 보상청구를 야기할 수 있는 모든 사고, 사건 또는 피보험자에 대한 청구와 이 약관 제19조에 의거 부담될 수 있는 배상책임경비 또는 비용을 피보험자가 지출하게 될 모든 사건 또는 사항은 지체없이 보험자에게 통지되어야 한다.

19.7.2 피보험자는 보험자의 사전 서면동의없이 이 약관 제19조에 의거 담보될 수 있는 배상책임을 인정하거나 여하한 청구에 대하여도 지급하여서는 아니 된다.

〈해설〉

(1) 의 의

선박소유자가 가입하는 보험으로서 선박보험과 선주책임상호보험(P&I 보험)은 완전히 구별된다. 연혁적으로 전통의 선박보험에서 부보되지 않는 위험이 생겨나자 선박소유자들은 자신들이 보험자이면서 또 피보험자가 되는 상호보험을 결성한 것이다. 보험목적물인 선박자체에서 손해가 발생한 경우에 피보험자인 선박소유자가 보험자로부터 보상을 받는 보험이 선박보험이다. 화물의 소유자 혹은 유류오염의 피해자들이 가해자인 선박소유자에게 청구하는 경우 그가 입은 손해를 담보하는 보험이 바로 책임보험이다. 이것이 해운에서는 P&I 보험으로 불린다.

그런데, 선박건조시장은 상대적으로 생겨난지가 얼마되지 않았다. 또한 시운전을 제외하면 대부분 고정된 장소인 건조장에서 작업이 이루어지므로 조선소가 배상책임위험에 노출될 가능성이 일반 선박의 운항을 하는 선박소유자에 비해 낮다. 따라서 상호보험으로서 책임보험제도를 만들 필요성이 낮아서 건조자들이 P&I 클럽을 결성하지 않았다. 대신 선박보험에 해당하는 선박건조보험약관에서 책임보험에 해당하는 위험을 담보하고 있다.

(2) 내 용

① 법적 책임의 존재

보험자가 제19조하의 보험금을 지급하기 위한 요건으로는 피보험자가 부담하게되는 책임이나 손해는 적용법률에서 정한 책임이어야 한다(legally liable). 피보험자가 법률적 책임도 없음에도 지급한 경우는 보험자에게 청구할 수 없다. 예를 들면 시운전시 피보험선박의 선원이 사망한 경우 법률에서 정한 손해배상액을 초과해서 합의한 금액은 보상되지 않는다. 혹은, 책임제한이 되어서 10억만 배상하면 되는 것을 20억을 보험자에게 청구하면 10억은 보험자가 법적으로 책임지는 손해가 아니므로 보상되지 않게 된다.

② 보상가능 손해의 종류

제19조에서 담보되는 가장 큰 손해는 제17조에서 말하는 충돌이외의 접촉으로 인하여 피보험자가 손해배상책임을 부담하는 경우이다. 예를 들면, 피보험목적 선박이 부두와 접촉하여 부두에 손상이 발생한 경우이다. 이 손해는 19.1.1에서 부보되는 손해이다.

피보험선박이 난파물이 되는 경우 인양비용도 제19조에서 부담한다. 여기에서 말하는 인양 비용, 제거비용, 해체비용은 피보험자가(제3자에게) 부담하는 경우이다. 피보험선박이 통상의 항내예인에서 사고가 발생한 경우 손해배상책임 그리고 선원이나 여객의 사망으로 인한 손해도 전보받을 수 있다.

③ 보상제외 손해

미국에는 징벌적 손해배상제도가 있다. 이것은 우리나라 민법의 손해배상의 범위를 벗어난 것이기 때문에 항상 논란의 소지가 된다. 제19조의 손해배상의 범위에서 제외시켰다.

P&I 담보위험 중 대표적인 항목 중의 하나가 오염 또는 오탁(pollution or contamination)에 따른 배상책임이나, 본 조항의 제19조 제3항 제10호는 이로 인한 배상책임을 면책위험으로 규정하고 있다. 따라서 실무에서는 사업에 필요한 법적인 요건을 맞추기 위해 면책조항을 삭제하거나 별도의 유류오염배상책임 보험에 가입하기도 한다.

21. 피보험자의 의무(손해방지)(duty of assured)(sue & labour)(제20조)

약관내용

20.1 손해 또는 재난이 발생한 경우에 이 보험에서 보상될 손해를 방지

하거나 경감하기 위해 합리적인 조치를 취하는 것은 피보험자 그 사용인 및 대리인의 의무이다.

20.2 아래의 규정 및 약관 10에 따라 보험자는 피보험자, 그 사용인 또는 대리인이 그러한 조치를 취하기 위하여 적절하고도 합리적으로 지급한 비용을 분담한다. 공동해손, 구조비(약관 13.5에 규정된 경우는 제외)와 충돌배상책임을 방어 또는 공격하는 비용과 약관 19에 의하여 부담되는 배상책임을 피하거나, 경감하거나 또는 다루거나 함에 있어서 피보험자가 지급한 비용은 이 약관 20에서는 보상하지 아니한다.

20.3 피보험자 또는 보험자가 보험의 목적을 구조, 보호 또는 회복시키기 위하여 취한 조치는 위부의 포기나 승낙으로 간주되지 아니하며 또한 어느 일방의 권리를 침해하지도 아니한다.

20.4 이 보험에서 피보험 목적물 전부손해액의 청구가 승인되었을 경우에는 이미 피보험목적물 기타의 재산을 구조하기 위해 또는 구조할 것을 기도하기 위해 합리적으로 비용을 지급했으나 잔존가가 없거나 비용이 잔존가를 초과할 때에는 이 보험은 그 비용중 또는 잔존가를 초과하는 비용중 선박에 관해 지급되었다고 합리적으로 인정받는 비율의 비례부분을 부담한다.

20.5 이 약관 20에서 보상될 금액은 이 보험에 의해 보상될 다른 손해에 추가된다. 그러나 어떠한 경우에도 이 선박보험의 보험가입금액을 초과하지 아니한다.

〈해설〉

(1) 의 의

피보험자는 손해방지의무를 부담한다.

(2) 내 용

피보험자는 담보되는 사고로 손해가 발행한 경우 보험자의 손해가 최소화되도록 노력해야 한다. 상법 보험편에도 이에 대한 규정이 있다. 선박기간보험약관(ITC－Hulls, 1/10/83) 제13조의 내용과 유사하다. 선박기간보험약관의 제13조 제4항만 제외되었는데, 이는 선박건조보험이 선박의 신조가액을 보험가입금액으로 하여 일부보험에 따른 비례보상 관련 조항이 불필요하기 때문이다.

22. 전쟁 면책(war exclusion)(제21조)

약관내용

이 보험은 다음에 기인한 멸실, 손상, 배상책임 또는 비용은 어떠한 경우에도 부담하지 아니한다.

21.1 전쟁내란, 혁명, 모반, 반란 또는 이로 인하여 발생하는 국내투쟁 또는 교적국에 의하거나 교전국에 대한 적대행위

21.2 포획, 나포, 강류, 억지 또는 억류(악행 및 해적해위 제외) 및 이러한 행위의 결과 또는 이러한 행위를 하라고 기도한 결과

21.3 유기된 기뢰, 어뢰, 폭탄 또는 기타의 유기된 전쟁무기

〈해설〉

(1) 의 의

전쟁은 위험이 크기 때문에 보상범위 밖으로 하고 있다.

(2) 내 용

선박기간보험약관(ITC-Hulls, 1/10/83) 제23조의 내용과 동일하다.
전쟁위험과 동맹파업위험은 별도의 약관으로 담보할 수 있다.
(Institute War Clauses-Builders' Risks(1/6/88) CL349,
Institute Strike Clauses-Builders' Risks(1/6/88) CL350)

23. 동맹파업 면책(strikes exclusion)(제23조)

약관내용

이 보험은 다음에 기인한 멸실, 손상, 배상책임 또는 비용은 어떠한 경우에도 부담하지 아니한다.

22.1 동맹파업자, 직장폐쇄노동자 또는 노동쟁의 폭동소요에 가담한 자

22.2 폭력주의자 또는 정치적 동기에서 행동하는 자

〈해설〉

(1) 의 의

파업을 보상범위 밖으로 한다.

(2) 내 용

선박기간보험약관(ITC－Hulls, 1/10/83) 제24조의 내용과 동일하다.

24. 악의행위 면책(malicious acts exclusion)(제23조)

약관내용

이 보험은 다음에 기인한 멸실, 손상, 배상책임 또는 비용은 어떠한 경우에도 부담하지 아니한다.

23.1 폭발물의 폭발

23.2 여하한 전쟁무기

그리고 악의적으로 행동하는 자에 의하거나, 혹은 정치적 동기로부터 발생된 것

〈해설〉

(1) 의 의

고의나 중과실의 경우 보험자는 면책된다.

(2) 내 용

악의적인 행위는 중과실과 고의 행위로 해석되어 진다. 선박기간보험약관(ITC－Hulls, 1/10/83) 제25조의 내용과 동일하다.

25. 원자핵 위험면책(nuclear exclusion)(제24조)

약관내용

이 보험은 다음에 기인한 멸실, 손상, 배상책임 또는 비용은 어떠한 경우에도 부담하지 아니한다.

24.1 여하한 핵연료 및 핵소모 또는 핵연료의 연소로부터 결과되어 방사능에 의한 오염 또는 그 결과로 전리되는 방사물질

24.2 방사능, 독물, 폭발물 또는 여하한 핵폭발물의 조립 또는 핵성분의

기타 위험한 물질

24.3 원자 및 핵분열과 결합 또는 이와 유사한 반응 및 방사능의 힘 또는 물질을 사용하는 여하한 병기

〈해설〉

(1) 의 의

핵으로 인한 보험사고 시 보험자는 면책된다.

(2) 내 용

선박기간보험약관(ITC－Hulls, 1/10/83) 제26조의 내용과 동일하다.

실무적으로는 이에 추가하여 'Institute Radioactive Contamination, Chemical, Biological, Bio－Chemical and Electromagnetic Weapons Exclusion clause (10/11/2003)'을 첨부하여 면책의 내용을 보다 구체화하고 있다.

부 록

1. **선박보험(INSTITUTE TIME CLAUSES HULLS)**
2. **적하보험(ICC) 약관**
   INSTITUTE CARGO CLAUSES (A)
   INSTITUTE CARGO CLAUSES (B)
   INSTITUTE CARGO CLAUSES (C)
3. **선박건조보험 약관**
4. **P&I 특약**
   Ⅰ. 용선자 책임보험 특약
   Ⅱ. 구조선의 구조작업 중 책임에 관한 특약
   Ⅲ. 구조자의 유류오염책임에 관한 특약
   Ⅳ. 운임, 체선료 등에 관한 분쟁처리비용 담보특약 (FD&D)
   Ⅴ. 화물에 관한 운송인책임 특약
5. **Korea P&I 클럽 보험계약규정의 정의**

1. 선박보험

INSTITUTE TIME CLAUSES HULLS

This insurance is subject to English law and practice

1. NAVIGATION

1.1 The vessel is covered subject to the provisions of this insurance at all times and has leave to sail or navigate with or without pilots, to go on trial trips and to assist and tow vessels or craft in distress, but it is warranted that the vessel shall not be towed, except as is customary or to the first safe port or place when in need of assistance, or undertake towage or salvage services under a contract previously arranged by the Assured and/or Owners and/or Managers and/or Charterers. This Clause 1.1 shall not exclude customary towage in connection with loading and discharging.

1.2 In the event of the vessel being employed in trading operations which entail cargo loading or discharging at sea from or into another vessel (not being a harbour or inshore craft) no claim shall be recoverable under this insurance for loss of or damage to the vessel or liability to any other vessel arising from such loading or discharging operations, including whilst approaching, lying alongside and leaving, unless previous notice that the vessel is to be employed in such operations has been given to the Underwriters and any amended terms of cover and any additional premium required by them have been agreed.

1.3 In the event of the vessel sailing (with or without cargo) with an intention of being (a) broken up, or (b) sold for breaking up, any claim for loss of or damage to the vessel occurring subsequent to such sailing shall be limited to the market value of the vessel as scrap at the time when the loss or damage is sustained, unless previous notice has been given to the Underwriters and any amendments to the terms of cover, insured value and premium required by them have been agreed. Nothing in this Clause 1.3 shall affect claims under Clauses 8 and/or 11.

2. CONTINUATION

Should the vessel at the expiration of this insurance be at sea or in distress or at a port of refuge or of call, she shall, provided previous notice be given to the Underwriters, be held covered at a pro rata monthly premium to her port of destination.

3. BREACH OF WARRANTY

Held covered in case of any breach of warranty as to cargo, trade, locality, towage, salvage services or date of sailing, provided notice be given to the Underwriters immediately after receipt of advices and any amended terms of cover and any additional premium required by them be agreed.

4. TERMINATION

This Clause 4 shall prevail notwithstanding any provision whether written typed or printed in this insurance inconsistent therewith.

Unless the Underwriters agree to the contrary in writing, this insurance shall terminate automatically at the time of

4.1 change of the Classification Society of the vessel, or change, suspension, discontinuance, withdrawal or expiry of her Class therein, provided that if the vessel is at sea such automatic termination shall be deferred until arrival at her next port. However where such change, suspension, discontinuance or withdrawal of her Class has resulted from loss or damage covered by Clause 6 of this insurance or which would be covered by an insurance of the vessel subject to current Institute War and Strikes Clauses Hulls-Time such automatic termination shall only operate should the vessel sail from her next port without the prior approval of the Classification Society,

4.2 any change, voluntary or otherwise, in the ownership or flag, transfer to new management, or charter on a bareboat basis, or requisition for title or use of the vessel, provided that, if the vessel has cargo on board and has already sailed from her loading port or is at sea in ballast, such automatic termination shall if required be deferred, whilst the vessel continues her planned voyage, until arrival at final port of discharge if with cargo or at port of destination if in ballast. However, in the event of requisition for title or use without the prior execution of a written agreement by the Assured, such automatic termination shall occur fifteen days after such requisition whether the vessel is at sea or in port.

A pro rata daily net return of premium shall be made.

5. ASSIGNMENT

No assignment of or interest in this insurance or in any moneys which may be or become payable thereunder is to be binding on or recognised by the Underwriters unless a dated notice of such assignment or interest signed by the Assured, and by the assignor in the case of subsequent assignment, is endorsed on the Policy and the Policy with such endorsement is produced before payment of any claim or return of premium thereunder.

6. PERILS

6.1 This insurance covers loss of or damage to the subject-matter insured caused by

6.1.1 perils of the seas rivers lakes or other navigable waters

6.1.2 fire, explosion

6.1.3 violent theft by persons from outside the vessel

6.1.4 jettison

6.1.5 piracy

6.1.6 breakdown of or accident to nuclear installations or reactors

6.1.7 contact with aircraft or similar objects, or objects falling therefrom, land conveyance, dock or harbour equipment or installation

6.1.8 earthquake volcanic eruption or lightning.

6.2 This insurance covers loss of or damage to the subject-matter insured caused by

6.2.1 accidents in loading discharging or shifting cargo or fuel

6.2.2 bursting of boilers breakage of shafts or any latent defect in the machinery or hull

6.2.3 negligence of Master Officers Crew or Pilots

6.2.4 negligence of repairers or charterers provided such repairers or charterers are not an Assured hereunder

6.2.5 barratry of Master Officers or Crew,

provided such loss or damage has not resulted from want of due diligence by the Assured, Owners or Managers.

6.3 Master Officers Crew or Pilots not to be considered Owners within the meaning of this Clause 6 should they hold shares in the vessel.

7. POLLUTION HAZARD

This insurance covers loss of or damage to the vessel caused by any governmental authority acting under the powers vested in it to prevent or mitigate a pollution hazard, or threat thereof, resulting directly from damage to the vessel for which the Underwriters are liable under this insurance, provided such act of governmental authority has not resulted from want of due diligence by the Assured, the Owners, or Managers of the vessel or any of them to prevent or mitigate such hazard or threat. Master, Officers, Crew or Pilots not to be considered Owners within the meaning of this Clause 7 should they hold shares in the vessel.

8. 3/4THS COLLISION LIABILITY

8.1 The Underwriters agree to indemnify the Assured for three-fourths of any sum or sums paid by the Assured to any other person or persons by reason of the Assured becoming legally liable by way of damages for

8.1.1 loss of or damage to any other vessel or property on any other vessel

8.1.2 delay to or loss of use of any such other vessel or property thereon

8.1.3 general average of, salvage of, or salvage under contract of, any such other vessel or property thereon,

where such payment by the Assured is in consequence of the vessel hereby insured coming into collision with any other vessel.

8.2 The indemnity provided by this Clause 8 shall be in addition to the indemnity provided by the other terms and conditions of this insurance and shall be subject to the following provisions:

8.2.1 Where the insured vessel is in collision with another vessel and both vessels are to blame then, unless the liability of one or both vessels becomes limited by law, the indemnity under this Clause 8 shall be calculated on the principle of cross-liabilities as if the respective Owners had been compelled to pay to each other such proportion of each other's damages as may have been properly allowed in ascertaining the balance or sum payable by or to the Assured in consequence of the collision.

8.2.2 In no case shall the Underwriters' total liability under Clauses 8.1 and 8.2 exceed their proportionate part of three-fourths of the insured value of the vessel hereby insured in respect of any one collision.

8.3 The Underwriters will also pay three-fourths of the legal costs incurred by the Assured or which the Assured may be compelled to pay in contesting liability or taking proceedings to limit liability, with the prior written consent of the Underwriters.

EXCLUSIONS

8.4 Provided always that this Clause 8 shall in no case extend to any sum which the Assured shall pay for or in respect of

8.4.1 removal or disposal of obstructions, wrecks, cargoes or any other thing whatsoever

8.4.2 any real or personal property or thing whatsoever except other vessels or property on other vessels

8.4.3 the cargo or other property on, or the engagements of, the insured vessel

8.4.4 loss of life, personal injury or illness

8.4.5 pollution or contamination of any real or personal proporty or thing whatsoever (except other vessels with which the insured vessel is in collision or property on such other vessels).

9. SISTERSHIP

Should the vessel hereby insured come into collision with or receive salvage services from another vessel belonging wholly or in part to the same Owners or under the same management, the Assured shall have the same rights under this insurance as they would have were the other vessel entirely the property of Owners not interested in the vessel hereby insured; but in such cases the liability for the collision or the amount payable for the services rendered shall be referred to a sole arbitrator to be agreed upon between the Underwriters and the Assured.

10. NOTICE OF CLAIM AND TENDERS

10.1 In the event of accident whereby loss or damage may result in a claim under this insurance, notice shall be given to the Underwriters prior to survey and also, if the vessel is abroad, to the nearest Lloyd's Agent so that a surveyor may be appointed to represent the Underwriters should they so desire.

10.2 The Underwriters shall be entitled to decide the port to which the vessel shall proceed for docking or repair (the actual additional expense of the voyage arising from compliance with the Underwriters' requirements being refunded to the Assured) and shall have a right of veto concerning a place of repair or a repairing firm.

10.3 The Underwriters may also take tenders or may require further tenders to be taken for the repair of the vessel. Where such a tender has been taken and a tender is accepted with the approval of the Underwriters, an allowance shall be made at the rate of 30% per annum on the insured value for time lost between the despatch of the invitations to tender required by Underwriters and the acceptance of a tender to the extent that such time is lost solely as the result of tenders having been taken and provided that the tender is accepted without delay after receipt of the Underwriters' approval.

Due credit shall be given against the allowance as above for any amounts recovered in respect of fuel and stores and wages and maintenance of the Master Officers and Crew or any member thereof, including amounts allowed in general average, and for any amounts recovered from third parties in respect of damages for detention and/or loss of profit and/or running expenses, for the period covered by the tender allowance or any part thereof.

Where a part of the cost of the repair of damage other than a fixed deductible is not recoverable from the Underwriters the allowance shall be reduced by a similar proportion.

10.4 In the event of failure to comply with the conditions of this Clause 10 a deduction of 15% shall be made from the amount of the ascertained claim.

11. GENERAL AVERAGE AND SALVAGE

11.1 This insurance covers the vessel's proportion of salvage, salvage charges and/or general average, reduced in respect of any under-insurance, but in case of general average sacrifice of the vessel the Assured may recover in respect of the whole loss without first enforcing their right of contribution from other parties.

11.2 Adjustment to be according to the law and practice obtaining at the place where the adventure ends, as if the contract of affreightment contained no special terms upon the subject; but where the contract of affreightment so provides the adjustment shall be according to the York-Antwerp Rules.

11.3 When the vessel sails in ballast, not under charter, the provisions of the York-Antwerp Rules, 1974 (excluding Rules XX and XXI) shall be applicable, and the voyage for this purpose shall be deemed to continue from the port or place of departure until the arrival of the vessel at the first port or place thereafter other than a port or place of refuge or a port or place of call for bunkering only. If at any such intermediate port or place there is an abandonment of the adventure originally contemplated the voyage shall thereupon be deemed to be terminated.

11.4 No claim under this Clause 11 shall in any case be allowed where the loss was not incurred to avoid or in connection with the avoidance of a peril insured against.

12. DEDUCTIBLE

12.1 No claim arising from a peril insured against shall be payable under this insurance unless the aggregate of all such claims arising out of each separate accident or occurrence (including claims under Clauses 8, 11 and 13) exceeds {Response} in which case this sum shall be deducted. Nevertheless the expense of sighting the bottom after stranding, if reasonably incurred specially for that purpose, shall be paid even if no damage be found. This Clause 12.1 shall not apply to a claim for total or constructive total loss of the vessel or, in the event of such a claim, to any associated claim under Clause 13 arising from the same accident or occurrence.

12.2 Claims for damage by heavy weather occurring during a single sea passage between two successive ports shall be treated as being due to one accident. In the case of such heavy weather extending over a period not wholly covered by this insurance the deductible to be applied to the claim recoverable hereunder shall be the proportion of the above deductible that the number of days of such heavy weather falling within the period of this insurance bears to the number of days of heavy weather during the single sea passage.

The expression "heavy weather" in this Clause 12.2 shall be deemed to include contact with floating ice.

12.3 Excluding any interest comprised therein, recoveries against any claim which is subject to the above deductible shall be credited to the Underwriters in full to the extent of the sum by which the aggregate of the claim unreduced by any recoveries exceeds the above deductible.

12.4 Interest comprised in recoveries shall be apportioned between the Assured and the Underwriters, taking into account the sums paid by the Underwriters and the dates when such payments were made, notwithstanding that by the addition of interest the Underwriters may receive a larger sum than they have paid.

13. DUTY OF ASSURED (SUE AND LABOUR)

13.1 In case of any loss or misfortune it is the duty of the Assured and their servants and agents to take such measures as may be reasonable for the purpose of averting or minimising a loss which would be recoverable under this insurance.

13.2 Subject to the provisions below and to Clause 12 the Underwriters will contribute to charges properly and reasonably incurred by the

Assured their servants or agents for such measures. General average, salvage charges (except as provided for in Clause 13.5) and collision defence or attack costs are not recoverable under this Clause 13.

13.3 Measures taken by the Assured or the Underwriters with the object of saving, protecting or recovering the subject-matter insured shall not be considered as a waiver or acceptance of abandonment or otherwise prejudice the rights of either party.

13.4 When expenses are incurred pursuant to this Clause 13 the liability under this insurance shall not exceed the proportion of such expenses that the amount insured hereunder bears to the value of the vessel as stated herein, or to the sound value of the vessel at the time of the occurrence giving rise to the expenditure if the sound value exceeds that value. Where the Underwriters have admitted a claim for total loss and property insured by this insurance is saved, the foregoing provisions shall not apply unless the expenses of suing and labouring exceed the value of such property saved and then shall apply only to the amount of the expenses which is in excess of such value.

13.5 When a claim for total loss of the vessel is admitted under this insurance and expenses have been reasonably incurred in saving or attempting to save the vessel and other property and there are no proceeds, or the expenses exceed the proceeds, then this insurance shall bear its pro rata share of such proportion of the expenses, or of the expenses in excess of the proceeds, as the case may be, as may reasonably be regarded as having been incurred in respect of the vessel; but if the vessel be insured for less than its sound value at the time of the occurrence giving rise to the expenditure, the amount recoverable under this clause shall be reduced in proportion to the under-insurance.

13.6 The sum recoverable under this Clause 13 shall be in addition to the loss otherwise recoverable under this insurance but shall in no circumstances exceed the amount insured under this insurance in respect of the vessel.

14. NEW FOR OLD

Claims payable without deduction new for old.

15. BOTTOM TREATMENT

In no case shall a claim be allowed in respect of scraping gritblasting and/or other surface preparation or painting of the vessel's bottom except that

15.1 gritblasting and/or other surface preparation of new bottom plates ashore and supplying and applying any "shop" primer thereto,

15.2 gritblasting and/or other surface preparation of:

the butts or area of plating immediately adjacent to any renewed or refitted plating damaged during the course of welding and/or repairs,

areas of plating damaged during the course of fairing, either in place or ashore,

15.3 supplying and applying the first coat of primer/anti-corrosive to those particular areas mentioned in 15.1 and 15.2 above,

shall be allowed as part of the reasonable cost of repairs in respect of bottom plating damaged by an insured peril.

16. WAGES AND MAINTENANCE

No claim shall be allowed, other than in general average, for wages and maintenance of the Master, Officers and Crew, or any member thereof, except when incurred solely for the necessary removal of the vessel from one port to another for the repair of damage covered by the Underwriters, or for trial trips for such repairs, and then only for such wages and maintenance as are incurred whilst the vessel is under way.

17. AGENCY COMMISSION

In no case shall any sum be allowed under this insurance either by way of remuneration of the Assured for time and trouble taken to obtain and supply information or documents or in respect of the commission or charges of any manager, agent, managing or agency company or the like, appointed by or on behalf of the Assured to perform such services.

18. UNREPAIRED DAMAGE

18.1 The measure of indemnity in respect of claims for unrepaired damage shall be the reasonable depreciation in the market value of the vessel at the time this insurance terminates arising from such unrepaired damage, but not exceeding the reasonable cost of repairs.

18.2 In no case shall the Underwriters be liable for unrepaired damage in the event of a subsequent total loss (whether or not covered under this insurance) sustained during the period covered by this insurance or any extension thereof.

18.3 The Underwriters shall not be liable in respect of unrepaired damage for more than the insured value at the time this insurance terminates.

19. CONSTRUCTIVE TOTAL LOSS

19.1 In ascertaining whether the vessel is a constructive total loss, the insured value shall be taken as the repaired value and nothing in respect of the damaged or break-up value of the vessel or wreck shall be taken into account.

19.2 No claim for constructive total loss based upon the cost of recovery and/or repair of the vessel shall be recoverable hereunder unless such cost would exceed the insured value. In making this determination, only the cost relating to a single accident or sequence of damages arising from the same accident shall be taken into account.

20. FREIGHT WAIVER

In the event of total or constructive total loss no claim to be made by the Underwriters for freight whether notice of abandonment has been given or not.

21. DISBURSEMENTS WARRANTY

21.1 Additional insurances as follows are permitted:

21.1.1 Disbursements, Managers' Commissions, Profits or Excess or Increased Value of Hull and Machinery. A sum not exceeding 25% of the value stated herein.

21.1.2 Freight, Chartered Freight or Anticipated Freight, insured for time. A sum not exceeding 25% of the value as stated herein less any sum insured, however described, under 21.1.1

21.1.3 Freight or Hire, under contracts for voyage. A sum not exceeding the gross freight or hire for the current cargo passage and next succeeding cargo passage (such insurance to include, if required, a preliminary and an intermediate ballast passage) plus the charges of insurance. In the case of a voyage charter where payment is made on a time basis, the sum permitted for insurance shall be calculated on the estimated duration of the voyage, subject to the limitation of two cargo passages as laid down herein. Any sum insured under 21.1.2 to be taken into account and only the excess thereof may be insured, which excess shall be reduced as the freight or hire is advanced or earned by the gross amount so advanced or earned.

21.1.4 Anticipated Freight if the vessel sails in ballast and not under Charter. A sum not exceeding the anticipated gross freight on next cargo passage, such sum to be reasonably estimated on the basis of the current rate of freight at time of insurance plus the charges of insurance. Any sum insured under 21.1.2 to be taken into account and only the excess thereof may be insured.

21.1.5 Time Charter Hire or Charter Hire for Series of Voyages. A sum not exceeding 50% of the gross hire which is to be earned under the charter in a period not exceeding 18 months. Any sum insured under 21.1.2 to be taken into account and only the excess thereof may be insured, which excess shall be reduced as the hire is advanced or earned under the charter by 50% of the gross amount so advanced or earned but the sum insured need not be reduced while the total of the sums insured under 21.1.2 and 21.1.5 does not exceed 50% of the gross hire still to be earned under the charter. An insurance under this Section may begin on the signing of the charter.

21.1.6 Premiums. A sum not exceeding the actual premiums of all interests insured for a period not exceeding 12 months (excluding premiums insured under the foregoing sections but including, if required, the premium or estimated calls on any Club or War etc. Risk insurance) reducing pro rata monthly.

21.1.7 Returns of Premium. A sum not exceeding the actual returns which are allowable under any insurance but which would not be recoverable thereunder in the event of a total loss of the vessel whether by insured perils or otherwise.

21.1.8 Insurance irrespective of amount against:

Any risks excluded by Clauses 23, 24, 25 and 26 below.

21.2 Warranted that no insurance on any interests enumerated in the foregoing 21.1.1 to 21.1.7 in excess of the amounts permitted therein and no other insurance which includes total loss of the vessel P.P.I., F.I.A., or subject to any other like term, is or shall be effected to operate during the currency of this insurance by or for account of the Assured, Owners, Managers or Mortgagees. Provided always that a breach of this warranty shall not afford the Underwriters any defence to a claim by a Mortgagee who has accepted this insurance without knowledge of such breach.

22. RETURNS FOR LAY-UP AND CANCELLATION

22.1 To return as follows:

22.1.1 Pro rata monthly net for each uncommenced month if this insurance be cancelled by agreement.

22.1.2 For each period of 30 consecutive days the vessel may be laid up in a port or in a lay-up area provided such port or lay-up area is approved by the Underwriters (with special liberties as hereinafter allowed)

(a) {Response} per cent net not under repair

(b) {Response} per cent net under repair.

If the vessel is under repair during part only of a period for which a return is claimable, the return shall be calculated pro rata to the number of days under (a) and (b) respectively.

22.2 PROVIDED ALWAYS THAT

22.2.1 a total loss of the vessel, whether by insured perils or otherwise, has not occurred during the period covered by this insurance or any extension thereof

22.2.2 in no case shall a return be allowed when the vessel is lying in exposed or unprotected waters, or in a port or lay-up area not approved by the Underwriters but, provided the Underwriters agree that such non-approved lay-up area is deemed to be within the vicinity of the approved port or lay-up area, days during which the vessel is laid up in such non-approved lay-up area may be added to days in the approved port or lay-up area to calculate a period of 30 consecutive days and a return shall be allowed for the proportion of such period during which the vessel is actually laid up in the approved port or lay-up area

22.2.3 loading or discharging operations or the presence of cargo on board shall not debar returns but no return shall be allowed for any period during which the vessel is being used for the storage of cargo or for lightering purposes

22.2.4 in the event of any amendment of the annual rate, the above rates of return shall be adjusted accordingly

22.2.5 in the event of any return recoverable under this Clause 22 being based on 30 consecutive days which fall on successive insurances effected for the same Assured, this insurance shall only be liable for an amount calculated at pro rata of the period rates 22.1.2(a) and/or (b) above for the number of days which come within the period of this insurance and to which a return is actually applicable. Such overlapping period shall run, at the option of the Assured, either from the first day on which the vessel is laid up or the first day of a period of 30 consecutive days as provided under 22.1.2(a) or (b), or 22.2.2 above.

The following clauses shall be paramount and shall override anything contained in this insurance inconsistent therewith.

23. WAR EXCLUSION

In no case shall this insurance cover loss damage liability or expense caused by

23.1 war civil war revolution rebellion insurrection, or civil strife arising therefrom, or any hostile act by or against a belligerent power

23.2 capture seizure arrest restraint or detainment (barratry and piracy excepted), and the consequences thereof or any attempt thereat

23.3 derelict mines torpedoes bombs or other derelict weapons of war.

24. STRIKES EXCLUSION

In no case shall this insurance cover loss damage liability or expense caused by

24.1 strikers, locked-out workmen, or persons taking part in labour disturbances, riots or civil commotions

24.2 any terrorist or any person acting from a political motive.

25. MALICIOUS ACTS EXCLUSION

In no case shall this insurance cover loss damage liability or expense arising from

25.1 the detonation of an explosive

25.2 any weapon of war

and caused by any person acting maliciously or from a political motive.

26. NUCLEAR EXCLUSION

In no case shall this insurance cover loss damage liability or expense arising from any weapon of war employing atomic or nuclear fission and/or fusion or other like reaction or radioactive force or matter.

1/10/83

2. 적하보험(ICC) 약관

INSTITUTE CARGO CLAUSES (A)

RISKS COVERED

1 This insurance covers all risks of loss of or damage to the subject-matter insured except as provided in Clauses 4, 5, 6 and 7 below. — Risks Clause

2 This insurance covers general average and salvage charges, adjusted or determined according to the contract of affreightment and/or the governing law and practice, incurred to avoid or in connection with the avoidance of loss from any cause except those excluded in Clauses 4, 5, 6 and 7 or elsewhere in this insurance. — General Average Clause

3 This insurance is extended to indemnify the Assured against such proportion of liability under the contract of affreightment "Both to Blame Collision" Clause as is in respect of a loss recoverable hereunder. In the event of any claim by shipowners under the said Clause the Assured agree to notify the Underwriters, who shall have the right, at their own cost and expense, to defend the Assured against such claim. — "Both to Blame Collision" Clause

EXCLUSIONS

4 In no case shall this insurance cover — General Exclusions Clause

4.1 loss damage or expense attributable to wilful misconduct of the Assured

4.2 ordinary leakage, ordinary loss in weight or volume, or ordinary wear and tear of the subject-matter insured

4.3 loss damage or expense caused by insufficiency or unsuitability of packing or preparation of the subject-matter insured (for the purpose of this Clause 4.3 "packing" shall be deemed to include stowage in a container or liftvan but only when such stowage is carried out prior to attachment of this insurance or by the Assured or their servants)

4.4 loss damage or expense caused by inherent vice or nature of the subject-matter insured

4.5 loss damage or expense proximately caused by delay, even though the delay be caused by a risk insured against (except expenses payable under Clause 2 above)

4.6 loss damage or expense arising from insolvency or financial default of the owners managers charterers or operators of the vessel

4.7 loss damage or expense arising from the use of any weapon of war employing atomic or nuclear fission and/or fusion or other like reaction or radioactive force or matter.

5 5.1 In no case shall this insurance cover loss damage or expense arising from — Unseaworthiness and Unfitness Exclusion Clause

unseaworthiness of vessel or craft,

unfitness of vessel craft conveyance container or liftvan for the safe carriage of the subject-matter insured,

where the Assured or their servants are privy to such unseaworthiness or unfitness, at the time the subject-matter insured is loaded therein.

5.2 The Underwriters waive any breach of the implied warranties of seaworthiness of the ship and fitness of the ship to carry the subject-matter insured to destination, unless the Assured or their servants are privy to such unseaworthiness or unfitness.

6 In no case shall this insurance cover loss damage or expense caused by — War Exclusion Clause

6.1 war civil war revolution rebellion insurrection, or civil strife arising therefrom, or any hostile act by or against a belligerent power

6.2 capture seizure arrest restraint or detainment (piracy excepted), and the consequences thereof or any attempt thereat

6.3 derelict mines torpedoes bombs or other derelict weapons of war

7 In no case shall this insurance cover loss damage or expense — Strikes Exclusion Clause

7.1 caused by strikers, locked-out workmen, or persons taking part in labour disturbances, riots or civil commotions

7.2 resulting from strikes, lock-outs, labour disturbances, riots or civil commotions

7.3 caused by any terrorist or any person acting from a political motive.

DURATION

8 8.1 This insurance attaches from the time the goods leave the warehouse or place of storage at the place named herein for the commencement of the transit, continues during the ordinary course of transit and terminates either — Transit Clause

8.1.1 on delivery to the Consignees' or other final warehouse or place of storage at the destination named herein,

8.1.2 on delivery to any other warehouse or place of storage, whether prior to or at the destination named herein, which the Assured elect to use either

8.1.2.1 for storage other than in the ordinary course of transit or

8.1.2.2 for allocation or distribution,

or

8.1.3 on the expiry of 60 days after completion of discharge overside of the goods hereby insured from the oversea vessel at the final port of discharge,

whichever shall first occur.

8.2 If, after discharge overside from the oversea vessel at the final port of discharge, but prior to termination of this insurance, the goods are to be forwarded to a destination other than that to which they are insured hereunder, this insurance, whilst remaining subject to termination as provided for above, shall not extend beyond the commencement of transit to such other destination.

8.3 This insurance shall remain in force (subject to termination as provided for above and to the provisions of Clause 9 below) during delay beyond the control of the Assured, any deviation, forced discharge, reshipment or transhipment and during any variation of the adventure arising from the exercise of a liberty granted to shipowners or charterers under the contract of affreightment.

9 If owing to circumstances beyond the control of the Assured either the contract of carriage is terminated at a port or place other than the destination named therein or the transit is otherwise terminated before delivery of the goods, as provided for in Clause 8 above, then this insurance shall also terminate unless prompt notice is given to the Underwriters and continuation of cover is requested when the insurance shall remain in force, subject to an additional premium if required by the Underwriters, either

Termination of Contract of Carriage Clause

9.1 until the goods are sold and delivered at such port or place, or, unless otherwise specially agreed, until the expiry of 60 days after arrival of the goods hereby insured at such port or place, whichever shall first occur,

or

9.2 if the goods are forwarded within the said period of 60 days (or any agreed extension thereof) to the destination named herein or to any other destination, until terminated in accordance with the provisions of Clause 8 above.

10 Where, after attachment of this insurance, the destination is changed by the Assured, held covered at a premium and on

Change of Voyage Clause

conditions to be arranged subject to prompt notice being given to the Underwriters.

CLAIMS

11 11.1 In order to recover under this insurance the Assured must have an insurable interest in the subject-matter insured at the time of the loss. Insurable Interest Clause

11.2 Subject to 11.1 above, the Assured shall be entitled to recover for insured loss occurring during the period covered by this insurance, notwithstanding that the loss occurred before the contract of insurance was concluded, unless the Assured were aware of the loss and the Underwriters were not.

12 Where, as a result of the operation of a risk covered by this insurance, the insured transit is terminated at a port or place other than that to which the subject-matter is covered under this insurance, the Underwriters will reimburse the Assured for any extra charges properly and reasonably incurred in unloading storing and forwarding the subject-matter to the destination to which it is insured hereunder. Forwarding Charges Clause

This Clause 12, which does not apply to general average or salvage charges, shall be subject to the exclusions contained in Clauses 4, 5, 6 and 7 above, and shall not include charges arising from the fault negligence insolvency or financial default of the Assured or their servants.

13 No claim for Constructive Total Loss shall be recoverable hereunder unless the subject-matter insured is reasonably abandoned either on account of its actual total loss appearing to be unavoidable or because the cost of recovering, reconditioning and forwarding the subject-matter to the destination to which it is insured would exceed its value on arrival. Constructive Total Loss Clause

14 14.1 If any Increased Value insurance is effected by the Assured on the cargo insured herein the agreed value of the cargo shall be deemed to be increased to the total amount insured under this insurance and all Increased Value insurances covering the loss, and liability under this insurance shall be in such proportion as the sum insured herein bears to such total amount insured. Increased Value Clause

In the event of claim the Assured shall provide the Underwriters with evidence of the amounts insured under all other insurances.

14.2 **Where this insurance is on Increased Value the following clause shall apply:**

The agreed value of the cargo shall be deemed to be equal to the total amount insured under the primary insurance and all Increased Value insurances covering the loss and effected on the cargo by the Assured, and liability under this insurance shall be in such proportion as the sum insured herein bears to such total amount insured.

In the event of claim the Assured shall provide the Underwriters with evidence of the amounts insured under all other insurances.

BENEFIT OF INSURANCE

15 This insurance shall not inure to the benefit of the carrier or other bailee. Not to Inure Clause

MINIMISING LOSSES

16 It is the duty of the Assured and their servants and agents in respect of loss recoverable hereunder Duty of Assured Clause

16.1 to take such measures as may be reasonable for the purpose of averting or minimising such loss,

and

16.2 to ensure that all rights against carriers, bailees or other third parties are properly preserved and exercised

and the Underwriters will, in addition to any loss recoverable hereunder, reimburse the Assured for any charges properly and reasonably incurred in pursuance of these duties.

17 Measures taken by the Assured or the Underwriters with the Waiver object of saving, protecting or recovering the subject-matter insured shall not be considered as a waiver or acceptance of abandonment or otherwise prejudice the rights of either party. Clause

AVOIDANCE OF DELAY

18 It is a condition of this insurance that the Assured shall act with reasonable despatch in all circumstances within their control. Reasonable Despatch Clause

LAW AND PRACTICE

19 This insurance is subject to English law and practice. English Law and Practice Clause

NOTE:- It is necessary for the Assured when they become aware of an event which is "held covered" under this insurance to give prompt notice to the Underwriters and the right to such cover is dependent upon compliance with this obligation.

1/1/82

INSTITUTE CARGO CLAUSES (B)

RISKS COVERED

1. This insurance covers, except as provided in Clauses 4, 5, 6 and 7 below, — Risks Clause

1.1 loss of or damage to the subject-matter insured reasonably attributable to

1.1.1 fire or explosion

1.1.2 vessel or craft being stranded grounded sunk or capsized

1.1.3 overturning or derailment of land conveyance

1.1.4 collision or contact of vessel craft or conveyance with any external object other than water

1.1.5 discharge of cargo at a port of distress

1.1.6 earthquake volcanic eruption or lightning

1.2 loss of or damage to the subject-matter insured caused by

1.2.1 general average sacrifice

1.2.2 jettison or washing overboard

1.2.3 entry of sea lake or river water into vessel craft hold conveyance container liftvan or place of storage,

1.3 total loss of any package lost overboard or dropped whilst loading on to, or unloading from, vessel or craft.

2. This insurance covers general average and salvage charges, adjusted or determined according to the contract of affreightment and/or the governing law and practice, incurred to avoid or in connection with the avoidance of loss from any cause except those excluded in Clauses 4, 5, 6 and 7 or elsewhere in this insurance. — General Average Clause

3. This insurance is extended to indemnity the Assured against — "Both to such proportion of liability under the contract of affreightment "Both to Blame Collision" Clause as is in respect of a loss recoverable hereunder. In the event of any claim by shipowners under the said Clause the Assured agree to notify the Underwriters who shall have the right, at their own cost and expense, to defend the Assured against such claim. Blame Collision" Clause

EXCLUSIONS

4. In no case shall this insurance cover General Exclusions Clause

4.1 loss damage or expense attributable to wilful misconduct of the Assured

4.2 ordinary leakage, ordinary loss in weight or volume, or ordinary wear and tear of the subject-matter insured

4.3 loss damage or expense caused by insufficiency or unsuitability of packing or preparation of the subject-matter insured (for the purpose of this Clause 4.3 "packing" shall be deemed to include stowage in a container or liftvan but only when such stowage is carried out prior to attachment of this insurance or by the Assured or their servants)

4.4 loss damage or expense caused by inherent vice or nature of the subject-matter insured

4.5 loss damage or expense proximately caused by delay, even though the delay be caused by a risk insured against (except expenses payable under Clause 2 above)

4.6 loss damage or expense arising from insolvency or financial default of the owners managers charterers or operators of the vessel

4.7 deliberate damage to or deliberate destruction of the subject matter insured or any part thereof by the wrongful act of any person or persons

4.8 loss damage or expense arising from the use of any weapon of war employing atomic or nuclear fission and/or fusion or other like reaction or radioactive force or matter.

5. 5.1 In no case shall this insurance cover loss damage or expense arising from — Unseaworthiness and Unfitness Exclusion Clause

unseaworthiness of vessel or craft,

unfitness of vessel craft conveyance container or liftvan for the safe carriage of the subject-matter insured,

where the Assured or their servants are privy to such unseaworthiness or unfitness, at the time the subject-matter insured is loaded therein.

5.2 The Underwriters waive any breach of the implied warranties of seaworthiness of the ship and fitness of the ship to carry the subject-matter insured to destination, unless the Assured or their servants are privy to such unseaworthiness or unfitness.

6. In no case shall this insurance cover loss damage or expense caused by — War Exclusion Clause

6.1 war civil war revolution rebellion insurrection, or civil strife arising therefrom, or any hostile act by or against a belligerent power

6.2 capture seizure arrest restraint or detainment, and the consequences thereof or any attempt thereat

6.3 derelict mines torpedoes bombs or other derelict weapons of war.

7. In no case shall this insurance cover loss damage or expense — Strikes Exclusion Clause

7.1 caused by strikers, locked-out workmen, or persons taking part in labour disturbances, riots or civil commotions

7.2 resulting from strikes, lock-outs, labour disturbances, riots or civil commotions

7.3 caused by any terrorist or any person acting from a political motive.

DURATION

8. 8.1 This insurance attaches from the time the goods leave the warehouse or place — Transit Clause

of storage at the place named herein for the commencement of the transit, continues during the ordinary course of transit and terminates either

8.1.1 on delivery to the Consignees' or other final warehouse or place of storage at the destination named herein,

8.1.2 on delivery to any other warehouse or place of storage, whether prior to or at the destination named herein, which the Assured elect to use either

8.1.2.1 for storage other than in the ordinary course of transit or

8.1.2.2 for allocation or distribution,

or

8.1.3 on the expiry of 60 days after completion of discharge overside of the goods hereby insured from the oversea vessel at the final port of discharge,

whichever shall first occur.

8.2 If, after discharge overside from the oversea vessel at the final port of discharge, but prior to termination of this insurance, the goods are to be forwarded to a destination other than that to which they are insured hereunder, this insurance, whilst remaining s subject to termination as provided for above, shall not extend beyond the commencement of transit to such other destination.

8.3 This insurance shall remain in force (subject to termination as provided for above and to the provisions of Clause 9 below) during delay beyond the control of the Assured, any deviation, forced discharge, eshipment or transhipment and during any variation of the adventure arising from the exercise of a liberty granted to shipowners or charterers under the contract of affreightment.

9. If owing to circumstances beyond the control of the Assured either the contract of carriage is terminated at a port or place other than the destination named therein or the transit is otherwise terminated before delivery of the goods as provided for in Clause 8 above, then this insurance shall also terminate *unless prompt notice is given to the Underwriters and continuation of cover is requested when the insurance shall remain in force, subject to an additional premium if required by the Underwriters,* either

Termination of Contract of Carriage Clause

9.1 until the goods are sold and delivered at such port or place, or, unless otherwise specially agreed, until the expiry of 60 days after arrival of the goods hereby insured at such port or place, whichever shall first occur,

or

9.2 if the goods are forwarded within the said period of 60 days (or any agreed extension thereof) to the destination named herein or to any other destination, until terminated in accordance with the provisions of Clause 8 above.

10. Where, after attachment of this insurance, the destination is changed by the Assured, held covered at a premium and on conditions to be arranged subject to prompt notice being given to the Underwriters.

Change of Voyage Clause

CLAIMS

11. 11.1 In order to recover under this insurance the Assured must have an insurable interest in the subject-matter insured at the time of the loss.

Insurable Interest Clause

11.2 Subject to 11. 1 above, the Assured shall be entitled to recover for insured loss occurring during the period covered by this insurance, notwithstanding that the loss occurred before the contract of insurance was concluded, unless the Assured were aware of the loss and the Underwriters were not.

12. Where, as a result of the operation of a risk covered by this insurance, the insured transit is terminated at a port or place other than that to which the subject-matter is covered under this insurance, the Underwriters will reimburse the Assured for any extra charges properly and reasonably incurred in unloading storing and forwarding the subject-matter to the destination to which it is insured hereunder.

Forwarding Charges Clause

This Clause 12, which does not apply to general average or salvage charges, shall be subject to the exclusions contained in Clauses 4, 5, 6 and 7 above, and shall not include charges arising from the fault negligence insolvency or financial default of the Assured or their servants.

13. No claim for Constructive Total Loss shall be recoverable hereunder unless the subject-matter insured is reasonably abandoned either on account of its actual total loss appearing to be unavoidable or because the cost of recovering, reconditioning and forwarding the subject-matter to the destination to which it is insured would exceed its value on arrival.

Constructive Total Loss Clause

14. 14.1 If any Increased Value insurance is effected by the Assured on the cargo insured herein the agreed value of the cargo shall be deemed to be increased to the total amount insured under this insurance and all Increased Value insurances covering the loss, and liability under this insurance shall be in such proportion as the sum insured herein bears to such total amount insured.

Increased Value Clause

In the event of claim the Assured shall provide the Underwriters with evidence of the amounts insured under all other insurances.

14.2 **Where the insurance is on Increased Value the following clause shall apply:**
The agreed value of the cargo shall be deemed to be equal to the total amount insured under the primary insurance and all Increased Value insurances covering the loss and effected on the cargo by the Assured, and liability under this insurance shall be in such proportion as the sum insured herein bears to such total amount insured.

In the event of claim the Assured shall provide the Underwriters with evidence of the amounts insured under all other insurances.

BENEFIT OF INSURANCE

15. This insurance shall not inure to the benefit of the carrier or other bailee.

Not to Inure Clause

MINIMISING LOSSES

16. It is the duty of the Assured and their servants and agents in respect of loss recoverable hereunder

Duty of Assured Clause

16.1 to take such measures as may be reasonable for the purpose of averting or minimising such loss,

and

16.2 to ensure that all rights against carriers, bailees or other third parties are properly preserved and exercised

and the Underwriters will, in addition to any loss recoverable hereunder, reimburse the Assured for any charges properly and reasonably incurred in pursuance of these duties.

17. Measures taken by the Assured or the Underwriters with the object of saving, protecting or recovering the subject-matter insured shall not be considered as a waiver or acceptance of abandonment or otherwise prejudice the rights of either party.

Waiver Clause

AVOIDANCE OF DELAY

18. It is a condition of this insurance that the Assured shall act with reasonable despatch in all circumstances within their control.

Reasonable Despatch Clause

LAW AND PRACTICE

19. This insurance is subject to English law and practice.

English Law and

Practice
Clause

NOTE:- It is necessary for the Assured when they become aware of an event which is "held covered" under this insurance to give prompt notice to the Underwriters and the right to such cover is dependent upon compliance with this obligation.

1/1/82

INSTITUTE CARGO CLAUSES (C)

RISKS COVERED

1. This insurance covers, except as provided in Clauses 4, 5, 6 and 7 below, — *Risks Clause*

1.1 loss of or damage to the subject-matter insured reasonably attributable to

1.1.1 fire or explosion

1.1.2 vessel or craft being stranded grounded sunk or capsized

1.1.3 overturning or derailment of land conveyance

1.1.4 collision or contact of vessel craft or conveyance with any external object other than water

1.1.5 discharge of cargo at a port of distress,

1.2 loss or damage to the subject-matter insured caused by

1.2.1 general average sacrifice

1.2.2 jettison.

2. This insurance covers general average and salvage charges, adjusted or determined according to the contract of affreightment and/or the governing law and practice, incurred to avoid or in connection with the avoidance of loss from any cause except those excluded in Clauses 4, 5, 6 and 7 or elsewhere in this insurance. — *General Average Clause*

3. This insurance is extended to indemnify the Assured against such proportion of liability under the contract of affreightment "Both to Blame Collision" Clause as is in respect of a loss recoverable hereunder. In the event of any claim by shipowners under the said Clause the Assured agree to notify the Underwriters who shall have the right, at their own cost and expense, to defend the Assured against such claim. — *"Both to Blame Collision" Clause*

EXCLUSIONS

4. In no case shall this insurance cover

General Exclusions Clause

4.1 loss damage or expense attributable to wilful misconduct of the Assured

4.2 ordinary leakage, ordinary loss in weight or volume, or ordinary wear and tear of the subject-matter insured

4.3 loss damage or expense caused by insufficiency or unsuitability of packing or preparation of the subject-matter insured (for the purpose of this Clause 4.3 "packing" shall be deemed to include stowage in a container or liftvan but only when such stowage is carried out prior to attachment of this insurance or by the Assured or their servants)

4.4 loss damage or expense caused by inherent vice or nature of the subject-matter insured

4.5 loss damage or expense proximately caused by delay, even though the delay be caused by a risk insured against (except expenses payable under Clause 2 above)

4.6 loss damage or expense arising from insolvency or financial default of the owners managers charterers or operators of the vessel

4.7 deliberate damage to or deliberate destruction of the subject-matter insured or any part thereof by the wrongful act of any person or persons

4.8 loss damage or expense arising from the use of any weapon of war employing atomic or nuclear fission and/or fusion or other like reaction or radioactive force or matter.

5. 5.1 In no case shall this insurance cover loss damage or expense arising from

Unseaworthiness and Unfitness Exclusion Clause

unseaworthiness of vessel or craft,

unfitness of vessel craft conveyance container or liftvan for the safe carriage of the subject-matter insured, where the Assured or their servants are privy to such unseaworthiness or unfitness, at the time the subject-matter insured is loaded therein.

5.2 The Underwriters waive any breach of the implied warranties of seaworthiness of the ship and fitness of the ship to carry the subject-matter insured to destination, unless the Assured or their servants are privy to such unseaworthiness or unfitness.

6. In no case shall this insurance cover loss damage or expense caused by — War Exclusion Clause

6.1 war civil war revolution rebellion insurrection, or civil strife arising therefrom, or any hostile act by or against a belligerent power

6.2 capture seizure arrest restraint or detainment, and the consequences thereof or any attempt thereat

6.3 derelict mines torpedoes bombs or other derelict weapons of war.

7. In no case shall this insurance cover loss damage or expense — Strikes Exclusion Clause

7.1 caused by strikers, locked-out workmen, or persons taking part in labour disturbances, riots or civil commotions

7.2 resulting from strikes, lock-outs, labour disturbances, riots or civil commotions

7.3 caused by any terrorist or any person acting from a political motive.

DURATION

8. 8.1 This insurance attaches from the time the goods leave the warehouse or place of storage at the place named herein for the commencement of the transit, continues during the ordinary course of transit and terminates either — Transit Clause

8.1.1 on delivery to the Consignees' or other final warehouse or place of storage at the destination named herein,

8.1.2 on delivery to any other warehouse or place of storage, whether prior to or at the destination named herein, which the Assured elect to use either

8.1.2.1 for storage other than in the ordinary course of transit or

8.1.2.2 for allocation or distribution,

or

8.1.3 on the expiry of 60 days after completion of discharge overside of the goods hereby insured from the oversea vessel at the final port of discharge,

whichever shall first occur.

8.2 If, after discharge overside from the oversea vessel at the final port of discharge, but prior to termination of this insurance, the goods are to be forwarded to a destination other than that to which they are insured hereunder, this insurance, whilst remaining subject to termination as provided for above, shall not extend beyond the commencement of transit to such other destination.

8.3 This insurance shall remain in force (subject to termination as provided for above and to the provisions of Clause 9 below) during delay beyond the control of the Assured, any deviation, forced discharge, reshipment or transhipment and during any variation of the adventure arising from the exercise of a liberty granted to shipowners or charterers under the contract of affreightment.

9. If owing to circumstances beyond the control of the Assured either the contract of carriage is terminated at a port or place other than the destination named therein or the transit is otherwise terminated before delivery of the goods as provided for in Clause 8 above, then this insurance shall also terminate *unless prompt notice is given to the Underwriters and continuation of cover is*

Termination of Contract of Carriage Clause

requested when the insurance shall remain in force, subject to an additional premium if required by the Underwriters, either

9.1 until the goods are sold and delivered at such port or place, or, unless otherwise specially agreed, until the expiry of 60 days after arrival of the goods hereby insured at such port or place, whichever shall first occur,

or

9.2 if the goods are forwarded within the said period of 60 days (or any agreed extension thereof) to the destination named herein or to any other destination, until terminated in accordance with the provisions of Clause 8 above.

10. Where, after attachment of this insurance, the destination is changed by the Assured, held covered at a premium and on conditions to be arranged subject to prompt notice being given to the Underwriters. — Change of Voyage Clause

CLAIMS

11. 11.1 In order to recover under this insurance the Assured must have an insurable interest in the subject-matter insured at the time of the loss. — Insurable Interest Clause

11.2 Subject to 11. 1 above, the Assured shall be entitled to recover for insured loss occurring during the period covered by this insurance, notwithstanding that the loss occurred before the contract of insurance was concluded, unless the Assured were aware of the loss and the Underwriters were not.

12. Where, as a result of the operation of a risk covered by this insurance, the insured transit is terminated at a port or place other than that to which the subject-matter is covered under this insurance, the Underwriters will reimburse the Assured for any extra charges properly and reasonably incurred in unloading storing and forwarding the subject-matter to the destination to which it is insured hereunder. — Forwarding Charges Clause

This Clause 12, which does not apply to general average or

salvage charges, shall be subject to the exclusions contained in Clauses 4, 5, 6 and 7 above, and shall not include charges arising from the fault negligence insolvency or financial default of the Assured or their servants.

13. No claim for Constructive Total Loss shall be recoverable hereunder unless the subject-matter insured is reasonably abandoned either on account of its actual total loss appearing to be unavoidable or because the cost of recovering, reconditioning and forwarding the subject-matter to the destination to which it is insured would exceed its value on arrival.

Constructive Total Loss Clause

14. 14.1 If any Increased Value insurance is effected by the Assured on the cargo insured herein the agreed value of the cargo shall be deemed to be increased to the total amount insured under this insurance and all Increased Value insurances covering the loss, and liability under this insurance shall be in such proportion as the sum insured herein bears to such total amount insured.

Increased Value Clause

In the event of claim the Assured shall provide the Underwriters with evidence of the amounts insured under all other insurances.

14.2 **Where the insurance is on Increased Value the following clause shall apply:**

The agreed value of the cargo shall be deemed to be equal to the total amount insured under the primary insurance and all Increased Value insurances covering the loss and effected on the cargo by the Assured, and liability under this insurance shall be in such proportion as the sum insured herein bears to such total amount insured.

In the event of claim the Assured shall provide the Underwriters with evidence of the amounts insured under all other insurances.

BENEFIT OF INSURANCE

15. This insurance shall not inure to the benefit of the carrier or other bailee.

Not to Inure Clause

MINIMISING LOSSES

16. It is the duty of the Assured and their servants and agents in respect of loss recoverable hereunder — Duty of Assured Clause

16.1 to take such measures as may be reasonable for the purpose of averting or minimising such loss,

and

16.2 to ensure that all rights against carriers, bailees or other third parties are properly preserved and exercised

and the Underwriters will, in addition to any loss recoverable hereunder, reimburse the Assured for any charges properly and reasonably incurred in pursuance of these duties.

17. Measures taken by the Assured or the Underwriters with the object of saving, protecting or recovering the subject-matter insured shall not be considered as a waiver or acceptance of abandonment or otherwise prejudice the rights of either party. — Waiver Clause

AVOIDANCE OF DELAY

18. It is a condition of this insurance that the Assured shall act with reasonable despatch in all circumstances within their control. — Reasonable Despatch Clause

LAW AND PRACTICE

19. This insurance is subject to English law and practice. — English Law and Practice Clause

NOTE:- It is necessary for the Assured when they become aware of an event which is "held covered" under this insurance to give prompt notice to the Underwriters and the right to such cover is dependent upon compliance with this obligation.

1/1/82

3. 선박건조보험 약관

INSTITUTE CLAUSES FOR BUILDERS' RISKS

(This insurance is subject to English law and practice)

VESSEL {Response} **Contract or Yard No.** {Response}

BUILDERS' {Response}

BUILDERS' YARDS {Response}

SUBJECT OF INSURANCE

(Where more than one part of the subject-matter insured is described in Section I(A), Section I(B) or Section II below, then the respective wording of Section I(A), Section I(B) or Section II shall be applied to each part separately.)

SECTION I.

Provisional Period {Response} from {Response}

but this insurance to terminate upon delivery to Owners if prior to expiry of Provisional Period.

A. HULL and MACHINERY etc. under construction at the yard or other premises of the Builders.

Description	Contract or Yard No.	Provisionally valued at	To be built at/by
{Response}	{Response}	{Response}	{Response}

The subject-matter of this sub-section A is covered whilst at Builders' Yard and at Builders' premises elsewhere within the port or place of construction at which the Builders' Yard is situated and whilst in transit between such locations. The Underwriters' liability in respect of each item of this sub-section A which is at such locations shall attach from the time:-

(i) of inception of this Section I if such item has already been allocated to the vessel;

(ii) of delivery to Builders of such item (if allocated) when delivered after inception of this Section I;

(iii) of allocation by Builders if allocated after inception of this Section I.

B. MACHINERY etc. insured hereon whilst under construction by Sub-Contractors.

Description	Contract or Yard No.	Provisionally valued at	To be built at/by
{Response}	{Response}	{Response}	{Response}

The subject-matter of this sub-section B is covered whilst at Sub-Contractors' works and at Sub-Contractors' premises elsewhere within the port or place of construction at which the Sub-Contractors' works are situated and whilst in transit between such locations.

The Underwriters' liability in respect of each item of this sub-section B which is at such locations shall attach from the time:-

(i) of inception of this Section I if such item has already been allocated to the vessel;

(ii) of delivery to the Sub-Contractors of such item (if allocated) when delivered after inception of this Section I;

(iii) of allocation by the Sub-Contractors if allocated after inception of this Section I.

The subject-matter of this sub-section B is also covered whilst:-

(a) in transit to Builders if the transit is within the port or place of construction at which the Builders' Yard is situated;

(b) at Builders' Yard and at Builders' premises elsewhere within the port or place of construction at which the Builders' Yard is situated and whilst in transit between such locations.

SECTION II.

Provisional Period {Response} from {Response}

but this insurance to terminate upon delivery to Owners if prior to expiry of Provisional Period.

MACHINERY etc. insured hereon from delivery to Builders.

Description	Contract or Yard No.	Provisionally valued at	To be built at/by
{Response}	{Response}	{Response}	{Response}

The subject-matter of this Section II is covered whilst at Builders' Yard and at Builders' premises elsewhere within the port or place of construction at which the Builders' Yard is situated and whilst in transit between such locations. The Underwriters' liability in respect of each item of this Section II shall attach from the time of delivery to Builders.

1. INSURED VALUE

1.1 Whereas the value stated herein is provisional, it is agreed that the final contract price, or the total building cost plus {Response}% whichever is the greater, of the subject-matter of this insurance shall be the insured value.

1.2 Should the insured value, determined as above,

1.2.1 exceed the provisional value stated herein, the Assured agree to declare to the Underwriters hereon the amount of such excess and to pay premium thereon at the full policy rates, and the Underwriters agree to accept their proportionate shares of the increase,

or

1.2.2 be less than the provisional value stated herein, the sum insured by this insurance shall be reduced proportionately and the Underwriters agree to return premium at the full policy rates on the amounts by which their respective lines are reduced.

1.3 Nevertheless, should the insured value exceed 125% of the provisional value, then the limits of indemnity under this insurance shall be 125% of the provisional value, any one accident or series of accidents arising out of the same event.

1.4 Notwithstanding the above it is understood and agreed that any variation of the value for insurance on account of a material alteration in the plans or fittings of the vessel or a change in type from that originally contemplated does not come within the scope of this clause and such a variation requires the specific agreement of the Underwriters.

2. TRANSIT

Held covered at a premium to be arranged for transit not provided for in Section I or II above.

3. DELAYED DELIVERY

Held covered at a premium to be arranged in the event of delivery to Owners being delayed beyond the provisional period(s) mentioned above, but in no case shall any additional period of cover extend beyond 30 days from completion of Builders' Trials.

4. DEVIATION OR CHANGE OF VOYAGE

Held covered in case of deviation or change of voyage, provided notice be given to the Underwriters immediately after receipt of advices and any amended terms of cover and any additional premium required by them be agreed.

5. PERILS

5.1 SUBJECT ALWAYS TO ITS TERMS, CONDITIONS AND EXCLUSIONS this insurance is against all risks of loss of or damage to the subject-matter insured caused and discovered during the period of this insurance including the cost of repairing replacing or renewing any defective part condemned solely in consequence of the discovery therein during the period of this insurance of a latent defect. In no case shall this insurance cover the cost of renewing faulty welds.

5.2 In case of failure of launch, the Underwriters to bear all subsequent expenses incurred in completing launch.

6. EARTHQUAKE AND VOLCANIC ERUPTION EXCLUSION

In no case shall this insurance cover loss damage liability or expense caused by earthquake or volcanic eruption. This exclusion applies to all claims including claims under Clauses 13, 17, 19 and 20.

7. POLLUTION HAZARD

This insurance covers loss of or damage to the vessel caused by any governmental authority acting under the powers vested in it to prevent or mitigate a pollution hazard, or threat thereof, resulting directly from damage to the vessel for which the Underwriters are liable under this insurance, provided such act of governmental authority has not resulted from want of due diligence by the Assured, the Owners, or Managers of the vessel or any of them to prevent or mitigate such hazard or threat. Master, Officers, Crew or Pilots not to be considered Owners within the meaning of this Clause 7 should they hold shares in the vessel.

8. FAULTY DESIGN

Notwithstanding anything to the contrary which may be contained in the policy or the clauses attached thereto, this insurance includes loss of or damage to the subject-matter insured caused and discovered during the period of this insurance arising from faulty design of any part or parts thereof but in no case shall this insurance extend to cover the cost or expense of repairing, modifying, replacing or renewing such part or parts, nor any cost or expense incurred by reason of betterment or alteration in design.

9. NAVIGATION

9.1 With leave to proceed to and from any wet or dry docks, harbours, ways, cradles and pontoons within the port or place of construction and to proceed under own power, loaded or in ballast, as often as required, for fitting out, docking, trials or delivery, within a distance by water of 250 nautical miles of the port or place of construction, or held covered at a premium to be arranged in the event of such distance being exceeded.

9.2 Any movement of the vessel in tow outside the port or place of construction held covered at a premium to be arranged, provided previous notice be given to the Underwriters.

10. DEDUCTIBLE

10.1 No claim arising from a peril insured against shall be payable under this insurance unless the aggregate of all such claims arising out of each separate accident or occurrence (including claims under Clauses 13, 17, 19 and 20) exceeds {Response} in which case this sum shall be deducted. Nevertheless the expense of sighting the bottom after stranding, if reasonably incurred specially for that purpose, shall be paid even if no damage be found. This Clause 10.1 shall not apply to a claim for Total or Constructive Total Loss of the vessel or, in the event of such a claim, to any associated claim under Clause 20 arising from the same accident or occurrence.

10.2 Claims for damage by heavy weather occurring during a single sea passage between two successive ports shall be treated as being due to one accident. In the case of such heavy weather extending over a period not wholly covered by this insurance the deductible to be applied to the claim recoverable hereunder shall be the proportion of the above deductible that the number of days of such heavy weather falling within the period of this insurance bears to the number of days of heavy weather during the single sea passage.

The expression "heavy weather" in this Clause 10.2 shall be deemed to include contact with floating ice.

10.3 Excluding any interest comprised therein, recoveries against any claim which is subject to the above deductible shall be credited to the Underwriters in full to the extent of the sum by which the aggregate of the claim unreduced by any recoveries exceeds the above deductible.

10.4 Interest comprised in recoveries shall be apportioned between the Assured and the Underwriters, taking into account the sums paid by the Underwriters and the dates when such payments were made, notwithstanding that by the addition of interest the Underwriters may receive a larger sum than they have paid.

11. UNREPAIRED DAMAGE

11.1 The measure of indemnity in respect of claims for unrepaired damage shall be the reasonable depreciation in the market value of the vessel at the time this insurance terminates arising from such unrepaired damage, but not exceeding the reasonable cost of repairs.

11.2 In no case shall the Underwriters be liable for unrepaired damage in the event of a subsequent Total Loss (whether or not covered under this insurance) sustained during the period covered by this insurance or any extension thereof.

11.3 The Underwriters shall not be liable in respect of unrepaired damage for more than the insured value at the time this insurance terminates.

12. CONSTRUCTIVE TOTAL LOSS

12.1 In ascertaining whether the subject-matter insured is a Constructive Total Loss, the insured value shall be taken as the repaired value and nothing in respect of the damaged or break-up value shall be taken into account.

12.2 No claim for Constructive Total Loss based upon the cost of recovery and/or repair shall be recoverable hereunder unless such cost would exceed the insured value. In making this determination, only the cost relating to a single accident or sequence of damages arising from the same accident shall be taken into account.

13. GENERAL AVERAGE AND SALVAGE

13.1 This insurance covers the vessel's proportion of salvage, salvage charges and/or general average, reduced in respect of any under-insurance, but in case of general average sacrifice of the vessel the Assured may recover in respect of the whole loss without first enforcing their right of contribution from other parties.

13.2 Adjustment to be according to the law and practice obtaining at the place where the adventure ends, as if the contract of affreightment contained no special terms upon the subject; but where the contract of affreightment so provides the adjustment shall be according to the York-Antwerp Rules.

13.3 When the vessel sails in ballast, not under charter, the provisions of the York-Antwerp Rules, 1974 (excluding Rules XX and XXI) shall be applicable, and the voyage for this purpose shall be deemed to continue from the port or place of departure until the arrival of the vessel at the first port or place thereafter other than a port or place of refuge or a port or place of call for bunkering only. If at any such intermediate port or place there is an abandonment of the adventure originally contemplated the voyage shall thereupon be deemed to be terminated.

13.4 No claim under this Clause 13 shall in any case be allowed where the loss was not incurred to avoid or in connection with the avoidance of a peril insured against.

14. NOTICE OF CLAIM

In the event of loss damage liability or expense which may result in a claim under this insurance, prompt notice shall be given to the Underwriters prior to repair and, if the subject-matter is under construction abroad, to the nearest Lloyd's Agent so that a surveyor may be appointed to represent the Underwriters should they so desire.

15. CHANGE OF INTEREST

Any change of interest in the subject-matter insured shall not affect the validity of this insurance.

16. ASSIGNMENT

No assignment of or interest in this insurance or in any moneys which may be or become payable thereunder is to be binding on or recognised by the Underwriters unless a dated notice of such assignment or interest signed by the Assured, and by the assignor in the case of subsequent assignment, is endorsed on the policy and the policy with such endorsement is produced before payment of any claim or return of premium thereunder.

17. COLLISION LIABILITY

17.1 The Underwriters agree to indemnify the Assured for any sum or sums paid by the Assured to any other person or persons by reason of the Assured becoming legally liable by way of damages for

17.1.1 loss of or damage to any other vessel or property on any other vessel

17.1.2 delay to or loss of use of any such other vessel or property thereon

17.1.3 general average of, salvage of, or salvage under contract of, any such other vessel or property thereon,

where such payment by the Assured is in consequence of the vessel hereby insured coming into collision with any other vessel.

17.2 The indemnity provided by this Clause 17 shall be in addition to the indemnity provided by the other terms and conditions of this insurance and shall be subject to the following provisions:

17.2.1 Where the insured vessel is in collision with another vessel and both vessels are to blame then, unless the liability of one or both vessels becomes limited by law, the indemnity under this Clause 17 shall be calculated on the principle of cross-liabilities as if the respective Owners had been compelled to pay to each other such proportion of each other's damages as may have been properly allowed in ascertaining the balance or sum payable by or to the Assured in consequence of the collision.

17.2.2 In no case shall the Underwriters' total liability under clause 17.1 and 17.2 exceed their proportionate part of the insured value of the vessel hereby insured in respect of any one such collision.

17.3 The Underwriters will also pay the legal costs incurred by the Assured or which the Assured may be compelled to pay in contesting liability or taking proceedings to limit liability, with the prior written consent of the Underwriters.

EXCLUSIONS

17.4 Provided always that this Clause 17 shall in no case extend to any sum which the Assured shall pay for or in respect of

17.4.1 removal or disposal of obstructions, wrecks, cargoes or any other thing whatsoever

17.4.2 any real or personal property, or thing whatsoever except other vessels or property on other vessels

17.4.3 the cargo or other property on, or the engagements of, the insured vessel

17.4.4 loss of life, personal injury or illness

17.4.5 pollution or contamination of any real or personal property or thing whatsoever (except other vessels with which the insured vessel is in collision or property on such other vessels).

18. SISTERSHIP

Should the vessel hereby insured come into collision with or receive salvage services from another vessel belonging wholly or in part to the same Owners or under the same management, the Assured shall have the same rights under this insurance as they would have were the other vessel entirely the property of Owners not interested in the vessel hereby insured; but in such cases the liability for the collision or the amount payable for the services rendered shall be referred to a sole arbitrator to be agreed upon between the Underwriters and the Assured.

19. PROTECTION AND INDEMNITY

19.1 The Underwriters agree to indemnify the Assured for any sum or sums paid by the Assured to any other person or persons by reason of the Assured becoming legally liable, as Owner of the vessel, for any claim, demand, damages and/or expenses, where such liability is in consequence of any of the following matters or things and arises from an accident or occurrence during the period of this insurance:

19.1.1 loss of or damage to any fixed or movable object or property or other thing or interest whatsoever, other than the vessel, arising from any cause whatsoever in so far as such loss or damage is not covered by Clause 17

19.1.2 any attempted or actual raising, removal or destruction of any fixed or moveable object or property or other thing, including the wreck of the vessel, or any neglect or failure to raise, remove, or destroy the same

19.1.3 liability assumed by the Assured under contracts of customary towage for the purpose of entering or leaving port or manoeuvring within the port

19.1.4 loss of life, personal injury, illness or payments made for life salvage.

19.2 The Underwriters agree to indemnify the Assured for any of the following arising from an accident or occurrence during the period of this insurance:

19.2.1 the additional cost of fuel, insurance, wages, stores, provisions and port charges reasonably incurred solely for the purpose of landing from the vessel sick or injured persons or stowaways, refugees, or persons saved at sea

19.2.2 additional expenses brought about by the outbreak of infectious disease on board the vessel or ashore

19.2.3 fines imposed on the vessel, on the Assured, or on any Master Officer crew member or agent of the vessel who is reimbursed by the Assured, for any act or neglect or breach of any statute or regulation relating to the operation of the vessel, provided that the Underwriters shall not be liable to indemnify the Assured for any fines which result from any act neglect failure or default of the Assured their agents or servants other than Master Officer or crew member

19.2.4 the expenses of the removal of the wreck of the vessel from any place owned, leased or occupied by the Assured

19.2.5 legal costs incurred by the Assured, or which the Assured may be compelled to pay, in avoiding, minimising or contesting liability with the prior written consent of the Underwriters.

EXCLUSIONS

19.3 Notwithstanding the provisions of Clauses 19.1 and 19.2 this Clause 19 does not cover any liability cost or expense arising in respect of:

19.3.1 any direct or indirect payment of the Assured under workmen's compensation or employers' liability acts and any other statutory or common law, general maritime law or other liability whatsoever in respect of accidents to or illness of workmen or any other persons employed in any capacity whatsoever by the Assured or others in on or about or in connection with the vessel or her cargo materials or repairs

19.3.2 liability assumed by the Assured under agreement expressed or implied in respect of death or illness of or injury to any person employed under a contract of service or apprenticeship by the other party to such agreement

19.3.3 punitive or exemplary damages, however described

19.3.4 cargo or other property carried, to be carried or which has been carried on board the vessel but this Clause 19.3.4 shall not exclude any claim in respect of the extra cost of removing cargo from the wreck of the vessel

19.3.5 loss of or damage to property, owned by builders or repairers or for which they are responsible, which is on board the vessel

19.3.6 liability arising under a contract or indemnity in respect of containers, equipment, fuel or other property on board the vessel and which is owned or leased by the Assured

19.3.7 cash, negotiable instruments, precious metals or stones, valuables or objects of a rare or precious nature, belonging to persons on board the vessel, or non-essential personal effects of any Master, Officer or crew member

19.3.8 fuel, insurance, wages, stores, provisions and port charges arising from delay to the vessel while awaiting a substitute for any Master, Officer or crew member

19.3.9 fines or penalties arising from overloading or illegal fishing

19.3.10 pollution or contamination of any real or personal property or thing whatsoever.

19.4 The indemnity provided by this Clause 19 shall be in addition to the indemnity provided by the other terms and conditions of this insurance.

19.5 Where the Assured or the Underwriters may or could have limited their liability the indemnity under this Clause 19 in respect such liability shall not exceed Underwriters' proportionate part of the amount of such limitation.

19.6 In no case shall the Underwriters' liability under this Clause 19 in respect of each separate accident or occurrence or series of accidents arising out of the same event, exceed their proportionate part of the insured value of the vessel.

19.7 PROVIDED ALWAYS THAT

19.7.1 prompt notice must be given to the Underwriters of every casualty event or claim upon the Assured which may give rise to claim under this Clause 19 and of every event or matter which may cause the Assured to incur liability costs or expense for which he may be insured under this Clause 19

19.7.2 the Assured shall not admit liability for or settle any claim for which he may be insured under this Clause 19 without the prior written consent of the Underwriters.

20. DUTY OF ASSURED (SUE AND LABOUR)

20.1 In case of any loss or misfortune it is the duty of the Assured and their servants and agents to take such measures as may be reasonable for the purpose of averting or minimising a loss which would be recoverable under this insurance.

20.2 Subject to the provisions below and to Clause 10 the Underwriters will contribute to charges properly and reasonably incurred by the Assured their servants or agents for such measures. General average, salvage charges (except as provided for in Clause 20.4) collision defence or attack costs and costs incurred by the Assured in avoiding, minimising or contesting liability covered by Clause 19 are not recoverable under this Clause 20.

20.3 Measures taken by the Assured or the Underwriters with the object of saving, protecting or recovering the subject-matter insured shall not be considered as a waiver or acceptance of abandonment or otherwise prejudice the rights of either party.

20.4 When a claim for Total Loss of the subject-matter insured is admitted under this insurance and expenses have been reasonably incurred in saving or attempting to save the subject-matter insured and other property and there are no proceeds, or the expenses exceed the proceeds, then this insurance shall bear its pro rata share of such proportion of the expenses, or of the expenses in excess of the proceeds, as the case may be, as may reasonably be regarded as having been incurred in respect of the subject-matter insured.

20.5 The sum recoverable under this Clause 20 shall be in addition to the loss otherwise recoverable under this insurance but shall in no circumstances exceed the amount insured under this insurance in respect of the vessel.

The following clauses shall be paramount and shall override anything contained in this insurance inconsistent therewith.

21. WAR EXCLUSION

In no case shall this insurance cover loss damage liability or expense caused by

21.1 war civil war revolution rebellion insurrection, or civil strife arising therefrom, or any hostile act by or against a belligerent power

21.2 capture seizure arrest restraint or detainment (barratry and piracy excepted), and the consequences thereof or any attempt thereat

21.3 derelict mines torpedoes bombs or other derelict weapons of war.

22. STRIKES EXCLUSION

In no case shall this insurance cover loss damage liability or expense caused by

22.1 strikers, locked-out workmen, or persons taking part in labour disturbances, riots or civil commotions

22.2 any terrorist or any person acting from a political motive.

23. MALICIOUS ACTS EXCLUSION

In no case shall this insurance cover loss damage liability or expense from

23.1 the detonation of an explosive

23.2 any weapon of war

and caused by any person, acting maliciously or from a political motive.

24. NUCLEAR EXCLUSION

In no case shall this insurance cover loss damage liability or expense directly or indirectly caused by or contributed to by or arising from

24.1 ionising radiations from or contamination by radioactivity from any nuclear fuel or from any nuclear waste from the combustion of nuclear fuel

24.2 the radioactive, toxic, explosive or other hazardous properties of any explosive nuclear assembly or nuclear component thereof

24.3 any weapon of war employing atomic or nuclear fission and/or fusion or other like reaction or radioactive force or matter.

1/6/88
CL351

4. P&I 특약

조합은 조합원과 별도의 협정으로 합의를 한 경우 각 특약의 규정에 따라 보상한다.

Ⅰ. 용선자 책임보험 특약

제1조 (보상책임)

조합은 조합원인 용선자와의 별도 협정으로 보험계약을 취급하는 것에 관한 특별 합의를 한 다음에, 용선자가 용선하는 선박의 운항에 수반해서 발생한 손해 및 비용에 관해 용선자가 용선계약 상 법률상의 책임 및 비용을 부담하는 경우, 본 특약의 규정에 의해 보상한다.

제2조 (보상범위)

1. 조합은 보험계약규정 제2장(보상의 범위)에 규정한 책임 및 비용에 관해 동장의 규정에 따라 보상한다.
2. 조합은 전 항 외에, 서면으로 별도 합의가 있었을 경우에 한해, 아래에 열거하는 책임 및 비용을 보상한다.
   (1) 가입선박에 발생한 멸실 또는 손상
   (2) 가입선박에 발생한 손상의 결과로 선박을 사용할 수 없게 되거나 선박 성능이 저하된 기간동안 선주에게 지급한 또는 지급할 용선료, 체선료 또는 체박 손해
   (3) 가입선박의 멸실 또는 손상에 수반하여 부담하게 된 선박, 용선자의 연료유, 용선자의 운임에 관한 공동해손 분담금, 구조료
   (4) 조합은 가입 선박의 화재, 좌초, 충돌 또는 전손 등의 사고로 발생한 용선자 연료유의 멸실 또는 손상을 보상한다
   (5) 용선계약에 기초한 용선료 및 운임에 관해 용선자가 부담하는 책임 및 비용

제3조 (보상한도액)

이 특약에 의해 조합이 보상하는 금액은, 보험가입증서에 기재된 보험금액을 한도로 한다.

제4조 (보험계약규정과의 관계)

이 특약에서 규정되지 않은 사항에 관해서는 보험계약규정을 적용한다.

Ⅱ. 구조선의 구조작업 중 책임에 관한 특약

제1조 (보상책임)

조합은 조합원과의 사이에 보험계약규정 제36조 제1항 (6)호의 단서를 바탕으로 별도 보험계약의 취급에 관한 특별 합의를 한 뒤에, 가입선박 또는 가입선박 내에 고용되어 있는 자가 구조작업을 한 경우에, 그 작업으로 인해 발생한 손해 및 비용에 관해 조합원이 책임을 부담하는 경우, 본 특약의 규정에 따라 보상한다.

제2조 (보상범위)

조합은, 보험계약규정 제2장(보상의 범위)에서 규정하는 책임 및 비용 중 아래에 열거하는 것을 보상한다. 단, 조합이 구조계약이 적당하지 않다고 인정하는 때에는, 그 보상을 거부하거나 보상액을 감액할 수 있다.

(1) 보험계약규정 제20조(선원에 관한 책임 및 비용)에서 제23조(밀항자 또는 난민 등에 대한 비용)까지의 규정에 의한 인명에 관한 책임 및 비용

(2) 보험계약규정 제24조(타선과의 충돌에 의한 책임 및 비용)에서 제26조(오염에 관한 책임 및 비용)까지의 규정에 의한 제3자에게 발생한 손해 및 이러한 손해로 피구조선을 통해 발생한 것

(3) 보험계약규정 제32조(벌금 및 과태료)의 규정에 의한 벌금 및 과태료

(4) 보험계약규정 제33조(책임방어 등을 위한 비용)의 규정에 의한 책임방어 등을 위한 비용

제3조 (유류오염손해 보상한도액)

유류오염손해에 관해, 전 조 (2)호의 규정에 의해 보상되는 금액의 총액은 보험가입증서에 기재한 보험금액을 한도로 한다.

제4조 (정 의)

이 특약에서 아래의 각 항에 열거한 용어의 의미는, 각기 당해 각 항에서 정한 바대로 한다.

(1) 가입선박: 구조작업에 사용하는 선박으로 조합에 신고된 것으로, 조합이 인정하는 보험금액에 의해 보험계약을 한 선박을 말한다.

(2) 구조작업: 선박 그 장비 혹은 화물의 구조작업 또는 선체의 철거, 기타 유사한 작업을 말한다.

⑶ 유류오염손해: 선박 또는 다른 재산에서 유류(유성혼합물 포함)의 유출 또는 배출에 의한 오염에 의해 발생한 손해 및 비용을 말한다.

제5조 (보험계약규정과의 관계)

이 특약에서 규정되지 않은 사항에 관해서는 보험계약규정을 적용한다.

Ⅲ. 구조자의 유류오염책임에 관한 특약

제1조 (보상책임)

조합은 조합원과의 사이에 보험계약규정 제36조 제1항 ⑹호의 단서에 의거하여, 별도 보험계약의 취급에 관한 특별 합의를 한 다음, 조합원이 선박의 구조를 하는 경우에 있어, 그 작업에 의해 발생한 유류오염손해에 관한 책임 또는 비용에 관해서 조합원이 책임을 부담하는 경우, 본 특약의 규정에 따라 보상한다.

제2조 (보상범위)

조합은, 보험계약규정 제2장(보상의 범위)에 규정한 책임 및 비용 중 아래에 열거한 것을 보상한다. 단, 조합이 구조계약이 적당하지 않다고 인정한 때에는, 그 보상을 거부하거나 감액할 수 있다.

⑴ 보험계약규정 제26조(오염에 관한 책임 및 비용) 제1항 ⑴호의 규정에 의해 제3자에게 발생한 손해에 대한 배상책임

⑵ 보험계약규정 제26조 제1항 ⑵호의 규정에 의한 청소비용

⑶ 보험계약규정 제32조(벌금 및 과태료) 제1항 ⑸호의 규정에 의한 벌금 및 과태료

⑷ 조합원의 하청인, 대리인 또는 사용인이 선박의 구조를 한 경우에 그러한 자가 전 항의 책임 또는 비용을 부담함에 따라 조합원이 보상하는 책임

⑸ 전 항의 손해를 방지·경감하기 위해, 취해진 조치에 소요된 비용으로, 조합원이 부담한 것. 단, 조합이 승인한 것에 한한다.

제3조 (면 책)

조합은 조합원이 부담하는 아래에 열거한 배상책임은 보상하지 않는다.

⑴ 손해배상에 관한 특약에 의해 가중된 배상책임. 단, 전 조의 ⑷호 또는 ⑸호에서 열거한 책임 및 비용을 제외한다.

⑵ 조합원의 하청인, 대리인 또는 사용인의 특약에 의해 가중된 배상책임에 근거해 조합원이 보상하는 책임

제4조 (보상한도액)

이 특약에 의해 조합이 보상하는 금액은, 일회의 구조에 대한 손해배상금 또는 비용이 이 특약에 의한 보험계약의 체결 시 또는 갱신 시에 조합과 조합원 사이에 합의된 면책금액을 초과한 금액으로 하거나 별도로 정한 보상한도액을 한도로 한다.

제5조 (정 의)

이 특약에서 아래 각 항에 열거하는 용어의 뜻은, 각기 당해 각 항에서 정한 바대로 한다.

(1) 유류오염손해: 선박 혹은 다른 재산에서의 유류(유성혼합물 포함)의 유출 또는 배출에 의한 오염으로 발생한 손해 및 비용을 말한다.

(2) 선박의 구조: 항해용으로 제공하는 선박, 그 장비 혹은 적하의 구조 또는 선체 잔해의 철거를 말한다.

제6조 (보험계약규정과의 관계)

이 특약에서 규정되지 않은 사항에 관해서는 보험계약규정을 적용한다.

Ⅳ. 운임, 체선료 등에 관한 분쟁처리비용 담보특약 (FD&D)

제1조 (특약가입)

조합원은 조합과의 별도협정으로 이 특약에 관한 합의를 한 후에, 가입선박과 관련하여 발생한 아래 3조에 열거한 비용을 부담한 경우 본 특약의 규정에 따라 보상받는다.

제2조 (보상범위)

1. 조합은 아래에 열거한 비용을 보상한다.

(1) 제3조에서 정한 사유에 관해, 조합원이 조합의 지원 하에 클레임, 분쟁 또는 법적 절차를 제기하거나 방어하는데 소요된 비용. 당해 절차에서 상대방에 대해 지급책임이 있는 비용을 포함한다.

(2) 제3조에서 정한 클레임에 관해 법률 의견 또는 기타 조언을 구하기 위해, 조합원이 조합의 동의를 얻어 부담한 비용

2. 전 항에서 규정한 비용에 대한 보상은 가입선박이 본 특약을 체결하고 있는 보험기간 내에 클레임 또는 분쟁이 발생한 경우에 한한다. 클레임 또는 분쟁의 발생 시기에 관해서는 아래의 규정을 적용한다.

(1) 구조 또는 예인계약에 관한 클레임 또는 분쟁에 관해서는, 당해 작업이 개시된 때

(2) 전 항에서 규정한 계약 이외의 계약, 불법행위 또는 기타 법률상의 원인에서 발

생한 클레임 또는 분쟁에 관해서는 그 청구원인이 되는 사실이 발생한 때

제3조 (보상위험)

조합은 아래 열거한 사항에 관한 클레임, 분쟁 또는 법적 절차를 제기하거나 방어함으로써 발생한 법률 비용 및 기타 비용을 보상한다.

(1) 선박 운항과 관련된 사건

(가) 용선계약, 선하증권 및 기타 운송계약에서 발생하는 운임, 부적운임, 용선료, 체선료, 조출료

(나) 용선계약, 선하증권 및 기타 운송 계약의 위반 또는 화물운송과 관련한 법률상의 의무 위반

(다) 화물의 선적, 부선작업(lightering), 적부, 고르기(trimming) 또는 양하

(라) 여객 및 여객 운임

(마) 선박의 멸실 또는 손상. 선체보험 공제금액에 따라 선체보험자로부터 보상받지 못하는 범위에 한하며 공제금액은 선박보험금액의 1%를 초과하지 않는 것으로 본다.

(바) 선박의 억류 또는 지연

(사) 재물손해, 인명사상

(아) 선박의 관리 또는 수리

(자) 결함 있는 선박의장품, 설비, 연료유, 기타 필수품의 공급

(차) 가입선박이 구조선 또는 예인선이 아닌 경우의 구조 또는 예인

(카) 대리점 또는 중개인

(타) 해상보험사업을 영위하는 개인 또는 보험회사에 지급할 또는 그로부터 지급받을 금액

(파) 세관, 항만당국, 기타 공공기관 또는 준공공기관, 단 다음과 관련된 법률 비용 및 기타 비용은 제외한다.

(ㄱ) 선박이 등록된 국가, 또는 조합원이 소재하는 국가, 또는 조합원 사업소재지의 국가에 납부할 세금 또는 부과금; 또는

(ㄴ) 안전, 항해 또는 유류오염 방지에 관한 규정 또는 법률의 위반

(2) 선박 취득 또는 처분과 관련된 사건

(가)와 (다)는 선박 건조, 구매 또는 개조 및 변경 계약을 체결하는 시점 또는 그 이전에 조합과 이 특약에 관한 별도의 합의를 한 경우에 한한다.

(가) 선박선조, 구매, 선박의 저당권설정 또는 건조 중이거나 구매한 선박에 관한 장래의 용선계약

(나) 가입선박의 매각

(다) 선박 개조, 변경 또는 개조하거나 변경 중인 선박에 관한 장래의 용선계약

(3) 전 항외에, 조합이 특례로서 인정한 클레임, 분쟁 및 법률 또는 기타 절차

제4조 (사건의 처리)

1. 조합의 권리
조합은 이 특약에 따라 법률 비용 또는 기타 비용이 보상되는 제반사건, 소송, 기타 법적 절차의 처리를 지시하거나 통제할 권리를 가지며, 조합원에게 조합이 적당하다고 보는 조건과 방식에 따라 그러한 사건, 소송, 기타 법적 절차에 관하여 합의하거나 또는 다른 방식으로 처리하도록 요구할 권리를 가진다.
2. 전문가의 선임
이 특약의 다른 규정을 침해함이 없이 그리고 조합의 권리를 포기함이 없이, 조합은 적당하다고 생각하는 조건으로 조합원을 대신해서 언제라도 변호사, 검정인, 또는 기타 전문가를 선임하여 이 특약에 의해 보상되는 비용이 발생할 사건을 조사하게 하거나 수임하게 하여 그와 관계되는 소송 및 기타 다른 법적 절차에서 공격 및 방어를 할 수 있다. 조합은 또한 적당하다고 생각하는 경우 언제라도 그러한 전문가의 선임계약을 종료할 수 있다.
3. 사건의 통보 및 보험금 청구 기한
⑴ 조합원은 이 특약에 의해 보상되는 비용이 발생할 가능성이 있는 사건에 대해 관련 서류 또는 정보와 함께 즉시 조합에 통보해야 하며 여하한 경우에도 사건의 존재를 안 날로부터 3월을 초과해서는 안된다.
⑵ 이 특약에 따라 보상되는 비용에 대한 조합원의 청구는 조합원이 비용을 지급한 때로부터 12월내에 이루어져야 한다.
⑶ 이사회가 재량으로 달리 정하지 않는 한, 조합원은 3.⑴ 및 ⑵의 규정을 준수해야 보험금을 청구할 수 있다.
4. 회수한 법률 비용 및 기타 비용
조합이 법률 비용 및 기타 비용을 조합원에게 지불하거나, 조합원을 대신해 지불한 경우, 제3자로부터 회수한 법률 비용 또는 기타 비용은 조합에 귀속된다. 단, 본 특약 제5조 5항에 따라 조합원이 부담한 금액은 제외한다.
조합원이 비용을 포함한 총액을 합의하거나 비용에 대한 약정 없이 합의한 경우, 조합은 그 총액 중 비용에 해당하는 금액을 정할 수 있다.

제5조 (보상의 제한)

1. 제외비용
⑴ 조합은 조합원이 다음과 같이 발생시킨 비용에 대해서 보상책임을 지지 않는다.
㈎ 클레임을 조합에 통보하기 전에 비용을 발생시킨 경우
㈏ 조합의 승인없이 변호사, 전문가 등을 선임하여 비용을 발생시킨 경우
⑵ 조합이 다음과 같이 판단할 경우 조합원의 비용 중 일부 또는 전부에 대한 보상을 거부할 수 있다.
㈎ 분쟁 금액에 비해 비용이 과다하게 발생할 경우
㈏ 합리적인 승소 전망 또는 구상 전망이 없을 경우

(다) 클레임이 불합리하거나 클레임에 위법한 행위 또는 부적절한 행위가 개입된 경우
(라) 관련 정보, 서류 또는 증거를 의도적으로 제공하지 않거나, 고의로 숨길 경우 또는 허위 진술을 할 경우
(마) 조합의 보험계약규정 제2장에서 보상되는 비용에 해당될 경우
(바) 다른 보험으로부터 회수 가능한 여하한 비용에 해당될 경우
(사) 조합원이 보험계약규정상의 의무를 이행하지 않은 경우
(아) 이 특약을 적용하지 않아야 할 기타 다른 사유가 있는 경우

2. 조합 및 다른 조합원과의 분쟁－미납보험료
(1) 조합은 조합, 조합의 자회사, 대표자, 또는 피용인을 상대로 한 사건에 대한 비용을 보상하지 않는다.
(2) 조합은 공동 조합원간, 공동 피보험자간, 조합원 또는 공동 피보험자의 관계사 또는 계열사간 또는 이들 상호간의 분쟁이 발생할 경우 어느 당사자에게도 이 특약에 따른 보상을 제공하지 않는다.
(3) 보험료 또는 기타 조합에 지급할 금액을 납부하지 않은 조합원은 미납기간동안 이 특약상의 보상을 받을 수 없다.

3. 사건의 처리를 지시하고 통제하는 조합의 권리 － 보상 거부
조합은, 다음의 경우, 조합의 자유재량으로, 사건 처리의 어느 단계에서든 법률 및 기타 비용의 보상을 거부할 수 있다.
(1) 조합원이, 조합의 동의 없이, 또는 조합의 권고와는 반대로, 조합의 관점에서 바람직하지 않은 방식으로 사건을 처리해 나갈 경우
(2) 조합이 권고하는 또는 조합 또는 조합원을 대리하는 변호사가 권고하는 조건으로 사건을 종결하기를 거부하는 경우
(3) 제5조1항에 열거한 상황이 후에 현실화되거나 조합에게 인지될 경우

4. 보상한도
(1) 이 특약에 의해 조합이 보상하는 법률 및 기타 비용은 보험가입증서에 기재된 금액을 한도로 한다.
(2) 조합은 절대적인 자유재량으로 법률 및 기타 비용이 제3조 1항 또는 제3조 2항에 해당하는지를 결정하며, 한 척 또는 수 척의 선박이 관계되었는지 여부를 떠나, 법률 또는 기타 비용이 하나의 또는 수 개의 클레임, 분쟁, 법적 절차에서 발생한 것인지를 결정한다.
(3) 조합은 본 항에 따라 내린 어떠한 결정에 대해서도 설명할 의무를 지지 않는다.

5. 공제금액
조합은 이 특약에 의한 보험금을 지급할 때에는, 보험계약규정 제35조(공제금액)의 규정과 상관없이 가입증서에 기재된 자기부담금(Deductibles)을 제한다.

제6조 (보험계약규정과의 관계)

이 특약에서 규정되지 않은 사항에 관해서는 보험계약규정을 적용한다. 단, 제12조(휴항에 의한 보험료의 환급)의 규정은 적용되지 않는다.

Ⅴ. 화물에 관한 운송인책임 특약

제1조 (특약의 체결)

1. 이 특약을 체결하려고 하는 자는,
   ⑴ 이 특약 제2조에 열거하고 있는 책임의 발생 원인이 되는 행위를 하기 전에; 또는
   ⑵ 선박(이하 가입선박)의 이로(운송계약으로부터의 일탈을 포함)를 안 후 즉시 조합에 통지해야한다.
   조합이 이 특약의 체결 승인 시 소정의 신청서를 조합에 제출해야하고 전체 보험료를 납입하여야 한다. 조합이 이 특약의 체결을 승인하고, 전체 보험료가 납입되었을 때, 이 특약의 효력은 발생한다.
2. 이 특약은, 가입선박이 보험계약규정 제30조(화물에 관한 책임 및 비용)에 관한 책임 및 비용에 대하여 보험에 가입된 경우에 한하여 제공한다.

제2조 (보상의 범위)

조합은 화물운송장, 선하증권에 근거하여 가입선박에 의해 운송된 또는 운송중인 또는 운송예정인 화물에 관한 책임 및 비용으로서 조합원이 가지는 다음 각 호의 열거된 책임 및 비용을 보상한다.

다만 보험계약규정 제2장「보상의 범위」에 의거 보상하는 책임 및 비용과 포장되어 있지 않은 철강제품에 생긴 녹, 산화 및 변색에 관한 책임 및 비용은 제외한다.

⑴ 갑판하 선적조건의 선하증권(운송계약)이 발행되었으나 갑판상에 선적하여 운송된 화물에 발생한 책임. 단, 조합과의 특별한 합의가 없는 한 원목을 포함한 목재는 투하 또는 선외로 떨어진 것에 한정하여 보상하며, 자동차는 녹, 산화, 변색, 스크래치, 찌그러짐(Dent) 및 재도장 비용은 보상에서 제외한다.

⑵ 선하증권상 명시된 목적항까지 화물을 운송하는 대신 화물을 임의의 항구나 장소(30일을 초과하지 않는 기간 동안의 화물보관 또는 목적항 이전의 항구(장소)나 목적항 이후의 항구(장소) 또는 조합이 동의한 조건을 포함)에서 다른 운송수단에 환적된 화물에 발생한 책임.

⑶ 동일 선박에서 양하되고 재 선적된 화물에 관한 책임.

⑷ 선하증권상 기재된 선박이외 다른 선박에 의해 운송된 화물에 관한 책임.

⑸ 선박이 계약항해로부터 이로함으로 인하여 화물에 발생한 책임.

(6) 선박이 화물을 선적한 채로 입거(Dry Docking) 또는 수리로 인하여 화물에 발생한 책임. 단, 화물근처에서 화기작업에 따른 책임은 보상하지 않는다.

(7) 수취선하증권 또는 선일자 선하증권 또는 후일자 선하증권을 발행함으로서 화물에 발생한 책임.

(8) 선하증권상 기재된 항구이외의 장소에서 선적 또는 양화된 화물에 발생한 책임.

(9) 수하인 또는 그 대리인이 선하증권을 제시하기 이전에 어떤 항구(장소)나 장소에서 부선에 양하된 화물에 관한 책임.

(10) 조합원의 선박에 화물을 인도하기 전, 해당 조합원의 선박이 아닌 선박에 선적된 화물에 관한 책임.

(11) 트럭에 의한 운송을 포함하여 기타 인정된 운송수단을 이용한 통운송/ 육상운송 화물에 관한 책임.

(12) 조합원이 선박의 운항자 또는 용선자가 아닌데도 불구하고 실제운송인(Shipping Line)을 받고 조합원의 선하증권을 발행함으로써 화물에 발생한 책임. 단, 실제운송인(또는 원본선하증권 발행자)에 대한 조합원의 구상권을 포기하지 않는 것을 전제로 한다.

(13) 종가선하증권의 발행 또는 화물의 단위당, 개당 또는 포장당 가액이 기재된 선하증권의 발행에 따른 화물에 관한 책임.

(14) 선하증권의 제출 없이 화물을 인도함에 따른 화물에 관한 책임.

(15) 조합원이 어떤 행위 또는 사건(event)을 사전에 조합에 통지하고, 조합이 해당 행위 또는 사건이 동 특약의 범위에 해당한다고 결정한 건의 경우 전 각 호 이외의 사유로 인한 화물에 관한 책임.

제3조 (보상한도액)

동 특약에 의해 조합이 보상하는 금액은 동 특약의 관련 보험가입증서상에 기재된 보험한도금액을 한도로 한다.

제4조 (사건의 처리)

동 특약 또는 관련 보험가입증서상에 기재되어 있지 않은 사항에 대해서는 보험계약 규정을 적용한다.

5. Korea P&I 클럽 보험계약규정의 정의

본 규정에서 언급되는 용어는 그것이 해당 문맥이나 주제와 모순되지 않는 한, 아래와 같은 의미 또는 효력을 갖는다.

조합

본 규정에서의 조합은 한국선주상호보험조합을 의미한다.

조합원

가입선박의 선주 혹은 본 규정 하에서 해당 선박의 부보를 요청한 당사자.

이사

해당 보험년도에 구성되는 조합 이사회의 구성원.

보험

본 규정에서 열거하는 위험을 보상하는 원보험 혹은 재보험.

보험계약규정

계약체결 당시의 규정 혹은 보험기간동안 변경, 폐지 또는 추가되는 모든 규정.

보험가입증서

본 규정 및 정관에 의거하여 조합이 발행하는 문서로, 피보험이익을 갖는 조합원이 기재되어 있으며 가입선박에 대한 보험계약의 증거가 되는 문서를 말한다.

가입

조합과 조합원 혹은 조합이 재보험자일 경우의 해당 원보험자와 그 조합원 간의 보험계약 하에서 특정선박을 보험에 부보하는 것.

가입선박

본 규정에서 열거하는 위험 및 방식에 따른 보상을 위해 조합에 가입된 선박.

가입톤수

보험가입시의 보험료 산출의 기준이 되는 톤수로서 내항선은 총톤수, 외항선은 국제총톤수가 기준이 된다. 선주책임제한과 관련한 조합의 책임한도는 가입톤수를 기준으로 산출된다.

공동계약자

한 선박에 대하여 조합원(Member)과 공동으로 가입하는 자로서 조합원과 동일한 책임 및 의무를 부담한다.

선단가입

하나 또는 그 이상의 조합원이 보험계약을 목적으로 한 척 이상의 선박을 선단으로 묶어 가입하는 것.

보험료

본 규정 제7조에 따라 가입선박에 대하여 조합원이 조합에 납입하는 금액.

정액보험료

가입선박과 관련하여 본 규정 6조 3항에 따라, 조합에 정액으로 지급되는 보험료.

선납보험료

보험금액이 설정되지 않은 보험계약과 관련하여, 특정 보험년도에 선 지급되는 보험료를 의미하며 본 규정 제6조 제1항 (1)호에 의거하여 계산한다.

추가보험료

보험금액이 설정되지 않은 보험계약과 관련하여, 특정 보험년도의 선납보험료에 추가로 부담하여야 하는 보험료.

정산보험료

본 규정 제6조 제1항 (3)호에 따라 가입선박의 보험이 종료 또는 해지된 경우 조합에 지급되는 보험료.

선박

조합에 가입되었거나 가입예정인 선박으로 선박, 보트, 호버크라프트 또는 물속이나 물위를 항행하기 위한 목적으로 건조중인 선박이나 구조물을 포함하며, 전체선박의 비례부분도 이에 해당한다.

선박보험

선박의 선체 및 기관에 대한 보험으로 초과책임보험을 포함한다.

선원

MLC 2006 또는 선원관련법령상 선원근로관계의 당사자로서 선박 내에서 근로를 제공하기 위하여 고용된 자(보험계약규정 제20조 적용과 관련해서는 실습선원을 포함한다).

선주

선박의 단독소유자, 공동소유자, 개별주식소유자, 일부소유자, 저당권자, 수탁자, 용선주, 선박의 운항자 혹은 관리자를 지칭한다.

헤이그 룰

1924년 8월 25일 브뤼셀에서 서명된 선하증권에 관한 규칙의 통일을 위한 국제조약

헤이그 비스비 룰

헤이그 룰의 개정 의정서로서 1968년 2월 23일 브뤼셀에서 서명되었다.

화물

해상운송계약에서 운송대상이 되는 물건으로 포장이나 고박의 용도로 사용되는 도구를 포함한다. 단, 컨테이너 혹은 선주가 소유하거나 임차한 기타 장비는 제외된다.

컨테이너

화물 운송을 위한 장치 혹은 용기로 트레일러, 플랫, 팔레트, 탱크를 포함하며, 이와 유사한 것으로 조합원이 소유하거나 임차한 용기 혹은 선박운송을 위해 만들어진 용기 또한 이에 해당한다.

여객

승선표를 소지하고 가입선박에 승선하는 사람.

휴대품

선원이나 정원이외 승선인이 가입선박 승·하선시 소지하는 개인 물품, 서류, 항해나 기타 기술적인 도구 등을 말하며, 현금, 귀금속, 시계, 보석, 무선통신기 등 기타 조합의 판단하에 선원의 필수품이라 여겨지지 않는 물품은 제외된다.

법적의무

특정 국가의 법령에 의해 부과되는 의무나 책임, 그리고 법적 효력을 갖는 명령이나 규칙을 포함한다.

벌금

법정, 재결 기관 혹은 사법권을 가진 당국이 가입선박에 부과하는 벌금 혹은 기타 과태료.

담보(Warranty)

특정사항이나 어떤 조건이 이행 또는 충족하는지의 여부, 혹은 특정한 사실상태의 존재여부를 확인하거나 부인하는 등을 조합원이 담보조건으로 약속하는 약속담보로서 그것이 위험에 중대한 영향을 미치는지의 여부에 관계없이 반드시 정확하게 충족되어야 하는 조건이다.

- 서면이라 함은 프린트, 타이프, 석판, 팩스 등 기타 가시적인 방식으로 내용을 표현하는 방식을 포함한다.
- 단수로만 나타낸 단어는 복수의 의미를 포함하며, 역으로도 해석할 수 있다.
- 사람을 나타내는 단어는 개인, 파트너, 회사, 협회를 포함한다.

찾아보기

판례

저자 약력

■ 김인현

한국해양대학교 항해학과 졸업
고려대학교 법학사 · 법학석사 · 법학박사
University of Texas at Austin(LLM)
일본 산코기센(Sanko Line) 항해사 및 선장, 김&장 법률사무소 선장(해사자문역)
국립목포해양대, 부산대학교 법과대학 부교수, 한국해법학회 회장, 해양수산부 정책자문위원장
(현) 고려대학교 법학전문대학원 교수(상법), 동 해상법연구센터 소장
선박건조 · 금융법연구회 회장, 수산해양레져법정책연구회장
대한상사중재원 · SCMA(싱가포르해사중재) 중재인, 해사중재포럼대표

〈주요저서〉
해상법(법문사, 제6판, 2020), 해상교통법(삼우사, 제5판, 2018), 김인현 교수의 해운산업 깊이읽기(법문사, 2020), 선장 김인현 교수의 해운산업 깊이읽기 Ⅱ(법문사, 2021). Transport Law in South Korea(Kluwer, 제3판, 2017), 바다, 저자와의 대화 Ⅰ(법문사, 2021)(대표집필), 보험법 · 해상법(박영사, 제9판 2015년)(공저), 선박건조 · 금융법연구 Ⅰ(법문사, 2016)(편집대표)

■ 권오정

서울대학교 졸업(1990)
삼성화재 입사(1993)
삼성화재 런던사무소 및 유럽법인 근무(2007~2012)
고려대학교 일반대학원 상법전공 박사과정 수료
(현) 삼성화재해상보험(주) 재물해상UW파트 수석

해상보험법 [제2판]

2020년 9월 5일 초판 발행
2021년 8월 30일 제2판 1쇄 발행

저 자 김 인 현 · 권 오 정

발행인 배 효 선

발행처 도서출판 法 文 社

주 소 10881 경기도 파주시 회동길 37-29
등 록 1957년 12월 12일/제2-76호(윤)
전 화 (031)955-6500~6 FAX (031)955-6525
E-mail (영업) bms@bobmunsa.co.kr
(편집) edit66@bobmunsa.co.kr
홈페이지 http://www.bobmunsa.co.kr
조 판 법 문 사 전 산 실

정가 22,000원 ISBN 978-89-18-91235-6